KB274859

ONE MILLION JOBS
Project

OMJ보고서

100만 일자리 만들기

한국경제신문사

머 리 말

보고서의 목적

본 OMJ보고서는 한국 정부가 100만 개의 가치창조형 일자리를 순조롭게 창출할 수 있는 방법에 대한 연구자료라고 할 수 있다.

연구는 경제개혁을 통해 미래 성장에 적합한 시장의 능력을 회복하도록 새로운 가치창조적 고용에 대한 관심을 고조시키는 데 주목하고 있다. 중요한 결론은, 중소기업 규모의 사업장들을 지원해야 한다는 것이다. 중심주제는 부적절한 규제를 통해 왜곡되었던 시장을 자유화함으로써 경제성장률을 회복한다는 것이다.

현재의 정부 대책이 높은 실업률로 인해 파생될 수 있는 사회적 혼란을 막을 수 있을 만큼 고용의 문제를 조속하고 충분하며 깊이 있게 다루지 못하고 있다는 문제의식에서 이 연구는 출발한다.

그리고 새로운 정책을 도입하지 않는다면, 한국경제는 빠르게 변화하는 세계에서 충분한 잠재력을 드러내지 못하고 중요한 기회들을 놓쳐 성장하기 어려울 것이라는 경고도 담고 있다.

일관된 정책토론의 틀과 사업장으로의 적용을 위해 다양한 기구들로부터 다양한 정보를 취합하고, 노동경제학자와 사업가, 은행가와 공무원 등 다양한 이해 당사자들의 요구를 반영할 수 있는 길을 찾는 것도 본 연구의 목적 중 하나다.

연구서 제1단계

본 보고서는 EABC에서 수행된 제1단계 연구서의 요약이다.

이 연구는 한국에서 가장 급진적인 개혁이 이루어진 시기인 1998년 3월에서 7월 사이에 이루어졌다. 여기에 인용된 일부 조치들은 이미 채택된 바 있으나, 부가가치 고용을 창출한다는 면에서 긍정적인 결과를 충분히 얻기 위해서는 최근의 실천방법을 더 수정할 필요가 있다.

가능하면 연구성과의 조속한 완성을 위해, 한국경제의 발전과 행동방침의 수립에 관여하는 한국의 광범위한 계층과 외국 전문가들로 팀을 구성해서 제2단계 연구서를 작성해야 할 필요가 있다.

다면적(Multi-Phase) 프로젝트

이 보고서의 표지는 이 프로젝트의 다면적인 모습을 보여준다.

➡ 명확한 견해

외환위기, 금융 분야의 구조조정, 재벌 구조조정, 사회안전망 구축에 대한 정부의 초점은 절박하고 필요한 것이었지만, 고실업률을 피할 수 없다는 점을 인식하며 이 프로젝트를 시작했다.

고실업률은 심각한 사회불안을 야기할 수도 있다. 유럽의 국가들에서 보았듯이, 확실한 대책이 세워지지 않는다면, 실업은 구조적이고 지속적인 문제가 될 수 있다.

이에 따라 실업과 일자리 창출에 중점을 둔 다섯 번째 방안이 절실하게 필요함을 인식하게 되었다. 그러나 단순히 일 자체를 만드는 일자리나 공공근로사업이 아닌, 경제에 가치를 추가할 수 있는 일자리여야 할 것이다.

➡ 제1단계 – 체제 형성

현재의 위기를 야기시킨 원인을 살펴보기 위해, 이 보고서는 한국경제에 대한 역사적 고찰을 시도했다. 이는 위기의 재발을 방지하고 21세기의 성공을 준비하기 위해 한국이 필요로 하는 경제적 패러다임을 명시한다.

다음으로 새로운 일자리 창출의 기회를 명확히 하기 위한 분석적 도구와 방법이 제시되었다. 이 방법들의 적용은 그 동안 일자리 창출에 있어서 개발이 부진했던 많은 경제 분야를 인식하게 해 준다.

이 보고서의 목적은 과거의 문제점과 미래의 다가오는 기회를 더욱 명확하게 보여 줄 렌즈를 제공하고자 하는 것이다. 한국의 모든 국민이 미래에 대한 전망을 공유하고 조화를 이루며 일할 수 있도록 하는 것 또한 이 보고서의 작성 의도이다.

◀) 제2단계 – 관련 분야 확대

이 프로젝트가 보고서 다음 단계로 진행하는 동안, 경제의 모든 주제가 참여하는 것으로 확대되어야 한다. 여기에는 많은 연구집단, 정책 관련 인사, 사업 및 경제 전문가, 정부 그리고 국가 지도층이 포함되어야 할 것이다. 뿐만 아니라 한국의 남녀노소, 대중적인 참여가 필요하다. 이는 모두의 문제이며 모두의 기회, 그리고 모두의 미래이기 때문이다.

◀) 제3단계 – 밝은 미래를 위한 실행

대중적인 참여와 계속적인 연구가 필요하지만, 이 프로젝트의 진정한 성공은 1, 2단계를 통해 제시된 제안의 신속하고 강한 실행에 달려 있다.

이 보고서 표지의 프리즘으로 표현된 것처럼, 제3단계의 실행을 통해 과거에 볼 수 없었던 더 넓고 화려한 미래를 볼 수 있을 것이다.

'터널 끝의 빛'은 IMF와 광범위한 구조조정을 성공적으로 수행하고 난 후 얻게 될 혜택을 상징한다. 이러한 미래에 대한 인식은 한국 국민에게 희망과 창조적 자극을 제공할 것이다.

도입되는 새로운 개념들

이 보고서는 경제에 대한 거시 경제학적 방법과 개혁에 대한 미시 경제학적 방법을 모두 동원하여, 요소시장에 대한 분석과 부과 가치 고용의 중심 개념을 통합한 것이다.

경제분석의 전통적 수단에 덧붙여, 최근 유럽과 미국의 경험에서 나온 진보된 분석상의 기술들을 채용하고 있으며, 이들 중 많은 부분이 아직 알려지지 않은 것들이다.

본 보고서는 요소시장에서의 부가가치 개념들과 행정 연구상의 새로운 발견들에 의존하고 있다. 개선된 시장분석 기술들을 사용하고 있으며, 이들은 지난 몇 년간 서구 경제의 경험에서 발전한 것들로, 21세기 전형적인 정책수단이 될 것이다.

여기에는 다음과 같은 것들이 포함된다.

◀) 요소시장의 분류

◀) 행정의 효율성 측정

한국은 이러한 기술들을 체계적으로 활용하고 부가가치의 원리에 입각해 완전고용을 달성한 최초의 국가가 될 수도 있다.

위기탈출이 아닌 근원적 처방

현재의 경제적 환경에서 정부의 정책과 세부방침에 대한 분석에 필요한 도구를 제공하기 위해 연구가 이루어졌다.

본 보고서의 정책방향은 위기보다는 보다 근원적인 해결에 초점을 맞추고 있다. 이와는 대조적으로 97년 12월에 채택된 IMF의 판단은 위기측면에 초점을 맞춘 것으로 보인다. 그러나 위기에 대한 대처는 위기의 속성이 바뀌면 그에 따라 다시 재조정돼야 한다.

보고서 작성자

이 보고서는 EABC의 토니 미셸(Tony Michell) 박사와 쌍용템플턴의 제임스 루니(James rooney)가 이끄는 팀이 작성하였다.

주요 후원자들과 관심 있는 많은 분들의 도움으로 이 보고서는 작성되었다.

후원자

보고서의 기초가 된 연구작업은 외국의 많은 회사들의 후원 아래 이루어졌다. 그 중에서도 쌍용템플턴 ITMC가 연구서 1부에서 후원기금과 실행에 있어 주도적인 역할을 했다.

씨티은행은 프로젝트 1단계의 후원자로 참여했으며, 다음 단계에서는 더 활발한 후원을 희망하고 있다.

다른 후원자들은 현 단계에서 이름을 밝히는 것을 꺼렸지만, 모두 한국이 현재의 위기에서 빨리 회생하기를 바라고 있다.

차 례

OMJ보고서
개 관

보고서 작성 배경

우리는 경제 정책의 초점을 부가가치형 고용에 맞추기 위해 'OMJ보고서' 작성 작업을 1998년 4월에 시작했다.

- 정부의 관심은 근본 원인이나 장기적 논의보다는 당면한 위기와 징후에 한정되었다.
  - 외환 위기
  - 금융 분야 구조조정
  - 재벌 구조조정
  - 사회안전망
- 구조조정 과정에서 실업은 피할 수 없는 결과이겠지만, 새로운 고용창출을 위한 창의적인 제안(initiative)이 이루어지지 않았다.
- 높은 실업률이 지속되는 한 진정한 경제적 회복은 실행될 수 없으며, 고용창출도 인위적인 일자리 유지가 아닌 가치창조적인 일자리에 중점을 둬야 한다.
- 부가가치형 일자리 고용은 21세기 한국경제에 있어 가장 중요한 임무이다.
- 과거의 경제를 재평가하고 구조적 모순을 바로잡을 정책을 제시할 돌파구가 요구되었다.

이 보고서의 모든 개념이 새로운 것이라고는 할 수 없다. 부즈 앨런&해밀턴 보고서나 맥킨지 보고서 같은 이전의 연구들이 한국경제에 대한 날카로운 비평을 해 왔다.

부즈 앨런&해밀턴 보고서는 한국의 미래를 진화하는 아시아 지역에서의 국제적 위상이라는 측면에서 조명하고 있다. 맥킨지 보고서는 한국의 경쟁적 입지를 다양한 주요 생산물 시장에서의 비용과 생산성 측면에서 진단하고, 서비스부문에서의 성장이 실업을 해소할 수 있을

것으로 예상했다.

　본 보고서는 가치창조적 일자리 창출에 중점을 두고 있다. 그 분야가 농업, 제조업, 서비스업이건 간에 가치창조적 일자리 창출이야말로 우리 경제가 절실히 요구하는 것이라는 점을 밝혀둔다.

　또한 모든 산업 분야의 중소기업이 고용창출의 엔진이며 동시에 21세기 경제성장의 원동력이라는 점을 명확히 하고 있다.

　현재 한국의 중소기업은 과거 재벌들과는 달리 정부로부터 충분한 관심을 받지 못했다는 사실을 강조한다.

　한국에서의 규제는 풍토병과 같은 존재로서, 경제의 효율성을 떨어뜨릴 뿐만 아니라 자본도 파괴한다고 언급한다.

〈 역사적 시각 〉

역사적 교훈

본 보고서는 1970년 이후의 한국의 경제발전 분석으로부터 시작된다. 장기간의 데이터 연구는 경제의 발전과정과 결과에 대한 새로운 시각을 제공한다.

부가가치의 원천

아래의 표는 1970년부터 현재에 이르기까지 산업부문에서 GDP 요소를 설명한 것으로, 경제의 중요성에 있어서 농업과 제조업은 감소한 반면 서비스 분야는 오랜 기간 동안 가장 중요한 GDP 요소로 작용해 온 것을 볼 수 있다.

〈도표 EX-1〉 GDP의 구성요소

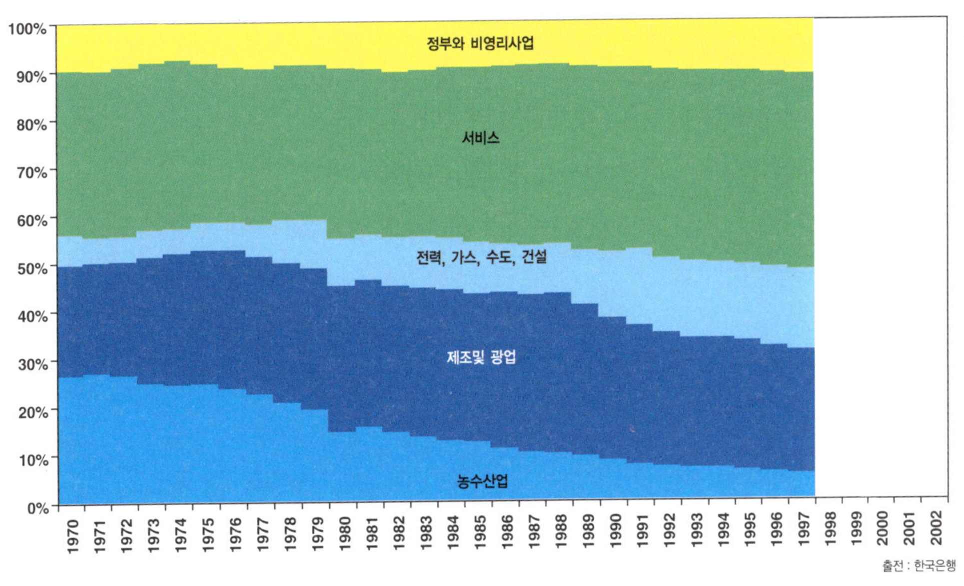

부가가치의 이익

이익면에서의 GDP분석은 한국경제의 장기적 건강상태에 대한 이해를 보여준다.

〈도표 EX-2〉 GDP의 구성요소

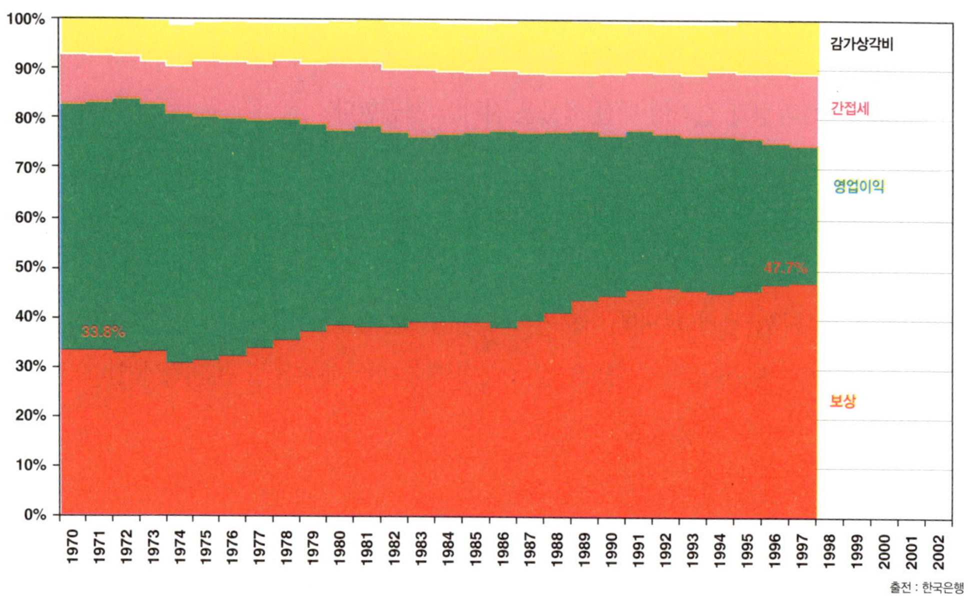

- **감가상각비**와 **간접세**는 비교적 변하지 않았다.
- 노동에 대한 **보상**은 1987년 이후 극적으로 증가하고 있다.
- 반면 **영업이익**은 지난 15년 동안 극적인 감소를 보이고 있다.

이윤실패

1970년대 이후부터 지표를 기준으로 하여 한국경제의 GDP, 보상(임금)과 영업이익을 살펴
보면, 특히 1988년 이후로 명백한 불균형이 발생하였다는 것을 알 수 있다.

〈도표 EX-3〉 실질 GDP 대 실질임금과 실질이윤

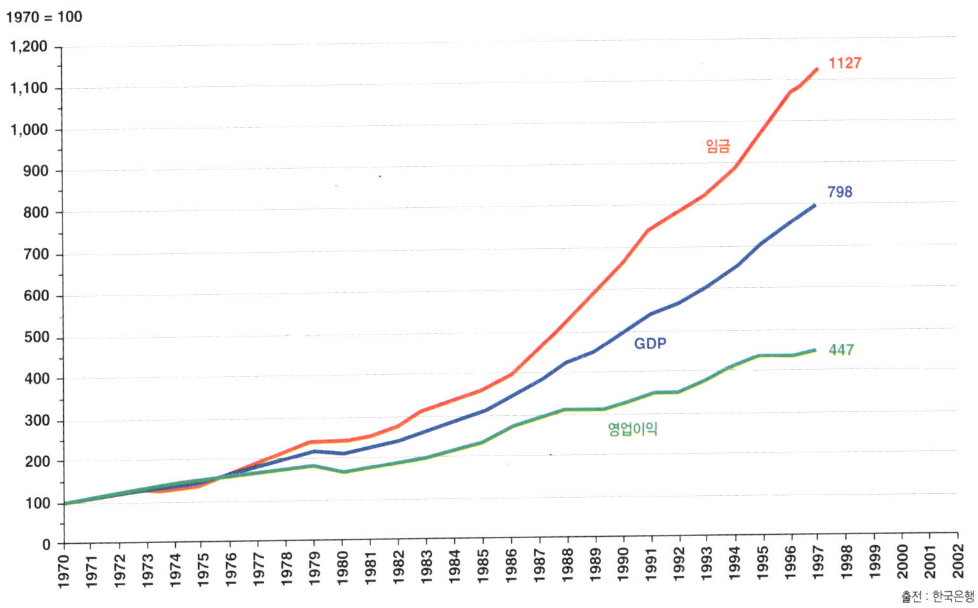

- ● 임금이 너무 빨리 상승하고 있다.
- ● 이익이 너무 완만하게 성장하고 있다.

영업이익은 경제성장에 미치지 못하고 있다. 그 결과 전체적인 경제성장을 지연시키고 있
다.

실종된 기회

이윤의 증가폭과 보상의 증가폭이 조화를 이루었다면, 한국의 연간 GDP 증가율은 8.1%가 아닌 9.4%까지 가능했을 것이다

〈도표 EX-4〉 과거의 GDP 성장 가능성?

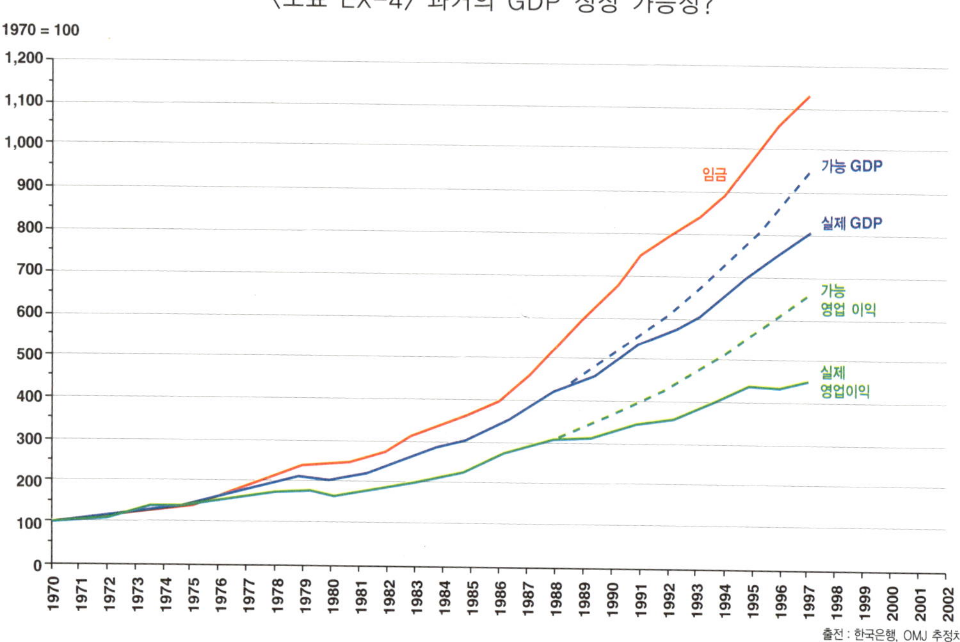

수요의 요소

소비 차원에서 GDP를 파악할 수 있다.

〈도표 EX-5〉 GDP의 구성요소

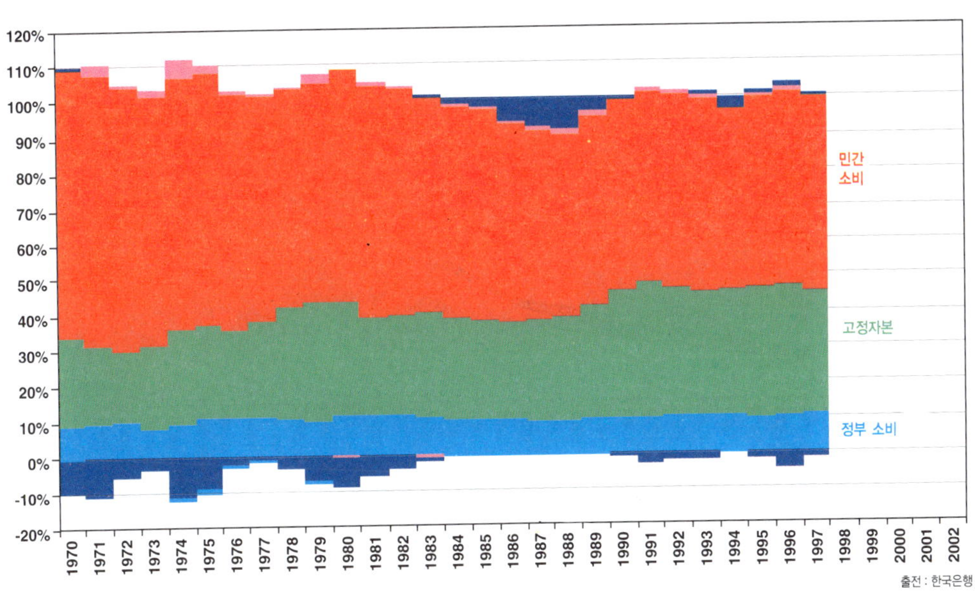

이 도표에서도 현저한 역동성을 발견할 수 있다.

- 소비는 경제성장 그리고 임금증가와 보조를 맞추는 데 실패했다. 한국인들은 저축을 충분히 하지 않고 소비를 너무 많이 한다고 생각한다. 이 도표에서는 저축 과다와 소비 과소로 인하여 GDP성장이 실제로 위축되었음을 보여준다.
- 총 고정자본은 꾸준히 증가하여 GDP의 35%를 차지한다. 영업이익의 지속적인 하락에도 불구하고 총 고정자본 투자는 계속해서 증가하였다.

과도한 투자…

영업이익이 떨어지는 동안, 1980년 후반 이후 점점 더 많은 자본이 투여되었다.

〈도표 EX-6〉 실질 GDP 대 고정자본 형성과 소비의 최종변화

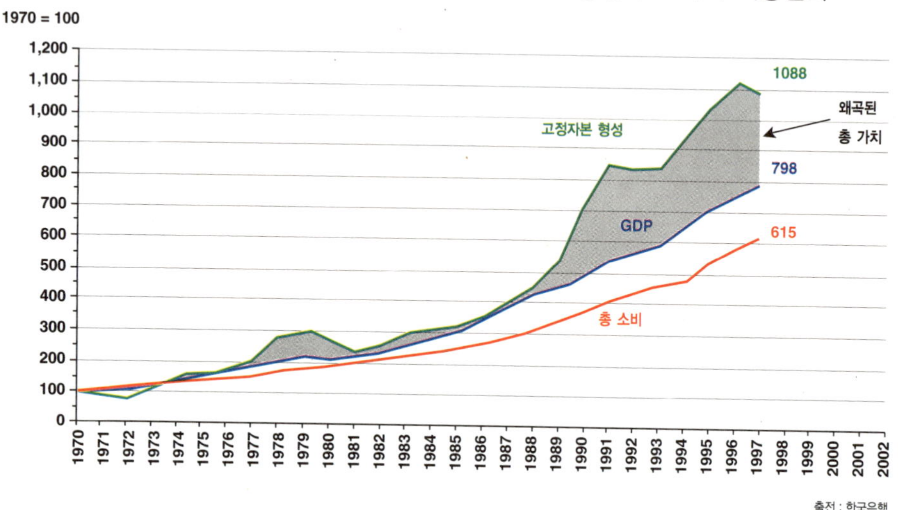

이윤실패와 과도한 자본투자는 수익을 감소시켰으며 한국 주식시장의 부진을 야기시켰다.

〈도표 EX-7〉 한국 주식시장 : 1985-1998

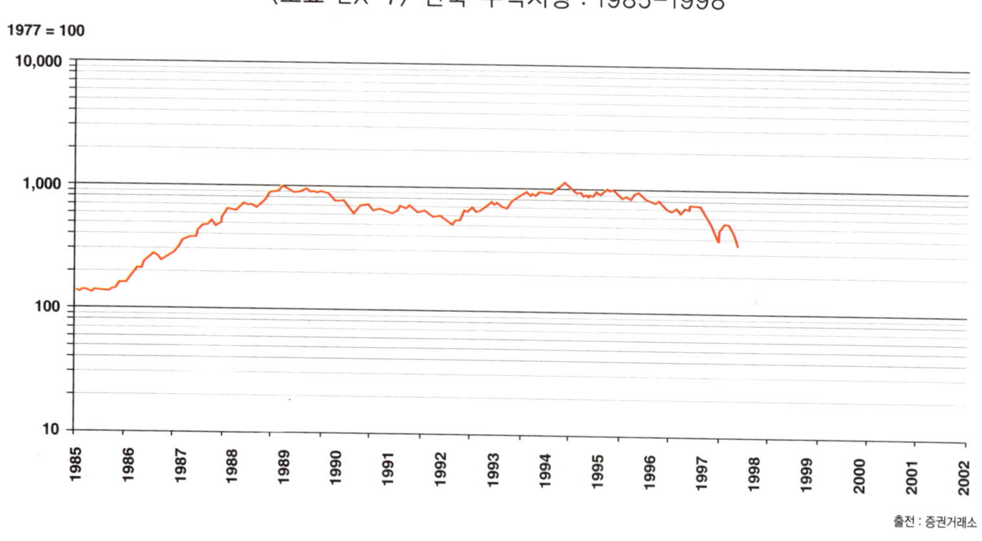

금융자산의 거대한 성장

이와 같은 지나친 자산투자로 인하여 특히 금융부문에서 총 금융자산이 지나치게 성장하는 결과를 초래할 수 있다. 이러한 현상은 GDP 퍼센트를 기준으로 측정한 총 금융자산에 대한 아래의 도표에 잘 나타나 있다.

〈도표 EX-8〉 GDP에서 총 금융자산이 차지하는 비중

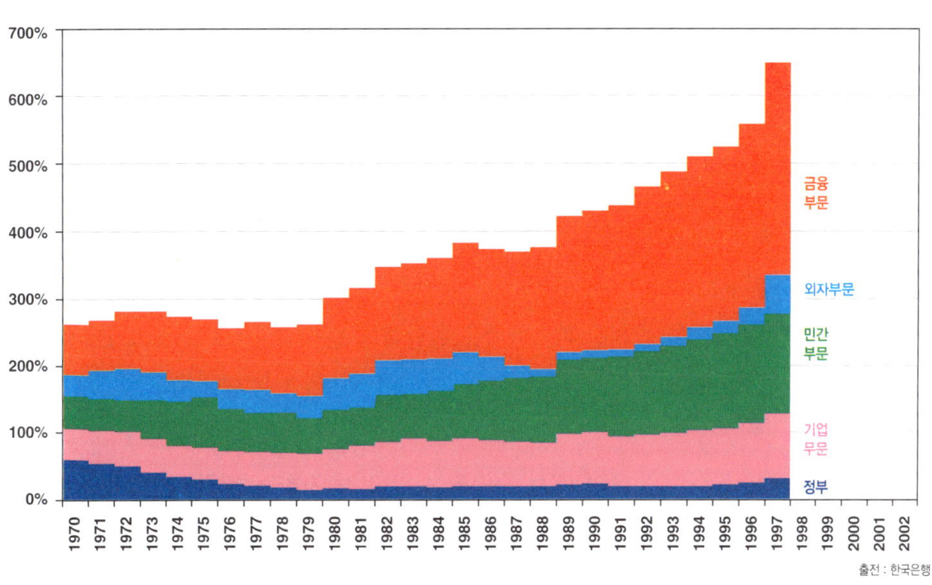

한쪽의 자산은 상대편의 채무이므로, 이 도표에서 한 나라의 부채 규모와 부채를 상환해야 하는 대상을 알 수 있다.

- 1988년에 경제활성화를 위한 재정적 자산은 GDP의 370% 가량이었다.
- 1996년까지 GDP의 556%까지 늘었다.
- 1997년 한 해 동안, 금융자산은 GDP의 650%까지 지속적으로 늘어났는데, 그 해의 전체 경제생산의 규모와 거의 같은 정도로 증가하였다.

1988년에 불행의 씨앗이 싹트기 시작하였으며, 1997년에 발생한 그 결과는 근본적으로 불가피한 것이었다.

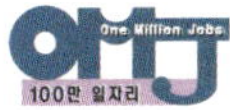

부적절한 외환정책

한국의 외환정책은 1980년 대 이후 원화강세를 이끌었다.

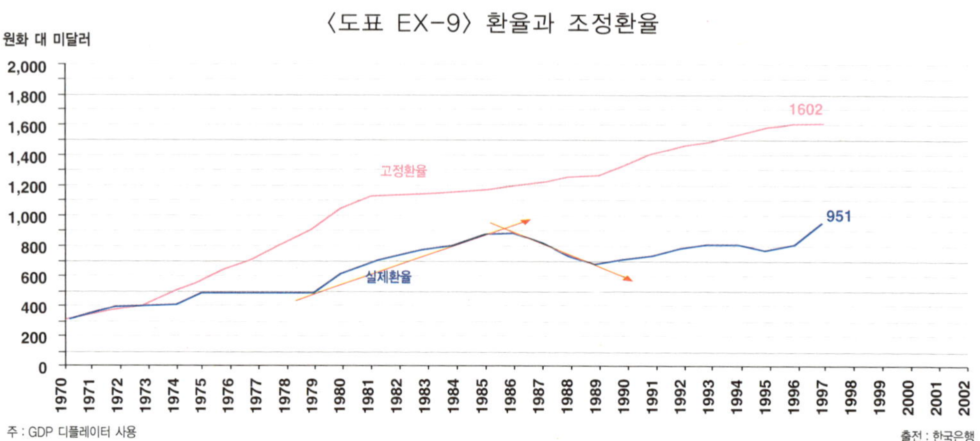

〈도표 EX-9〉 환율과 조정환율

환율이 조정환율과의 간격을 좁혀갈 때, 한국은 완만하게 순수입국(net importer)에서 순수출국(net exporter)으로 진입했다.

〈도표 EX-10〉 GDP에서 순수출(수입)이 차지하는 비중

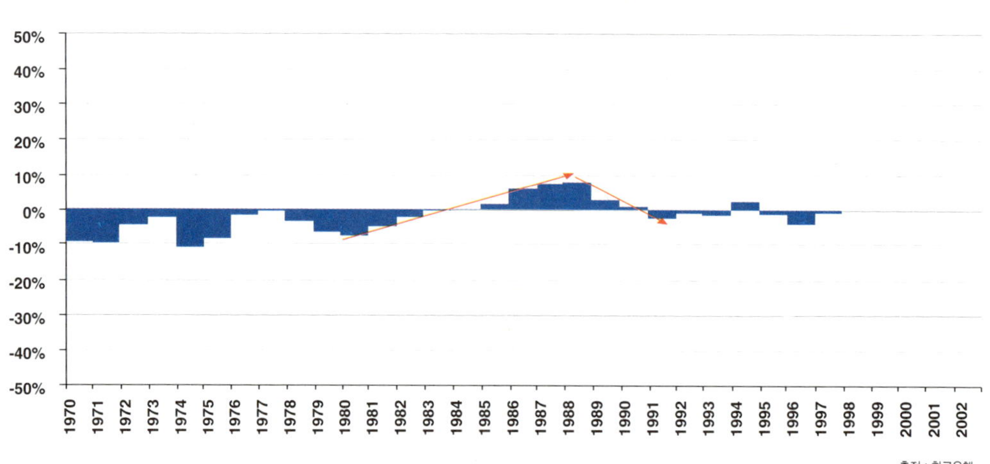

그러나 환율정책이 변화하면서 순수출은 감소하고 한국은 다시 순수입국으로 돌아갔다. 한국은 1991년 이후, 1994년의 '반도체 거품'을 제외하고는 계속해서 순수입국에 머물고 있다.

〈 과거로부터 회복 〉

실업문제에 집중

역사적으로 한국의 실업률은 낮게 나타났고, 지난 10여 년간 40만 명에서 60만 명 정도에 그쳤다.

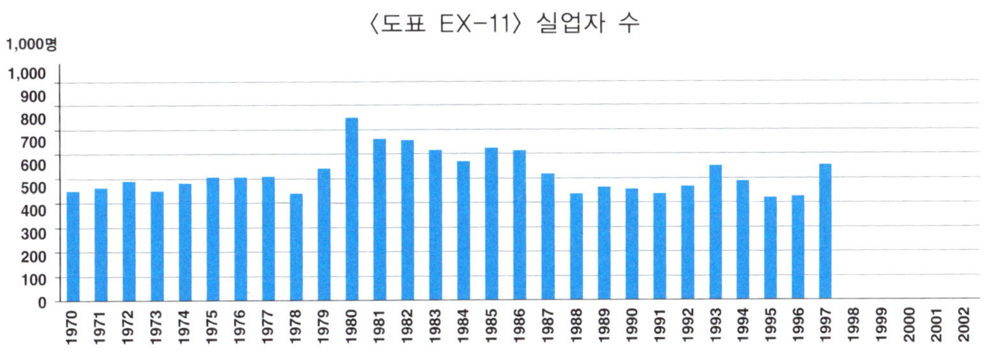

〈도표 EX-11〉 실업자 수

공식 집계에 따르면 1998년 10월의 실업이 이미 150만 명 이상에 이르는 것으로 나타났다.

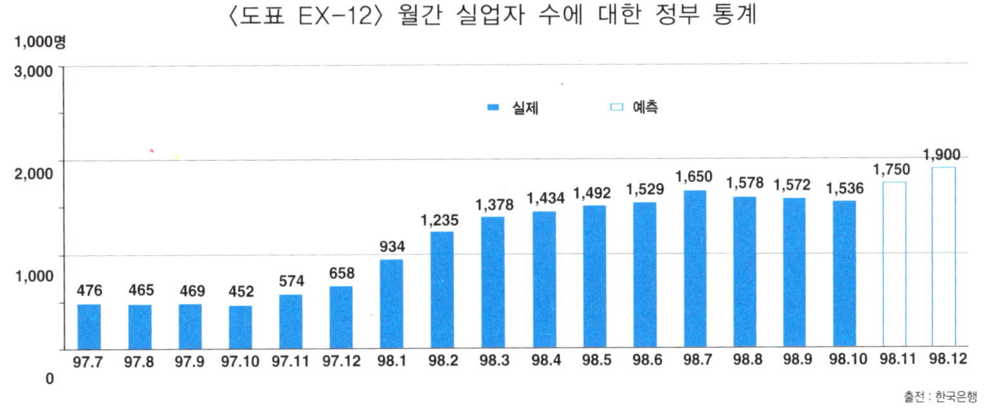

〈도표 EX-12〉 월간 실업자 수에 대한 정부 통계

조치가 취해지지 않으면, 공식적인 실업이 200만 명에 이르게 된다.

전통적인 고용창출 비율은 충분하지 않다

한국은 순고용(new employment) 창출에 관한 한 부러움을 살 만한 기록을 가지고 있었다. 1990년대 순고용 창출은 연평균 40만 명으로 추산되고 있다.

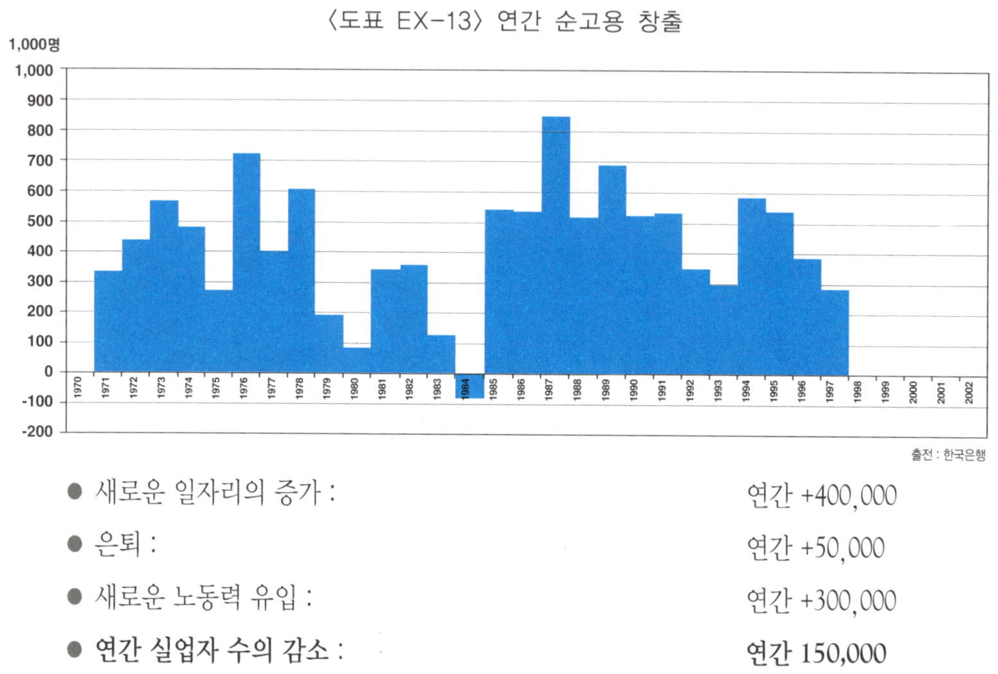

〈도표 EX-13〉 연간 순고용 창출

- 새로운 일자리의 증가 : 연간 +400,000
- 은퇴 : 연간 +50,000
- 새로운 노동력 유입 : 연간 +300,000
- **연간 실업자 수의 감소 :** **연간 150,000**

기존의 정책방향에 따를 경우, 한국이 과거의 '양호한' 실업률로 돌아가기 위해서는 최소한 10년이 걸릴 수도 있다.

〈도표 EX-14〉

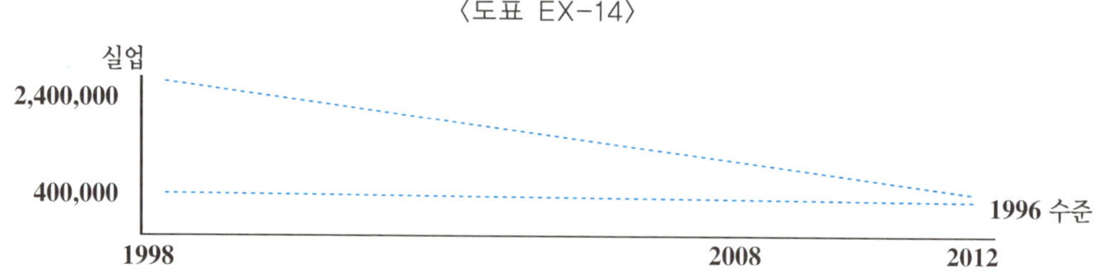

기존의 정책 유형보다는 더 빠른 속도로 일자리 창출의 노력이 절실히 요구된다는 점을 보여준다.

부가가치에 집중

일자리 창출에 있어서 중요한 요소는 바로 '부가가치'의 개념이며, 단순 일자리나 효과 없는 일자리의 창출에 있지 않다.

부가가치는 고용에 대한 보상으로 노동자에게 돌아갈 수 있으며 혹은 영업이익의 형태로 자본 제공자나 주주들에게 돌아갈 수 있다.

그러나 아래의 도표가 설명하듯이 고용만으로는 GDP에 긍정적인 영향을 주지는 못한다.

〈도표 EX-15〉 부가가치 일자리

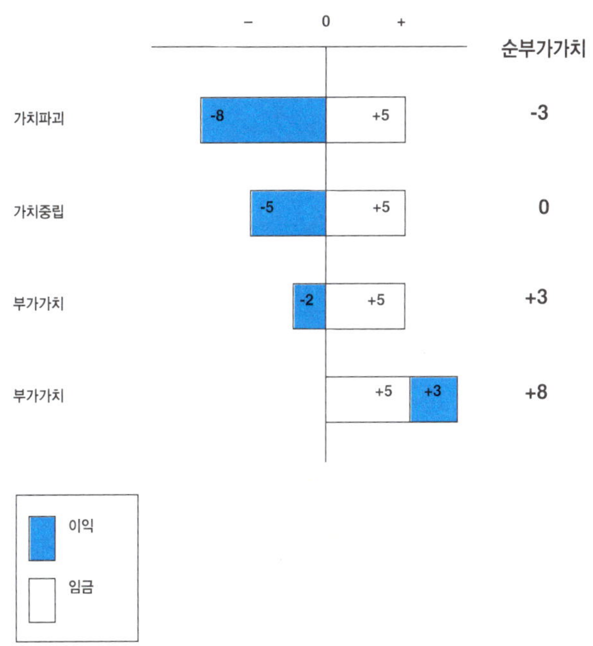

가치파괴적인 일자리는 제거되고 가치창조적인 것으로 대체되어야 한다.

가치개선에 집중

한국은 모든 일자리를 가치창조적인 것으로 만들기 위한 노력이 절실히 필요하다. 기존의 일자리를 가치개선적인 것으로 향상시켜 이윤을 증가시켜야 한다.

<도표 EX-16> 가치개선

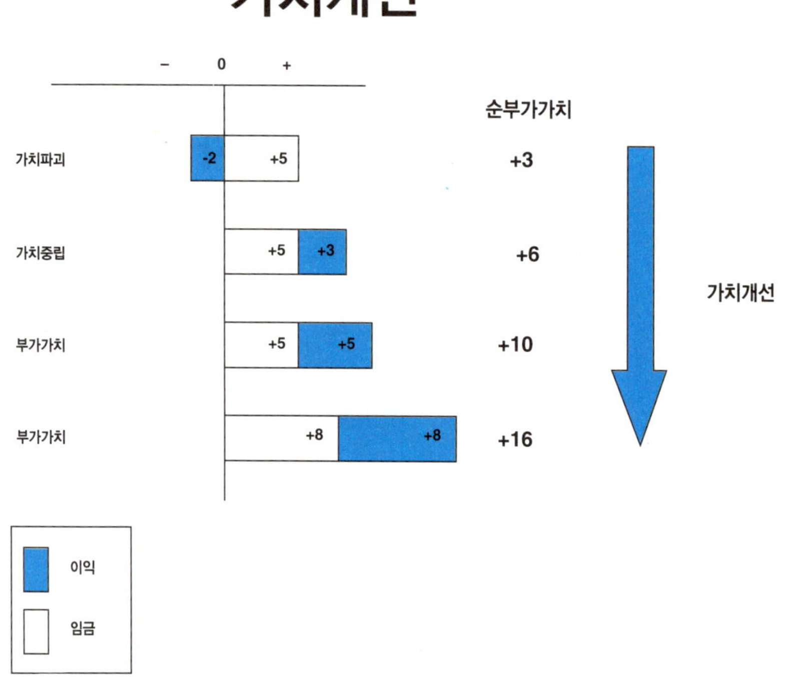

가치개선을 위한 노력이 없다면 기존의 비효율적 일자리는 계속 남을 것이며, 결과적으로 이윤실패와 회사의 부실, 더 많은 실업을 가져올 것이다.

중소기업에 집중

아래의 도표는 한국인의 80% 이상이 종업원이 300명 미만인 사업장에서 일하고 있다는 것을 보여준다. 중소기업은 한국경제의 중심에 있다.

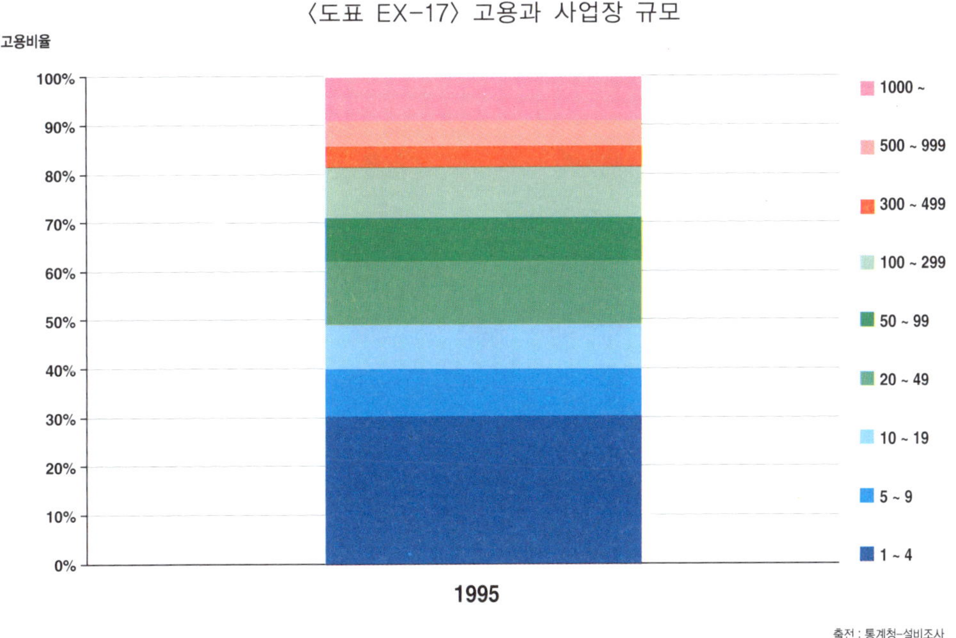

〈도표 EX-17〉 고용과 사업장 규모

출전 : 통계청-설비조사

그러나 중소기업들은 자금을 얻기도 어려우며 많은 관심도 받지 못하고 있다. 현재의 어려운 경기 상황에서 많은 중소기업이 사라져 가고 있다.

반면에 중소기업들은 여전히 고용창출의 최대 근원이며, 대기업이 앞으로 몇 년간 규모의 축소로 어려움을 겪는 동안에도 계속 성장할 것이다.

요소는 더욱 복잡하다

경제학의 기본원리는 생산요소를 노동, 대지, 자본 세 가지로 분류했다.

그러나 본 보고서는 요소를 13개로 확대했으며, 이 요소들은 다음 세기에 성공적인 경쟁요소가 될 것이다.

〈도표 EX-18〉 요소

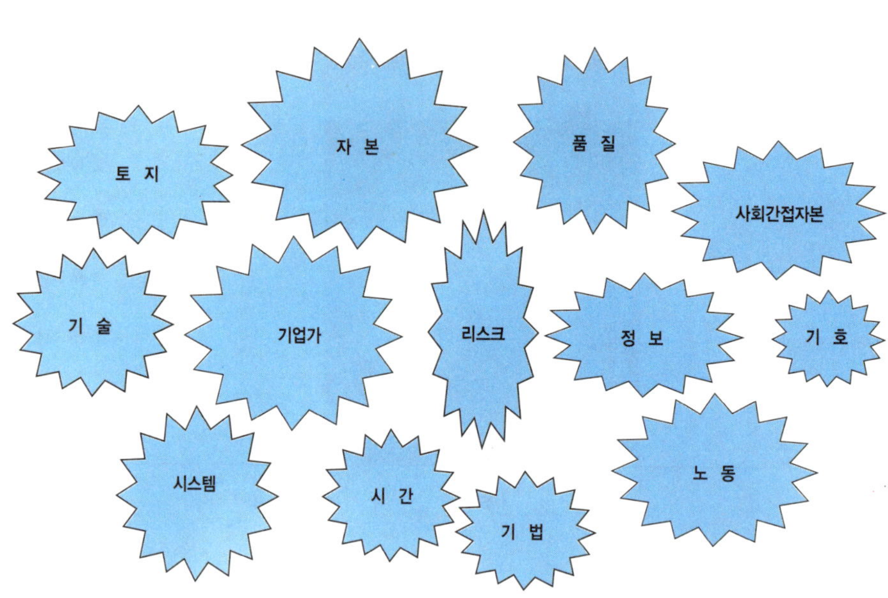

각 요소들은 종속시장(submarket)을 가지고 있으며, 각 요소들과 종속요소(subfactor)들 간의 상호작용은 고용과 경제성장의 기회를 제공할 것이다.

요소의 적절한 이용과 요소시장의 인식은 잠재적인 가치창조적 일자리의 출현을 가능하게 할 것이다.

요소시장에 집중

생산물과 같이 생산요소가 매매되고 그 가격이 결정되는 시장을 요소시장이라고 한다.
GDP는 종종 생산물시장에서 측정되는데, 그림은 요소시장이 어떻게 생산물시장의 거울 역할을 하는지 보여주고 있다.

〈도표 EX-19〉

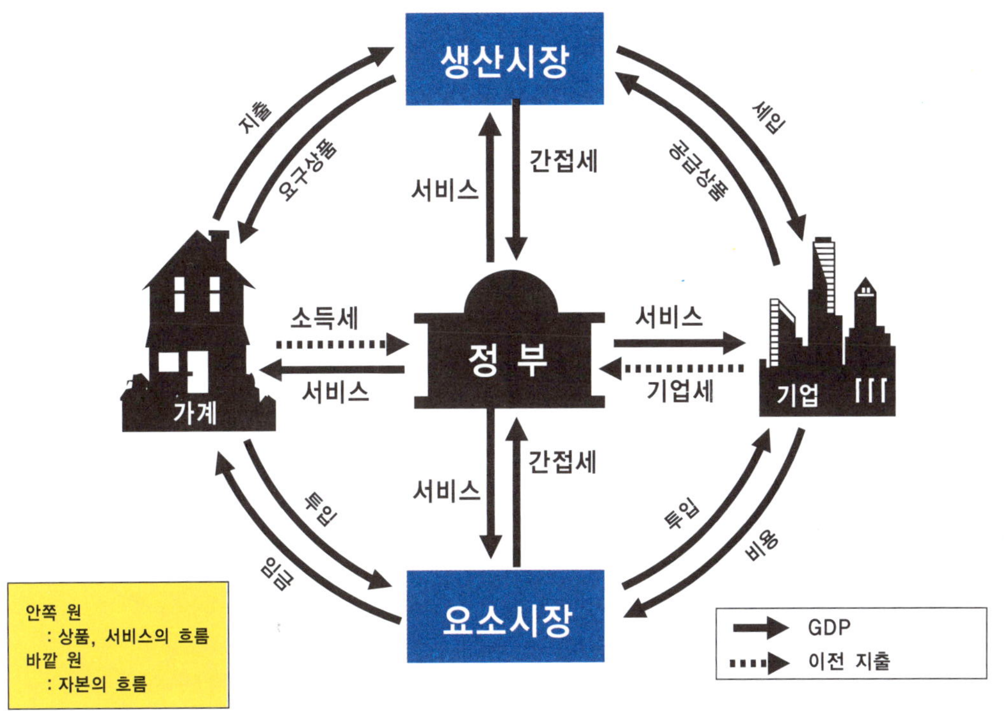

중요한 요소시장은 경제가 잘 돌아갈 수 있도록 효율적으로 가능할 필요가 있다.

왜곡된 시장에 집중

본 보고서의 초점은 존재하지 않는 실종된 시장들과 정부의 규제가 공급을 억제함으로써 수요와 공급의 작용을 방해한 왜곡된 시장들에 맞춰져 있다.

때때로 규제는 시장의 효율적 기능을 방해하고 자원의 낭비를 가져온다. 본 보고서는 이 가치파괴적인 규제를 명확히 하고자 한다.

예를 들어, 가치파괴적인 규제로서 토지구획 규제를 들 수 있다.

그리고 더 큰 문제는 자산개발회사(property development company)의 설립 허가에 대한 명확한 법률 부재이다. 한국을 제외한 대부분의 나라에서 자산개발회사는 주식시장의 주요 상장회사이다. 한국의 규제는 건축회사로 하여금 이익을 위해 영업을 계속 하도록 하기보다는 개발한 토지를 매각하도록 강요한다. 외국인들은 건축회사를 매수하기보다는 한국의 토지개발회사에 투자하려고 할 것이다.

자본시장은 가장 왜곡된 것 중 하나이다. 아래 그림은 자본시장 안에 있는 종속시장들을 나타내고 있다.

〈도표 EX-20〉 실종되고 왜곡된 시장

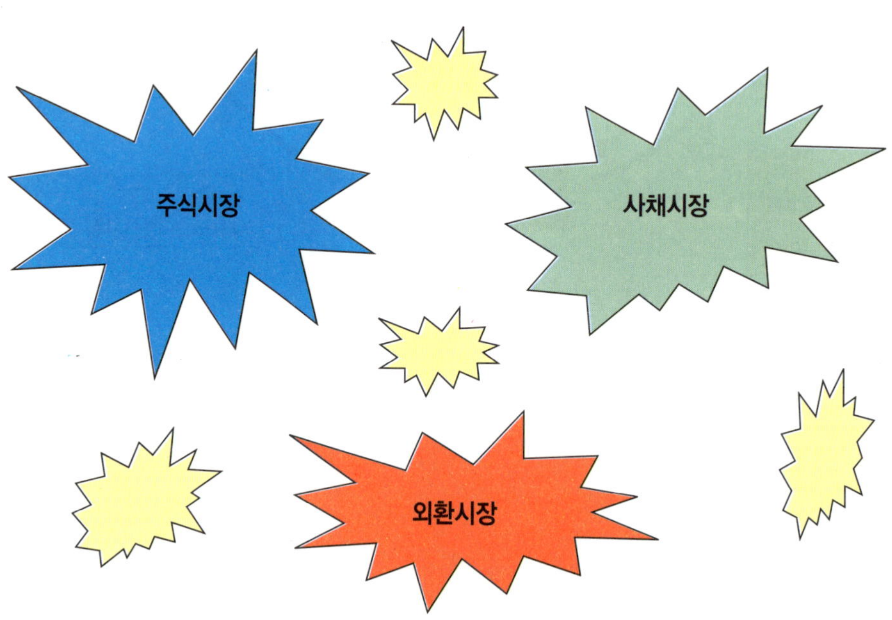

실종된 시장에 집중

본 보고서는 실종된 시장에 대해서도 논의하고자 한다.

실종된 시장의 예는 시간, 리스크, 자본이 속한 금융시장을 포함한다.

선물시장을 그 예로 들 수 있다. 선물시장은 재정적 매개체의 능력을 보여준다. 그 매개체는 부채, 리스크, 미래 상황, 우발성을 다룰 재정도구의 혁신적인 형태를 활용할 수 있게 한다. 한국 정부는 이 선물시장을 가속화시키지 않고, 이 시장의 출현을 연기해 왔다.

또 다른 예는 담보시장으로서 자본과 토지를 결합시킨다. 발달한 경제에서 차용인은 25년에서 30년 동안에 집값의 80~90% 때로는 100%까지 빌릴 수 있다. 보험회사는 생명보험과 주택구입을 결합한 담보(endowment mortgages)를 제공할 수도 있다.

한국에서는 이 중 어떠한 종류의 담보도 제공되지 않는다. 이 점이 주택과 부동산시장을 왜곡한다. 장기적이고 경쟁적인 담보시장의 설립이 건설산업의 부와 부동산 개발방법을 변화시킬 수 있을 것이다.

과도한 규제에 집중

정부의 전통적인 역할은 경제를 둘러싸고 있는 높은 벽인 동시에 외부세계로 통하는 문지기라고 할 수 있다. 20년 혹은 30년 전에는 막 생겨나기 시작한 경제를 키우고 세계적인 경쟁에 참여할 힘을 기르는 데 있어서 이러한 보호역할이 매우 중요했다.

그러나, 지난 10여 년간 '한국의 위대한 장벽'은 특히 금융 분야에서 건전한 세계 사업관행의 유입을 너무나 완벽하게 차단하여 왔다. 이러한 국내 경제의 과보호로 인하여 한국 기업체들과 회사들은 점차 세계화되고 있는 경제 분야에서 약해졌고 경쟁력을 상실하게 되었다.

또한 이러한 외적 요인 외에 국내 규제 또한 분열을 조장하는 데 일익을 담당하였으며, 포도주 병 보관소의 분류대처럼 한국경제를 인위적으로 구분하는 결과를 낳았다.

〈도표 EX-21〉 한국경제

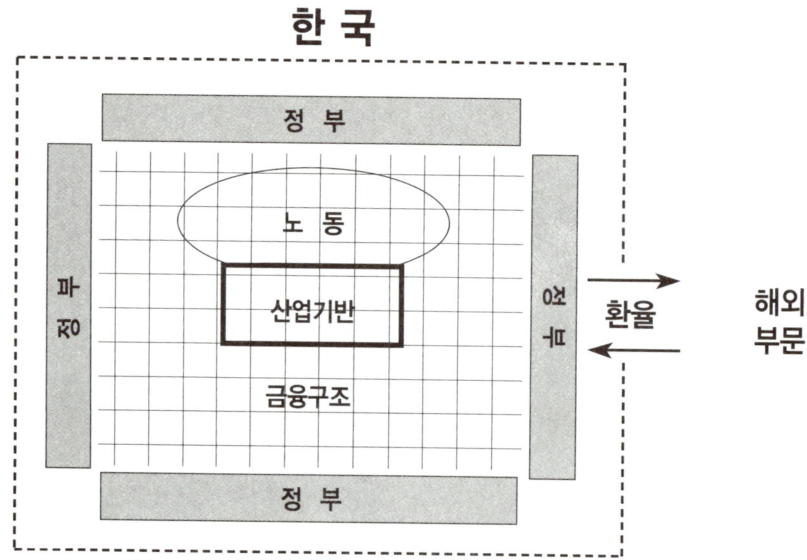

이러한 내적 요인으로 인하여 기업가주의가 억제되어 왔으며, 정부 조절기관이 너무 많은 권력을 소유하게 되었다. 그 결과 한국경제의 특징이 되어 버린 경제편들기의 부패가 조장되었다.

이러한 장애요인이 제거되지 않는다면, 한국경제와 국민들을 위하여 생산적인 새로운 성장기회를 창출해 낼 수 있는 자유로운 이념과 영감의 발생은 거의 불가능하다.

<h1 align="center">〈 새로운 집중의 필요 〉</h1>

중요도에 대한 집중

이 보고서는 정부 대책의 중요성이 차지할 비중을 제안한다.

- 중소기업 지원(25%)
- 행정개혁을 통한 부가가치형 고용창출(25%)
- 노동시장의 재구축(17%)

〈도표 EX-22〉 부가가치 패러다임에 근거한 정부 정책 중요도의 바람직한 분할

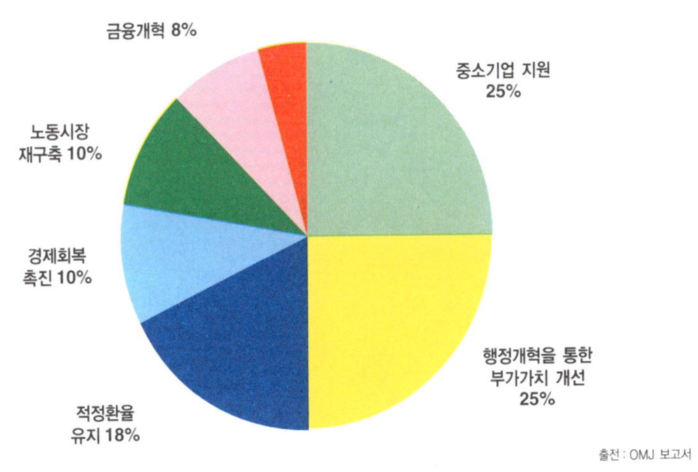

그 외의 정책들은 다음과 같다

- 적정환율 유지
- 경제회복 촉진
- 금융개혁

재벌개혁은 시장환경이 변하고 다른 정책효과가 드러남에 따라 자동적으로 그 뒤를 이을 것이다.

〈 가능한 결과 〉

고용창출

이 보고서에 사용된 요소와 조합을 이용, 앞으로 3년 4개월 안에 총 240만 개의 새로운 가치 창조적 일자리가 가능한 것으로 나타났다. 다음 도표가 예상되는 결과를 보여준다.

〈도표 EX-23〉 요소에 따른 일자리 창출 가능성

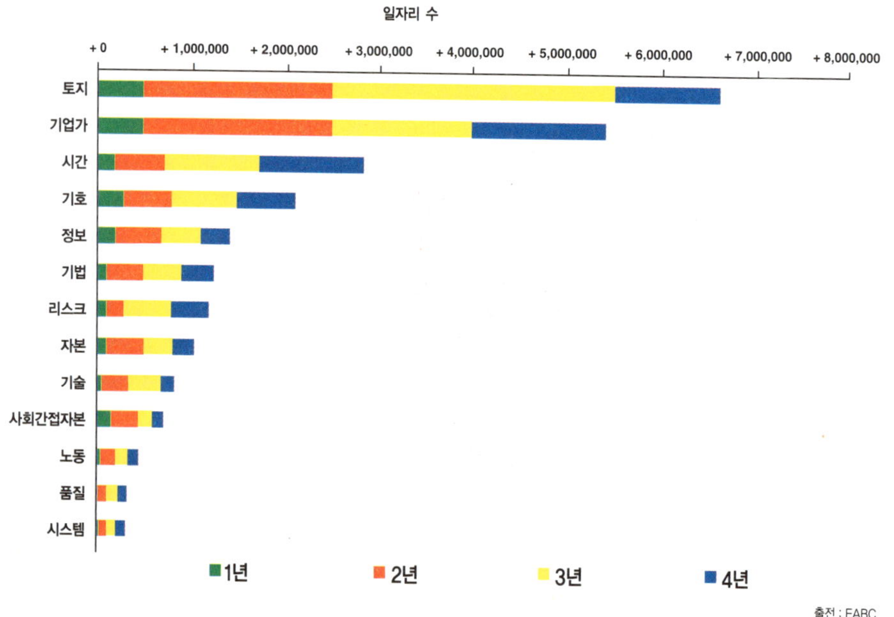

새로운 부가가치형 일자리 총 수=2,438,500

이는 고부가가치에 기본을 둔 이전의 성장률로 돌아갈 수 있음을 보여준다. 이러한 변화 없이 관습적인 개혁은 거의 무가치하다.

GDP 성장 가능성

새로운 대책이 잠재적으로 GDP에 미치게 될, 향후 3년 이상의 영향이 다음 도표에 나타나 있다.

〈도표 EX-24〉 GDP 성장 가능성

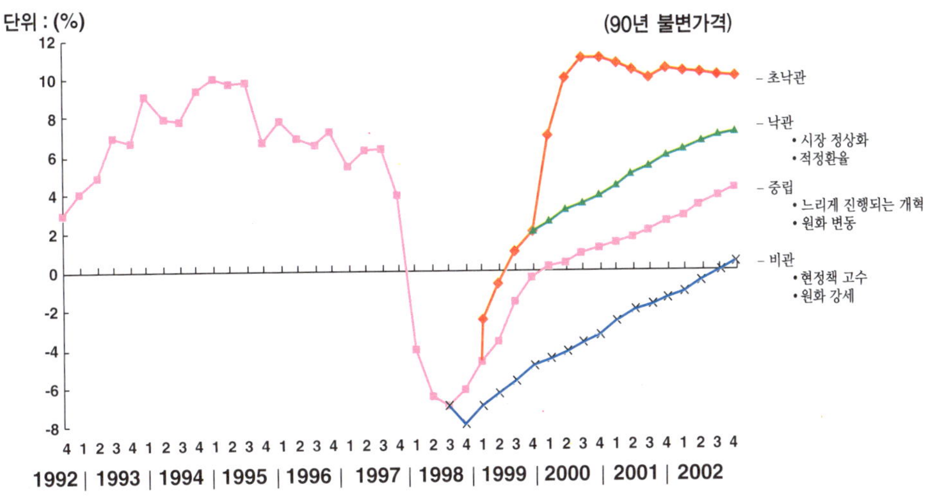

출전: 재경부, EABC

도표에 따르면, 소매 성장 가능성은 향후 1~2년 동안의 근본적인 개혁의 전도에 좌우될 것이다.

자본시장

만약 효율적인 요소시장이 창조되고 적절히 운용된다면, 자본은 정확히 경제적 기회를 떠 받드는 곳으로 흘러가게 마련이며 이익도 생겨날 것이다.

〈도표 EX-25〉는 과거에 본 보고서의 권고사항이 충실히 이해됐을 경우, 주식시장이 어떻게 반응할지 그 가능성을 보여주고 있다.

〈도표 EX-25〉 자본시장 가능성

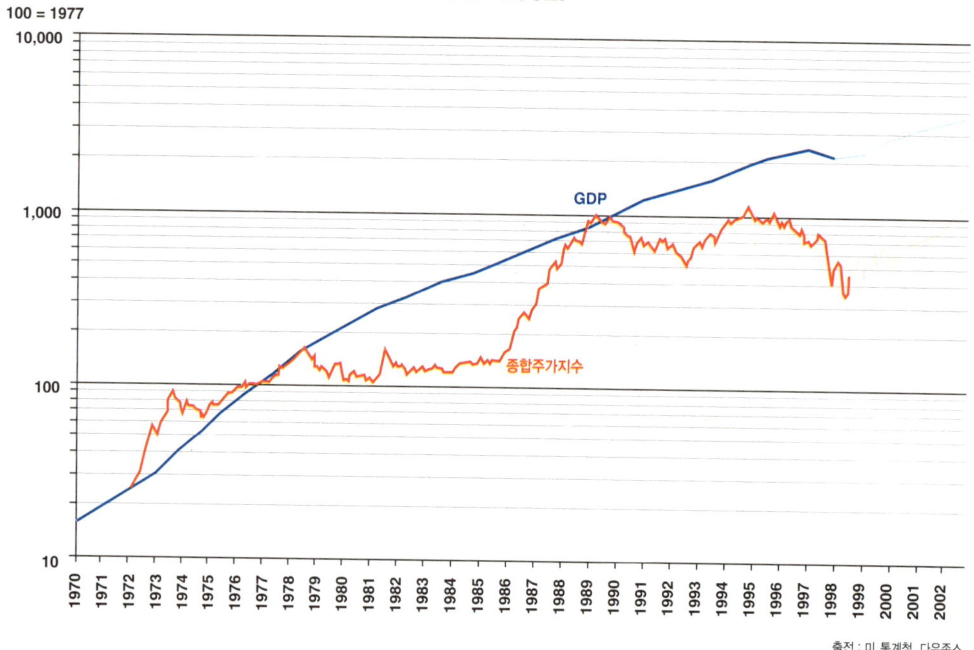

〈 머리말로 가기 전에 〉

새로운 생각

100만 일자리 만들기 운동(One Million Jobs Project)이 실효를 거두려면 새로운 생각이 필수적이다

OMJ캠페인

한국경제신문은 이 보고서의 내용을 이용한 OMJ캠페인을 통해 이러한 현안에 대한 인식을 크게 높였다. 그러나 이러한 캠페인은 시작일 뿐이다. 우리는 이 보고서와 OMJ캠페인을 제1단계의 최고점이라고 생각한다.

제2단계에서는 현안과 기회에 대한 더욱 광범위한 이해와 인식이 필요하다. 대중적인 참여와 함께 성장 결과를 방해하는 장벽을 명확히 해야 한다.

제3단계는 실행의 단계로서 공공부문과 민간부문 등 모든 분야로부터 확고한 보조와 수행이 필요하다.

OMJ연구소

고용증가를 자극하고 조정할 OMJ연구소의 설립을 제안한다.

노동은 한국경제를 회복시킬 13개의 요소 중 하나이다. 그러므로 OMJ연구소는 한국경제의 모든 주체의 참여로 진행되어야 한다.

부가가치형 경제의 창조는 한국사회 모든 구성원의 임무이며, OMJ연구소는 경제의 모든 분야를 수용할 것이다.

....

제1장

서 론

전후 최악의 위기

한국은 한국전쟁 이후 최대의 위기를 경험하고 있다.

외환위기에서 출발한 현재의 위기는 경제재건의 필요성을 상기시켰다. 전세계적인 침체만 오지 않는다면, 아시아의 경제위기는 국지적인 현상으로 그칠 수도 있다.

그러나 위기는 경제를 재건할 수 있는 기회를 제공하기도 한다. 행정규제의 경직된 틀을 혁파하고, 지난 10여 년간 점증적으로 경제를 억압해 온 구조적인 비효율성을 제거할 수 있는 기회이기도 하다.

한국은 이미 세계경제에서 주도적인 역할을 수행하고 있으며, 반드시 회생해서 그 지위에 맞는 책임과 의무를 다해야 한다. 그러나 한국의 단기적 혹은 장기적 발전을 저해하는 전근대적 규제와 사고방식이 아직 많이 남아 있다.

국내 시장기능이 왜곡되는 것에 대한 전통적인 반대로 인해 앞으로도 많은 문제가 끊임없이 발생할 가능성이 있다. 세계시장의 새로운 질서가 국내시장을 보호하던 구습을 타파하고 있다. 따라서 이러한 시장변화에 적응할 수 있는 왜곡되지 않은 시장만이 생존할 수 있게 됐다.

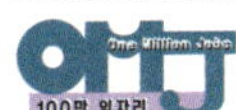

부즈 앨런 & 해밀턴 보고서나 맥킨지 보고서, IMF보고서 같은 이전의 연구들도 한국이 직면한 도전들을 설명하고 있다.

부즈 앨런 & 해밀턴은 한국의 미래를 진화하는 아시아 지역에서의 국제적 위상이라는 측면에서 조명하고 있다. 이 분석에 따르면, 한국의 위기는 강력하고 고도의 성장을 이미 달성한 일본경제와 향후 20여 년간 새롭게 부상할, 거대하고 잠재력이 풍부한 중국경제의 중간에서 발생한 넛크래커(nutcracker)의 상태로 묘사되고 있다.

맥킨지는 한국의 경쟁적 입지를 다양한 주요 생산물 시장에서의 비용과 생산성의 측면에서 진단하고, 고용축소와 경영합리화 그리고 과거 한국경제를 주도해 온 대기업들 중심으로 국제적 경쟁력을 확보할 필요성에 대해 권고했다. 한편, 서비스부문에서의 성장이 실업을 해소할 수 있을 것으로 예상했다.

IMF는 위기관리의 틀에 국한해서 거시경제의 구조적 비효율성과 금융부문의 폐해에 대해 중점적으로 다루고 있다.

세 가지 연구 모두 한국경제의 비효율성과 규제의 폐단에 대해 어느 정도 확인하고 있지만, 실종되고 있는 자본의 방대한 비용, 실종된 GDP 성장률과 실업에 대해서는 구체적으로 분석하지 못하고 있다.

그리고 이 연구들 중 어느 것도 미래의 한국경제에서 가치창조형 일자리 창출이 수행할 수 있는 도전과 기회, 활발한 역할에 대해서는 주목하지 못하고 있다.

정부의 초점

비록 'IMF위기'의 시작과 함께 유능하고 참신한 인재들이 등용됐다고 하더라도, 1998년 들어 9개월 동안 정부가 주목한 관심대상은 다음과 같은 다섯 가지 정책에 한정돼 왔다.

● **외환위기 관리**
  - 근원적으로, IMF로부터의 차관 도입, 금융회복과 통화안정을 구축할 시간을 벌기 위해서 외국 통화은행으로부터 부채를 도입한다.

● **금융부문 개혁**
  - 새로운 신용위기 현실, 자본의 자유로운 시장배분, 이윤 주도 경영, 그리고 국제 경쟁력에 대처하기 위한 복잡하고도 어려운 국내 금융구조의 재편. 이 과정에는 새로운 출자, 방대한 양의 부실채권 정리. 그리고 많은 금융기관의 퇴출 혹은 합병, 새로운 기술과 인재를 대량으로 유입하는 데 필요한 조치가 수반될 것이다.

● **재벌의 개혁**
  - 사업활동을 용이하게 하고 국제 회계 및 경영 기준의 수용을 통해 과다한 능력을 제거함으로써 적극적으로 경제재건에 이바지할 수 있도록 재벌을 개혁하는 것.

● **노동시장의 유연성**
  - '안전고용(Guaranteed Employment)'의 개념에서 실업과 유휴인력을 활용한 '노동력의 유연성 확보'로 노동시장의 진화 모색

● **사회안전망**
  - 경제재건과 현재의 경기침체로 발생한 실업자들을 대상으로 재정 지원 매커니즘 구축

이들 정책들은 불행히도 또한 불가피하게도 실업을 야기할 것이다. 한국에는 이미 실업자 수가 150만 명을 넘고 있다. 가장 우려되는 것은 정책의 부정적인 영향이 중소기업과 신생 기업들에게 고스란히 전가될 것이라는 점, 앞으로의 성장과 경제회생을 기대할 수 있는 영역이 바로 이들 중소기업들이라는 점이다.

간과되고 있는 부분 : 새로운 일자리의 창출

위기관리와 제도개혁에서 간과하고 있는 중요한 것은 강력하고도 명료한 고용창출의 대책이다.

따라서 정부의 총체적 전략은 새로운 일자리 창출에 대한 시각의 부족으로 사회적으로나 경제적으로 심각한 문제를 야기할 수 있는 위험을 안고 있다.

대기업은 규모를 축소해야 한다

한국의 기업들에서 비대해진 임원진과 '안전고용'의 개념을 자각한다면, 한국의 많은 대기업들이 향후 몇 년간 감축의 홍역을 더 앓게 될 것은 부정할 수 없는 현실이다.

대기업들과 그 밖의 기관들의 구조조정은 필연적으로 고용인들의 정리해고와 자생력 없는 조직의 퇴출과정을 동반할 것이다. 어떤 경우든 그 결과로서 실업의 증가는 피할 수 없는 현실이다.

이와 같은 현실은 1980년대 서구에서 벌어진 규모축소(dowwsizing)의 시기에 미국이 경험했던 것과 동일하다. 미국의 경우, 오늘날 많은 대기업들의 매출과 자산은 IMF위기 같은 경험에 직면했던 1980년대 초반보다는 높게 나타나고 있지만, 고용인의 수는 오히려 그때보다 적게 나타나고 있다.

경제회생의 열쇠는 중소기업이다

그러나 미국과 유럽의 대기업들이 인원을 감축하는 동안에도 그 중소기업들은 대부분의 신규 고용과 새로운 경제성장을 이루어냈다.

1985~1995년 동안 미국에서 새로 발생한 신규 고용의 87%가 중소기업에서 이루어졌다. 이들 중 2/3가 20명 미만의 고용인을 둔 소규모 기업들이었다.

그러나 지난 10여 년간 간과된 것들…

중소기업은 한국경제에 있어서 경제성장 뿐만 아니라 고용창출에 있어서도 중요한 엔진 역할을 할 수 있다.

그러나 한국 시장은 여전히 새로운 기업이 진입하거나 영세사업자가 성공적으로 활동을 펴기에 어려운 환경이다.

그리고 역설적이게도 오늘날 한국의 많은 대기업들이 1950~60년대 영세한 벤처기업에서 출발해 성장했다는 점도 지적할 만 하다.

이러한 성장 가능성을 성공적으로 현실화하기 위해서는 정부의 새로운 시각이 필요하다.

정책적 노력의 차원에서 지원은 항상 이루어져 왔다. 그러나 한국정부의 규제가 중소기업들에게 어떻게 해악을 미치고 있는지에 대한 체계적인 연구가 전혀 없었고, 그 결과 상당한 문제점들이 자각되지 않은 채 그대로 방치돼 왔다.

정부는 계속해서 전체 1%에 해당하는 대기업들을 대상으로 규제완화와 지원 매커니즘을 고려하고 있으나, 새로운 고용기회를 갖고 있는 99%의 중소기업들에 대해서는 별로 관심을 쏟지 못하고 있다.

구조조정에서 오는 단기적 경제충격과 혼란을 극복할 수 있는 중소기업의 능력에 대해서는 전혀 관심이 모아지지 않았기 때문에, 1997년과 1998년에 이뤄진 모든 개혁의 효과는 오히려 중소기업의 전망을 어둡게 했다.

중소기업은 왜곡되지 않은 시장이 필수적이다

전세계적으로 각국 정부는 각계 각층의 정책을 수용해 중소기업을 육성하는 방향으로 나아가고 있다.

그런데 미국처럼 중소기업의 활동이 최적으로 보장되는 나라들은 시장이 가장 자유롭게 운용되는 나라들이기도 하다. 중소기업들은 구속이 없는 자유시장경제 아래서 독자적인 경쟁력을 갖추고 있다.

한국의 경우에는 그런 시장이 존재하지 않는다. 은행의 관행에서부터 생산과 특정 산업의 세부적 규제에 이르기까지 상법상의 많은 조항에서 오는 거의 모든 규제들이 중소기업의 생존

과 번영에 걸림돌로 작용하고 있다.

영세사업자들은 독립적이며 상호 의존적인 개발이 가능한 활동적인 기관으로 이해되기보다는 주로 청부업 담당으로서 대기업의 지배를 받는 하청업자로 여겨진다.

중소기업들은 대기업들과 지나친 규제로 인해 원래의 활력은 거의 상실한 상태에 있다.

초점이 모아져야 할 중요한 영역들 : 고용과 부가가치

한국은 새로운 일자리를 창출하는 것에 관심을 집중해야 한다. 그러나 이런 고용은 단지 고용안정만을 위한 것이 아니라 경제에 새로운 가치를 창조하는 형태로 이루어져야 한다.

또한 가치의 개선(value improvement)에도 초점이 모아져야 한다. 경제재건의 와중에도 그대로 존속하는 일자리의 부가가치를 개선하는 것이다. 이렇게 하면 그냥 지나칠 수도 있는 더 많은 일자리를 구할 수 있다.

한국경제는 여태까지 자신의 충분한 잠재력을 발휘하면서 성장하지 못했다. 왜냐하면 이윤이 고용과 임금의 증가와 보조를 맞추면서 증가하지 못했기 때문이다. 그 원인 중 하나로는 각 일자리가 경제에서 차지하는 부가가치의 비중에 대한 시각의 부재, 모든 일자리에서 창조되는 가치를 개선하려는 체계적 노력의 부족을 들 수 있다.

생산성의 증가가 이루어지기는 했지만, 대체로 대규모 자본투자의 결과물이었다. 그러나 가치를 개선하려는 진지한 노력만 있다면, 대규모 자본투자 외에도 노동이 생산성을 향상시킬 수 있는 잠재력을 충분히 발휘하도록 유도할 수 있을 것이다.

리스크(Risks)와 가능성

〈리스크〉

● 새로운 정책을 수립하지 못할 경우,

유럽처럼 10~12%에 달하는 실업률이 다년간 지속되면서, 한국의 위기는 장기적인 실업의 수렁에 빠질 수 있다. 그 정도의 실업률은 경제재건의 노력들을 탈선시키고, 교두보가 될 만한 회생의 기회마저 박탈하기에 충분한 수치라고 할 수 있다.

● 새로운 정책을 수립하지 못할 경우,

한국은 허약한 경제성장만을 기대할 수밖에 없다. 실업과 사회안전망에 드는 비용의 부담은 경제를 위축시켜 경제성장률을 2~3% 정도 끌어내리고, 경제성장률은 산업현장에 새로이 배출되는 노동인력의 증가와 보조를 맞추지 못할 것이다.

● 새로운 정책을 수립하지 못할 경우,

향후 몇십 년간 한국은 갈수록 심해지는 아시아 지역의 경쟁에서 뒤처지게 될 것이다.

〈가능성〉

● 새로운 정책의 수립에 성공한다면,

한국은 3년 이내에 과거의 '완전고용' 상태를 회복할 수 있을 것이다.

● 새로운 정책의 수립에 성공한다면,

한국은 2년 이내에 과거의 GDP 성장률 7~8%에 도달할 수 있을 것이다. 만약 이윤이 경제성장의 다른 측면과 보조를 맞출 수 있다면, 9~10%의 성장률에도 도달할 수 있는 잠재력을 갖추게 될 것이다.

● 새로운 정책의 수립에 성공한다면,

한국은 아시아 경제지역에서의 주도적인 역할과 21세기 격렬한 경쟁사회인 세계무대에서 안정된 지위를 되찾을 수 있을 것이다.

제 2 장
·············
한국경제

서 론

문제 진단

한국경제가 현재 안고 있는 문제점들은 일시적인 것도 아니고 외부충격에 의한 것도 아니다.
문제점들은 확실히 한국경제의 근본적인 구조와 지난 몇십 년간 누적된 운용방식에 뿌리를
두고 있다.

본 장에서는 문제점과 그것의 극복방안에 대한 심층적인 이해를 위해 한국경제의 운용상 특
징들을 검토하고 있다.

주요 결론

● 표면상 한국은 고도 경제성장을 해왔다.

● 한국경제의 약진과정은 또한 조화로부터 멀어지는 과정이었다.

● 문제점에는 다음과 같은 것들이 포함된다.
  - 과잉 중복투자
  - 위축된 소비
  - 이윤의 부족
  - 적절하지 못한 환율

● 문제점으로 나타난 결과는 다음과 같다.

- 과도한 고정자본 투자 의존
- 투자수익의 감소
- 자본의 파괴
- 지속적인 교역이익(trade surplus)의 달성 실패

● 1990년대에 이르러, 한국의 성장은 비효율성을 드러내어 마치 가치를 파괴하는 경향을 보였다. 1996년에는 1986년과 동일한 성장률을 지속적으로 유지하기 위해 7배의 자본이 필요했다.

● 이들 문제점들은 부적절한 규제, 효율적 시장의 부재, 그리고 잘못된 정책 아래서의 기업활동 등으로 더욱 심화된 불균형의 징후라고 할 수 있다.

● 지나친 시장통제에도 불구하고 적절하게 운용되는 자유시장에서 발견할 수 있는 효율성과 질서는 결여되었다.

경제모델

단순 경제모델

한국의 현 상태를 조망하는 것은 정치적 혹은 문화적 형태 등 다양한 방식이 가능하지만, 본 보고서의 목적에 가장 유용한 것은 경제성장에 영향을 미치는 네 가지 중요 요소에 초점을 맞춘 단순 경제모델이다.

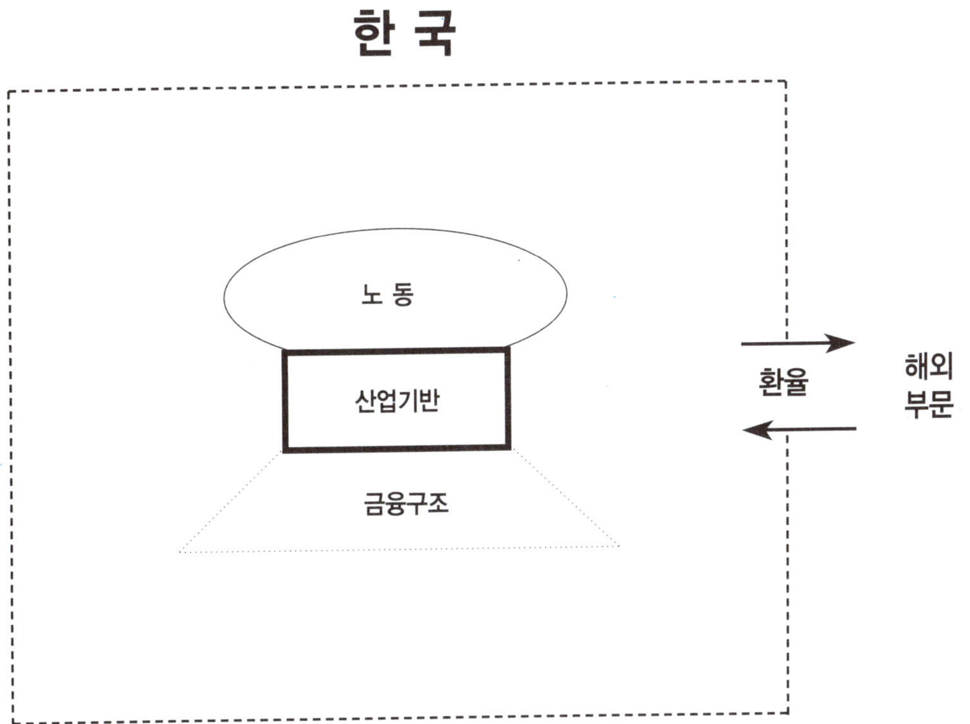

〈도표 2-1〉 단순 경제모델

금융구조는 경제활동의 기반이다. 경제가 콘크리트로 지은 건물이라면, 금융구조는 바닥에 있는 모래와 같다. 모래가 비에 섞여 씻겨져 나가고 있다. 우리는 모두 산업기반이 내려앉기 전에 일시적인 버팀목을 세우려고 분주히 움직이고 있다.

한국의 **산업기반**(재화와 서비스의 생산을 포함해서)은 견고하고 현대적이지만, 과잉투자의 문제점을 안고 있다. 그리고 전통적으로 매년 8%의 성장률을 보여온 경제의 미래 수요를 예상하면서 80%의 가동률을 기록해 왔다.

배치도에서 꼭대기에는 **노동**이 위치하고 있다. 전통적으로 다소 여분의 여유가 있는 상태인데, 역사적으로 경제가 확장하는 동안 연간 10%의 초과인원을 쉽게 흡수할 수 있는 성장률을 예상할 수 있다.

그리고 마지막으로 국내 경제와 **환율**로 정의되는 다른 나라들과의 관계가 있는데, 한국 상품의 세계 경쟁력과 수입상품, 용역의 원화 액면가 손실에 영향을 미친다.

지나친 단순화일지도…

이러한 간단한 모형에 생략되어 있는 또 다른 주요 요소는 역사적인 정부의 역할로서, 경제를 둘러싸고 있는 높은 벽인 동시에 외부세계로 통하는 문의 문지기 역할을 하기도 한다.

〈도표 2-2〉 정부와 단순 경제모델

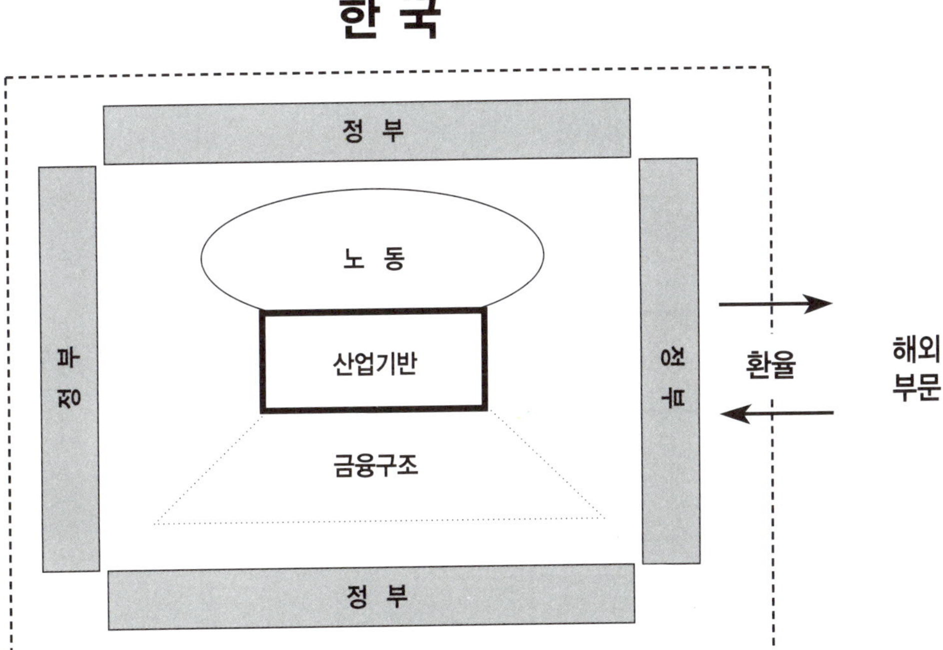

20년 혹은 30년 전에는, 막 생겨나기 시작한 경제를 키우고 세계적인 경쟁에 참여할 힘을 기르는 데 있어서 이러한 보호는 매우 중요한 역할을 담당하였다.

그러나 지난 10여 년간 '한국의 위대한 장벽'은 특히 금융 분야에서 건전한 국제적 사업관행의 유입을 완벽하게 차단하여 왔다. 이러한 국내 경제의 과보호로 인하여 한국 기업체들과 회사들은 점차 세계화되고 있는 경제 분야에서 약해졌고 경쟁력을 상실하게 되었다.

국내 경제의 과보호

그러나 이러한 외적 요인 외에 국내 규제 또한 분열을 조장하는 일익을 담당하였으며, 포도주병 보관소의 분류대처럼 한국경제를 인위적으로 구분하는 결과를 낳았다.

〈도표 2-3〉 한국경제 1997

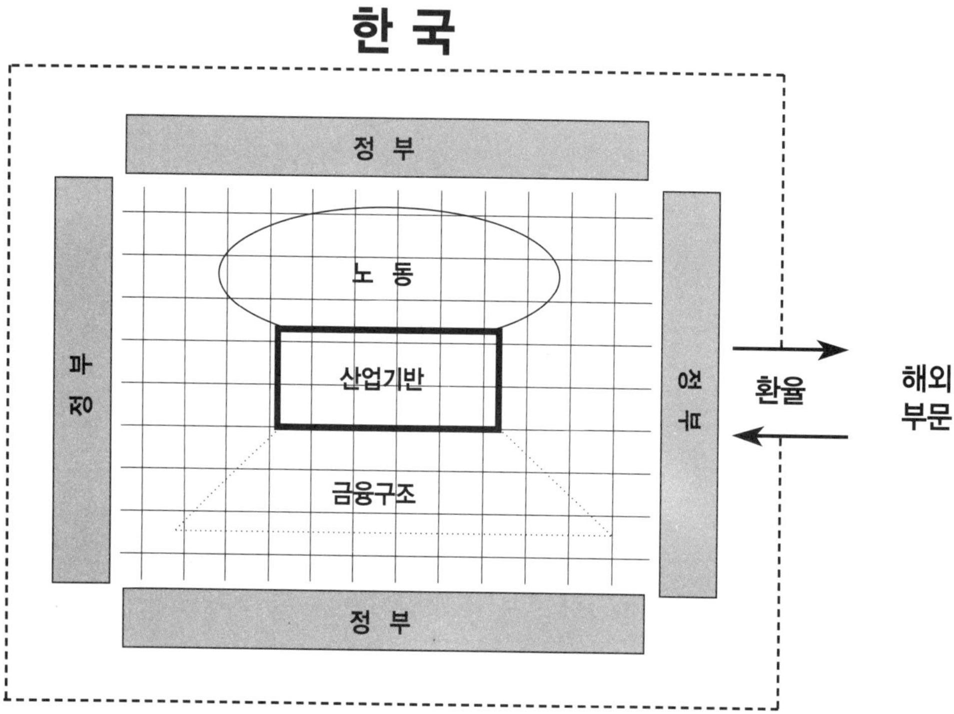

이러한 내적 요인으로 인하여 기업가정신이 억제되어 왔으며 정부 조절기관이 너무 많은 권력을 소유하게 되었다. 그 결과 한국경제의 특징이 되어 버린 경제편들기(economic cronyism)와 부패가 조장되었다.

한국과 세계 사이를 가로막고 있는 장애를 제거하는 데 어느 정도 진전이 이루어지고 있지만, 이러한 인공적인 국내 장애요인에 대하여 인식하는 경우는 드물다.

이러한 장애요인들이 제거되지 않는다면, 한국경제와 국민들을 위하여 생산적인 새로운 성장기회를 창출해 낼 수 있는 자유로운 이념과 영감의 발생은 거의 불가능하다.

이제 변화할 때

확실히 정부는 이제 외벽을 허물고 경쟁의 바람이 잘 통하게 함으로써 지난 수십 년간 누적된 비효율성을 청산할 필요가 있다.

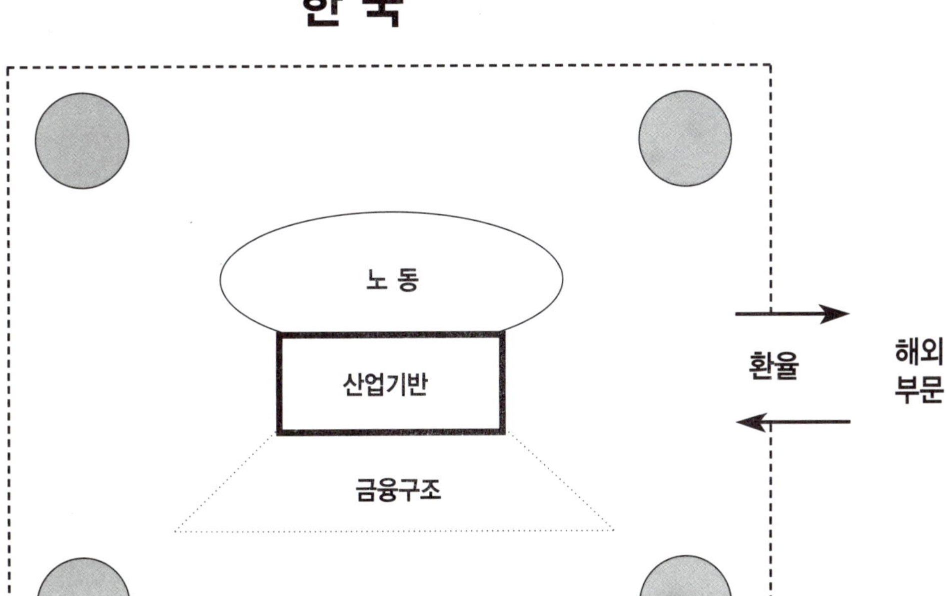

〈도표 2-4〉 한국의 새로운 패러다임

정부의 역할이 변화하여 한국경제를 둘러싸고 있는 장벽이 아니라 한국경제를 지지하는 기둥이 되어야 하며, 지도하거나 보호하는 역할이 아니라 조절하며 감독하는 역할을 수행하여야 한다.

자유경쟁의 새바람이 불게 하여 시대착오적인 패러다임에 포함되어 있는 혼란과 장애물을 제거하여야 한다.

자본의 흐름

우리가 제시한 간단한 경제모형에 의하면, 효율적인 경제에서 자금의 흐름은 다음과 같다.

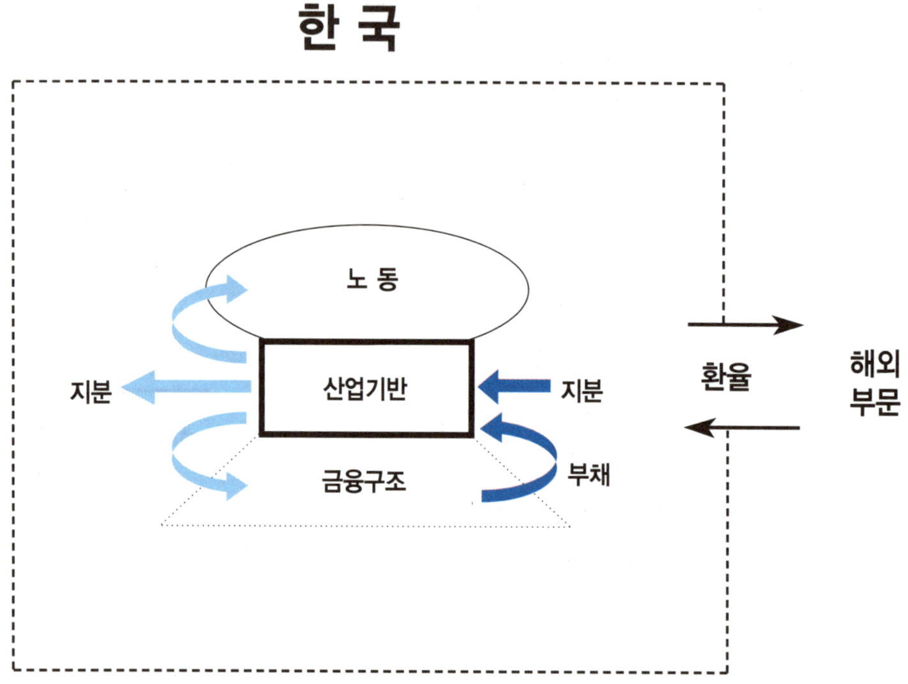

〈도표 2-5〉 가치의 흐름

운영방법

- 자본은 자산 소유주인 주주들에 의하여 실경제의 산업기반에 투자되어야 하며, 금융 부문에서 부채 형태로 차용된다.
- 부가가치를 추구하는 산업활동을 하고, 노동에 대한 임금을 지불하여, 자금흐름과 이윤을 발생시킨다.
- 이윤으로 부채에 대한 이자를 지불한다.
- 이윤은 국가 정부, 하부조직의 성장 그리고 사회복지를 유지시킬 수 있는 세금의 재원

이 된다.

- 자금의 흐름은 부채 소유주에게 원금으로 환원된다.
- 마침내 잔여 이익을 통하여 자산 투자가나 혹은 주주들에게 이익이 발생하게 된다.

주주의 이익

주주들의 수익은 자신의 주식의 가치에 대한 자본 평가의 면에서 계산되어야 한다. 이렇게 되면, 주주들은 미래를 위한 회사의 운영에 자신들의 자산을 맡길 수 있다. 이들 중 일부는 배당금 형태로 현금을 받을 수 있지만, 이러한 경우에 그들이 투자한 가치의 겨우 1~2%에 불과한 경우가 대부분이며, 따라서 부채에 대한 이자보다 더 낮은 수익을 의미한다.

순수익과 주식에 대한 수익과 같은 단순한 방법으로 주주들의 이익이 발생하는 것이 자산 투자가들의 관심을 끄는 데 가장 중요한 역할을 한다.

균형 잡힌 경제에서의 자금의 흐름

적절하게 균형잡힌 시스템에서는 다음의 모든 것이 조화롭게 이루어진다.

부채 소유주가 얻은 **이익**으로 자신들이 발생시킨 자산비용을 지불한다. 부채 제공자에 돌아온 **자본**은 다시 부채자금 충당에 사용될 수 있다.

주주 이익의 시장평가 결과, 자산 소유주가 얻게 된 **자산수익**으로 인하여 자산 소유주는 더 많은 자산을 투자하게 된다. 그리고 주주들은 **보유이익** 형태로 회사에 자신들의 자산을 투자하는 데 만족하게 되며, 그 결과 주주들의 자산은 그들과 경제를 위하여 계속해서 유용하게 사용되게 된다.

임금과 이익의 형태를 한 **노동**에 대한 보상은 가계 소비지출로 바뀌어서 산업기반을 지탱하게 된다. 과도한 임금은 저축이나 투자에 사용되며, 때로는 금융 중개인을 통하여 경제를 위한 투자에 보다 효율적으로 돈을 사용할 수 있게 된다.

이러한 **저축**은 가계를 통해 아이들의 교육이나 결혼, 임금 수익자가 더 이상 일을 할 수 없는 노후를 위하여 사용된다. 또한 이러한 저축을 통하여 새 집이나 자동차 구입처럼 자금을 많이 필요로 하는 경우에 대비하여 충분한 자금을 축적할 수 있으며, 그 결과 중요 경제활동을

추가로 발생시킬 수 있다.

내수**소비**로 인하여 내수물건과 수입물건을 필요로 하게 된다. 내수생산은 내수소비와 내수생산 상품의 수출을 가능하게 한다. 생산과 소비 모두 널리 통용되는 환율에 의거하여 세계경제 시장에 접하게 된다.

자본으로 인하여 발생하는 부채나 자산수익을 기본으로 하고 있는 내수경제에 의하여 자본은 영향을 받는다. 이 때 발생하는 수익은 현재 이자율, 가능한 자본수익 그리고 사업실패나 파산으로 인하여 투자금을 만회할 수 없는 경우의 자본손실 위험에 의하여 규정된다.

마찬가지로 외국 자본도 이와 같은 조건을 기준으로 국내 경제에 영향을 끼치지만, 이러한 경제 상태에서 가능한 위험과 수익을 다른 경제 상태나 혹은 다른 투자 형태에서 발생 가능한 것에 비유한다. 가장 중요한 것은, 외국 투자가들도 자신이 투자한 시기부터 투자자본을 회수한 시기까지 **환율**에 영향을 받게 되며, 이것이 외국 자본의 가장 큰 위험요인이 되기도 한다.

그러면 이러한 모델이 한국에서는 실제로 어떻게 적용되는지 검토해 보자.

성장의 동태 분석

경제성장

1970년 이후, 한국경제는 연평균 8.1%의 성장률을 보여왔다.

〈도표 2-6〉 실질 GDP

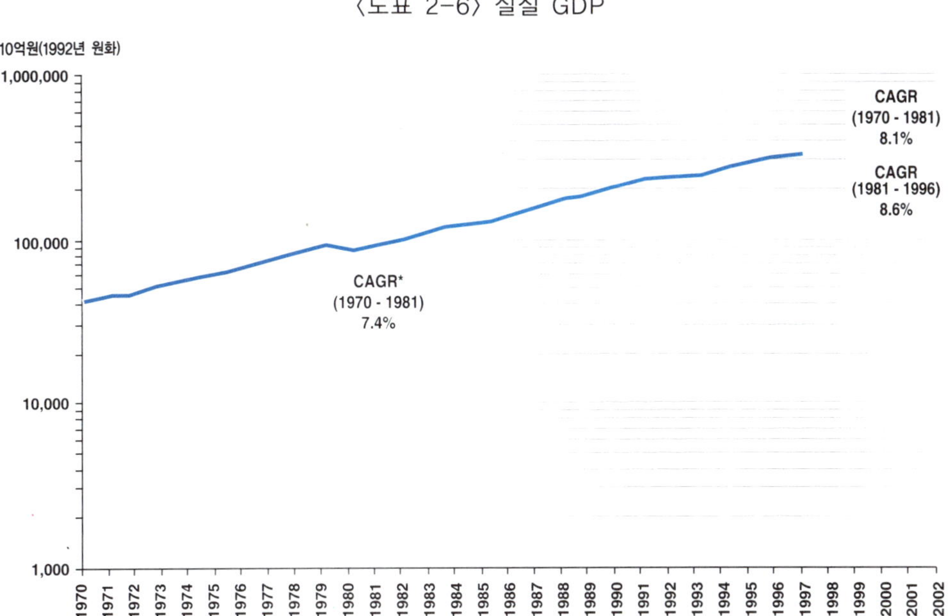

한국은 이 기간 동안에 세계에서 가장 빠른 성장률을 보이는 나라 중 하나였다. 국내외 분석가들은 지속적인 성장에 근거해서 한국경제가 근본적으로 건강하다고 생각했다.

인구증가

1970년 이후, 한국의 인구는 3,200만 명에서 4,600만 명으로 증가해서 연평균 1.3%의 증가율을 보였다. 2002년까지 한국에는 48,00만 명이 거주할 것으로 예측된다.

〈도표 2-7〉 인 구

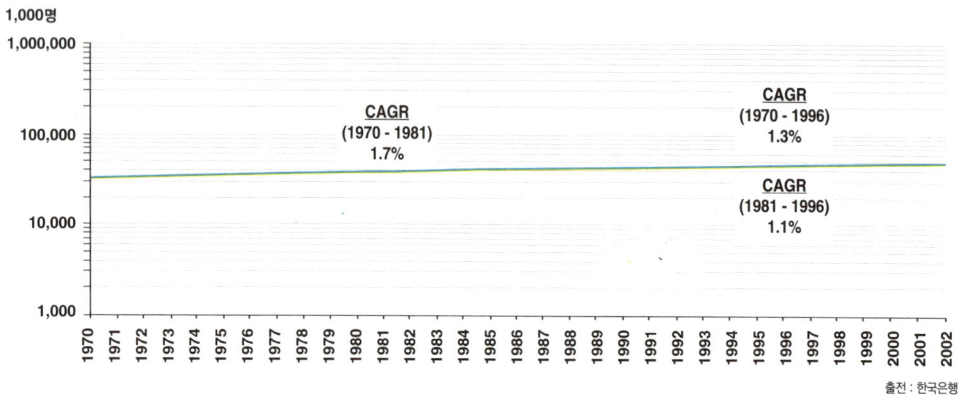

고용증가

보다 주목할 만한 것은, 동일한 시기에 인구 중 고용된 사람의 비율은 30% 미만에서 거의 46%로 증가했다는 것이다.

〈도표2-8〉 인구 중 고용자의 비율

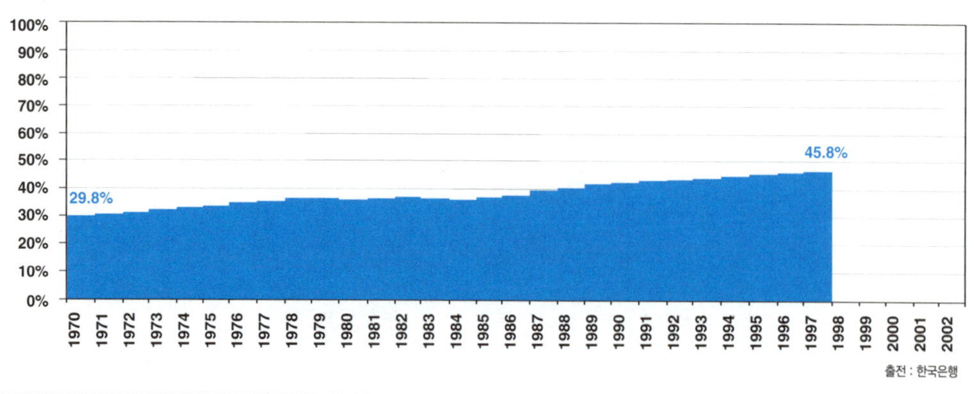

시대별 인구통계

이러한 고용증가는 1950년대와 60년대 베이비 붐과 그에 따른 인구증가를 반영한다.

〈그림 2-9〉 연령별 인구 피라미드 : 1960

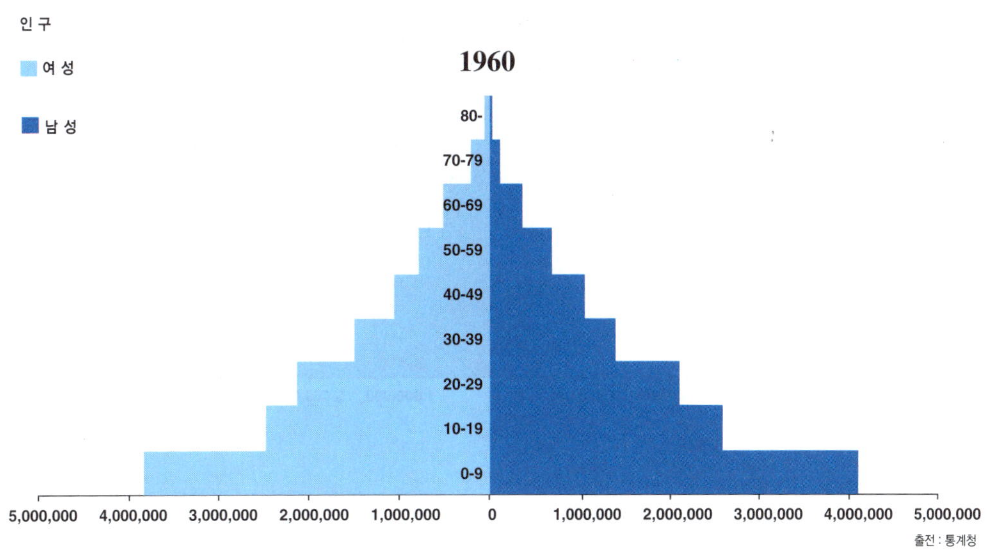

〈그림 2-10〉 연령별 인구 피라미드 : 1970

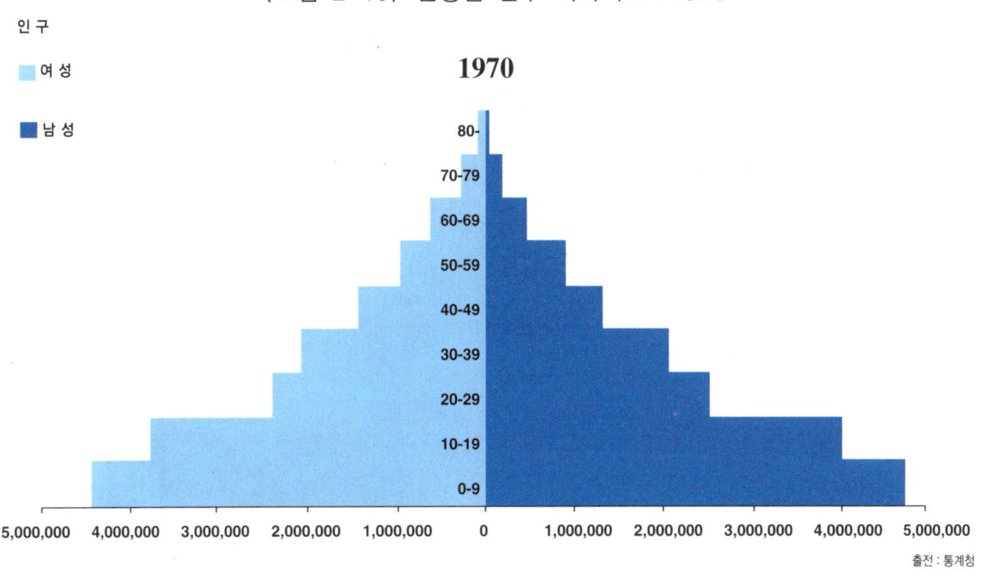

〈그림 2-11〉 연령별 인구 피라미드 : 1980

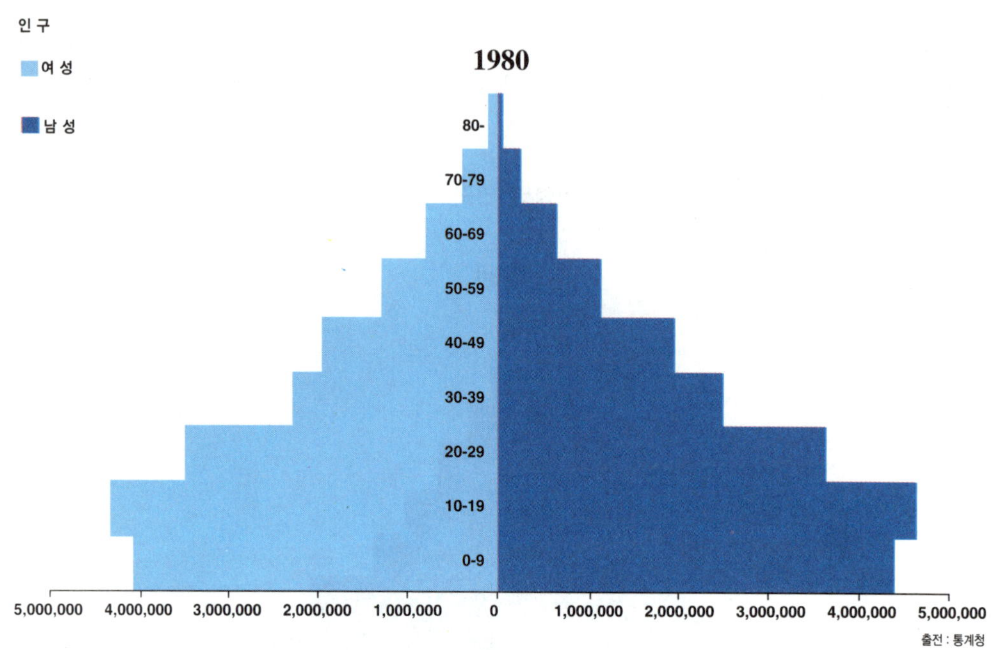

〈그림 2-12〉 연령별 인구 피라미드 : 1990

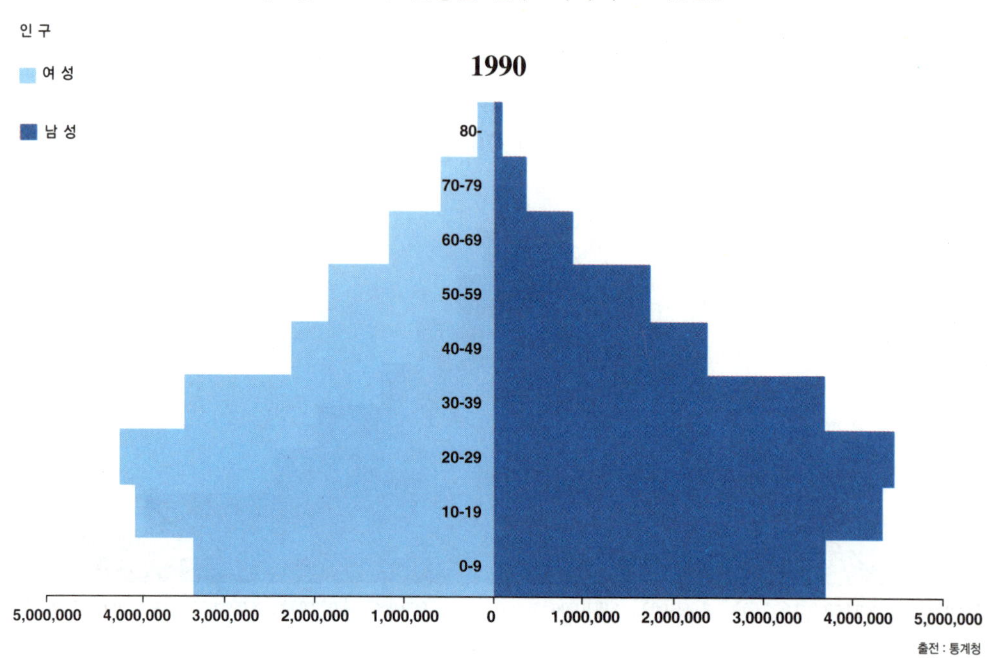

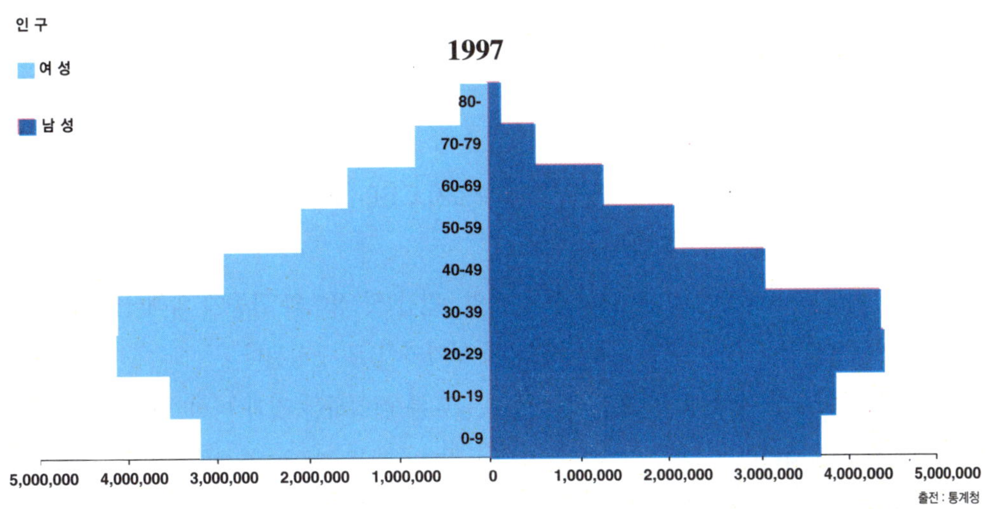

1990년대까지 전체 인구 중에서 경제활동 가능 연령의 인구가 더 많으며, 여성의 취업 기회가 늘어나고 여성을 수용하는 업체가 늘어남에 따라 산업체에 더 많은 여성이 지출하게 된다.

성장에 기여한 고용

과거 높은 GDP 성장률을 달성하는 데 이처럼 평균 3%의 고용증가가 중요한 역할을 했다는 것은 자명하다.

〈도표 2-14〉 실질 GDP 대 고용자 수

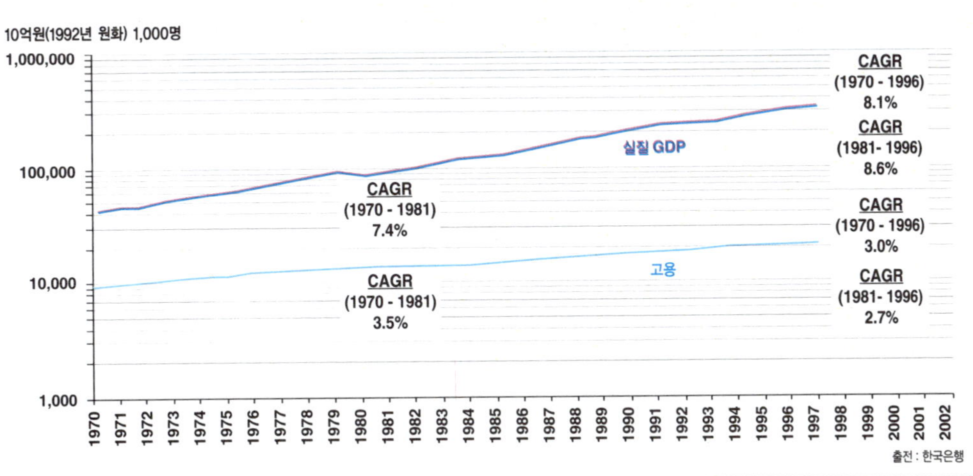

GDP 분석 – 경제 부가가치

GDP : 경제 부가가치

경제의 수준을 검토하기 전에 경제활동의 척도로서 GDP 개념을 이해하고 관련된 개념들의 정의를 확실히 하는 것이 필요하다.

- **총 산출**(Gross Output) : 국내의 모든 기업, 민간 및 정부의 활동에 의해 산출된 총 생산물이다. 두 가지 중요한 요소(중간재와 부가가치)로 구성된다.
- **중간재**(Intermediates) : 제조업 공정에서 원료를 매입하는 것과 마찬가지로 경제에 투입된 생산재이다.
- **국내총생산** : GDP, 즉 국내총생산은 투입과 산출의 경제활동 과정에서 국내 모든 활동, 기업, 민간, 정부에 의해 생산된 부가가치의 총합이다.

아래 도표는 1970년대 이후 한국의 총 산출에서 GDP 부가가치가 차지하는 비중을 나타내고 있다.

〈도표 2-15〉 총 산출에서 GDP의 비중

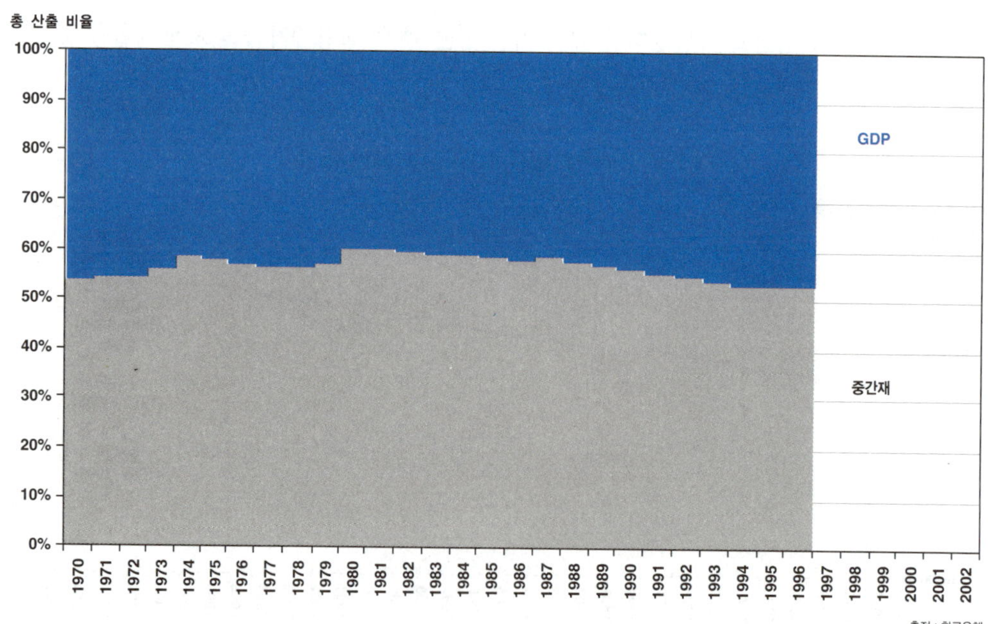

출전 : 한국은행

GDP를 파악하는 세 가지 방법

부가가치는 세 가지 방법으로 측정할 수 있다.

1. 원천

GDP＝앞에서 살펴본 바와 같이 다양한 산업부문에서 창출한 **부가가치의 총합**이다.

- 농업, 임업, 어업
- 제조업, 광업
- 전기, 가스 및 수도사업
- 서비스
- 정부, 비영리단체

2. 요소비용

GDP＝**부가가치 이익**, 다양한 참가자가 얻게 되는 수익의 면에서 측정한다.

- 고용비용(임금과 수익)
- 영업이익(배당, 과세와 감가상각 이전의 이윤)
- 감가상각비
- 보조금을 뺀 간접세

3. 소비

GDP＝**산출량의 소비**, 소비 형태로 측정한다.

- 민간부문 소비
- 정부부문 소비
- 자본투자
- 순수 수출(수출－수입)
- 주식이나 재고품의 변화

부가가치의 총합

아래의 표는 1970년부터 현재에 이르기까지 산업부문에서 GDP 요인을 설명한 것으로, 이 보고서에서 GDP의 구성 요소로 다루게 될 세 가지 방법 중 하나를 보여주고 있다.

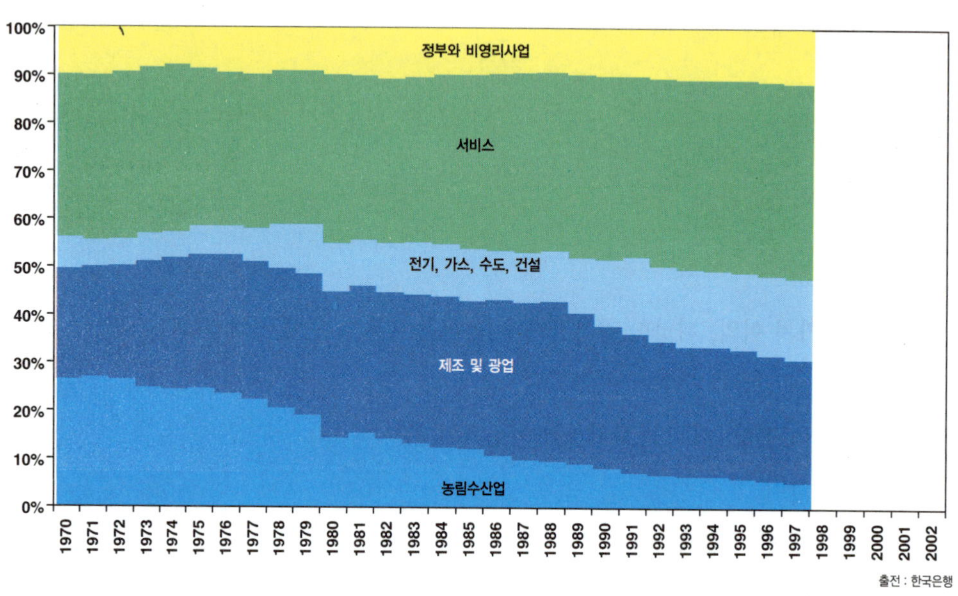

〈도표2-16〉 GDP 구성요소

부가가치의 초점 이동

경제와 고용이 성장함에 따라 경제성장의 원천은 변화해 왔다.

- 농업, 임업, 수산업은 장기 침체를 겪게 되어, 1970년의 27%에서 현재 6%로 하락하였다.
- 1970년대의 제조업은 산업의 약 23%에서 성장을 시작하여, 1988년에는 33%로 최고였다.
- 1990년대의 제조업은 GDP 퍼센트에서 실제로 감소하기 시작하여, 1997년에는 약 26%까지 떨어졌다.
- 이러는 동안, 정책적인 면에서 가장 소홀하게 다루어졌던 서비스업이 가장 중요한 부문을 차지하게 되었다.

다음의 도표는 부가가치 이익의 면에서 GDP를 측정하는 두 번째 방법을 보여준다.

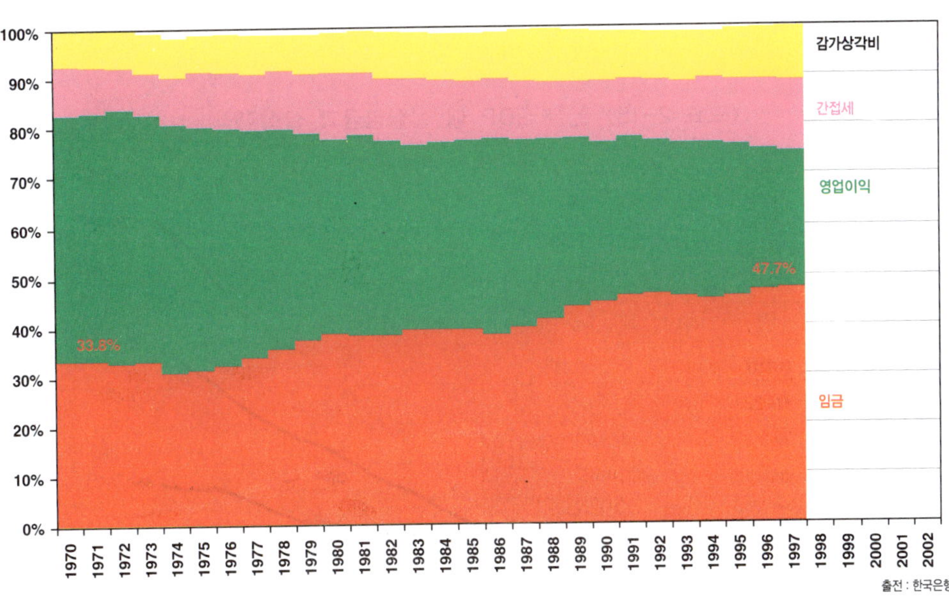

〈도표2-17〉 GDP의 구성요소

도표는 노동에 대한 보상이 지난 15년간 극적으로 증가하고 있음을 매우 가시적으로 보여주고 있다. 반면에 영업이익(operating surplus)은 그에 못지 않게 극적인 감소를 보이고 있다. 감가상각비와 간접세는 비교적 변하지 않은 편이다.

- **감가상각비**와 **간접세**는 비교적 변하지 않은 편이다.
- 노동에 대한 **보상**은 1987년 이후 극적으로 증가하고 있다.
- **영업이익**은 지난 15년간 극적인 감소를 보이고 있다.

이윤실패-왜곡의 중요한 지표

이윤실패

1970년대 이후부터 지표를 기준으로 하여 한국경제의 GDP, 보상(임금) 그리고 영업이익(이익)을 살펴보면, 특히 1988년 이후로 명백한 불균형이 발생하였다는 것을 알 수 있다.

〈도표 2-18〉 실질 GDP 대 실질임금과 실질이익

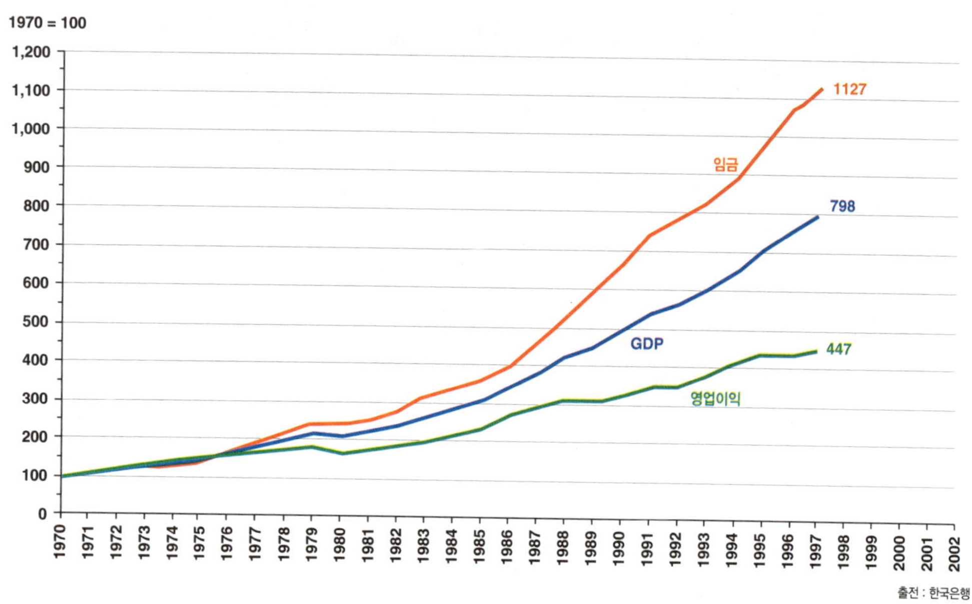

영업이익(이익)은 경제 성장에 미치지 못하고 있다. 그 결과, 전체적인 경제성장을 지연시키고 있다. 이러한 내용이 이 보고서의 핵심내용이 된다.

영업이익과 노동에 대한 보상 사이의 불균형에 대하여 다음 두 가지 설명이 가능하다.

- 임금이 너무 빨리 상승하고 있다 : 너무 적은 이익이 발생하여 자본 제공자가 공정한 이익을 올릴 수 없다.
- 이익이 너무 완만하게 성장하고 있다 : 이익을 달성하는 데 실패하는 다른 원인이 존재한다.

실제로 두 가지 주장이 다 설득력을 지니고 있다.

임금이 급성장하였는가?

초과된 임금에 대한 설명에 의해 결과가 달라진다는 것을 쉽게 예측할 수 있다.

전 세계의 사업가들은 임금과 노동조합의 위력에 대하여 불평을 할 것이다. 그러나 한국을 제외한 다른 나라들은 적합한 임금증가와 노동을 사업적 필요와 조화롭게 결합시키는 것이 가능하다는 것을 깨달았다.

비단 한국만이 이익을 남기려는 사업목적과 노동의 필요성에서 적절한 균형을 필요로 하고 있는 것은 아니다. 한국의 '현대자동차' 와 마찬가지로 미국의 'GM' 에서도 파업이 발생했다.

이윤과 임금은 GDP를 따른다

미국의 경우, 임금과 이윤이 GDP 성장률과 궤를 같이 하고 있다. 경기변동에 영향을 미치는 이윤상의 편차가 존재하지만, 둘 다 조화를 이루며 성장한다. 이것은 미국의 자유시장이 조화를 이루는 데 성공했다는 것을 나타낸다.

〈도표 2-19〉 미국경제 : 실질 GDP 대 실질임금 및 실질이윤

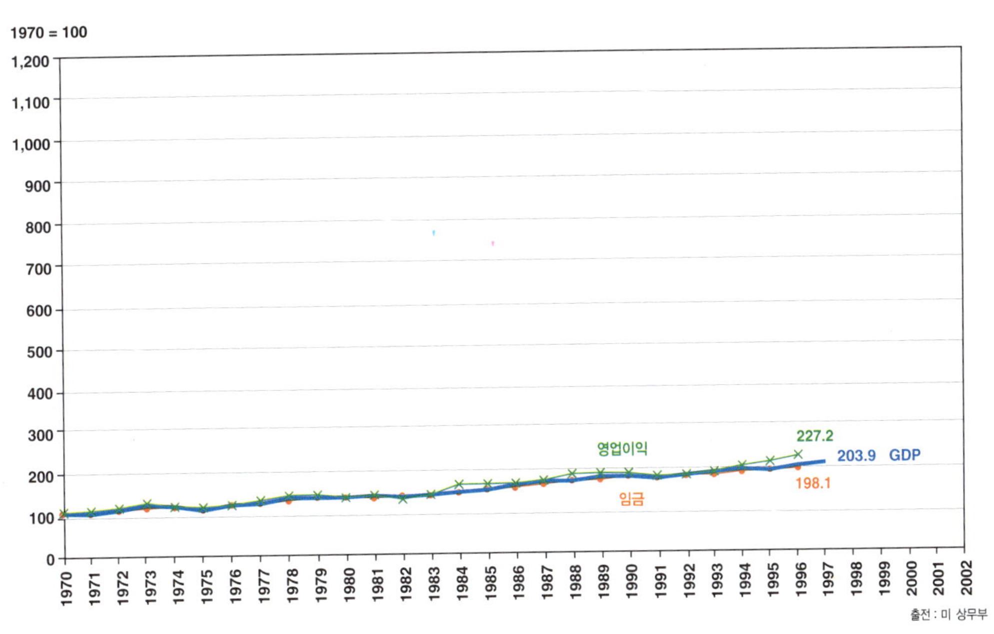

생산성을 앞지른 임금

GDP와 노동자 1인당 임금을 보면, 임금이 생산성 향상을 이미 앞질렀다는 것을 발견할 수 있다.

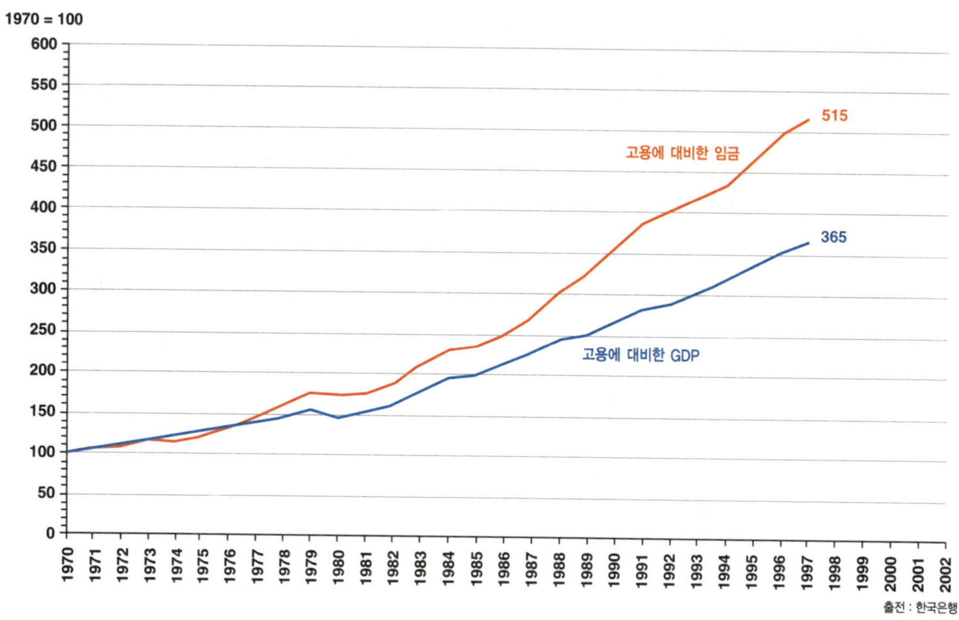

〈도표 2-20〉 고용에 대비한 실질 GDP 대 실질임금

1970년대에는 임금과 생산성이 균형을 잘 이루고 있었다.

1980년대 초, 임금이 생산성을 다소 앞질렀으나 저임금 사업장의 피할 수 없는 임금격차라는 주장도 가능하다.

그러나 1988년에는 좀더 심각한 격차가 발생하더니, 1990년대 후반까지 지속되고 있다. 경쟁력을 유지하는 경제의 경우, 임금의 상승과 생산성 향상이 장기적인 면에서 균형을 유지하는 것이 필수적이다.

균형에 의한 이익

임금과 이윤이라는 두 개의 주요 이익 형태를 비교해 보면, 더욱 확실한 불균형이 발생하고 있음을 확인할 수 있다.

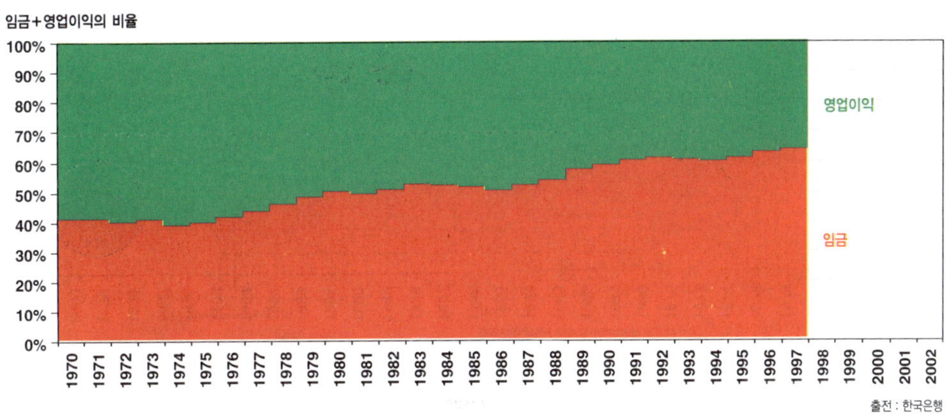

〈도표 2-21〉 GDP 비교이익

이익의 균형 회복

이러한 이익들이 50/50의 균형된 형태를 다시 회복하게 된다면, 1980년대 후반의 대표적인 수준일 것이다.

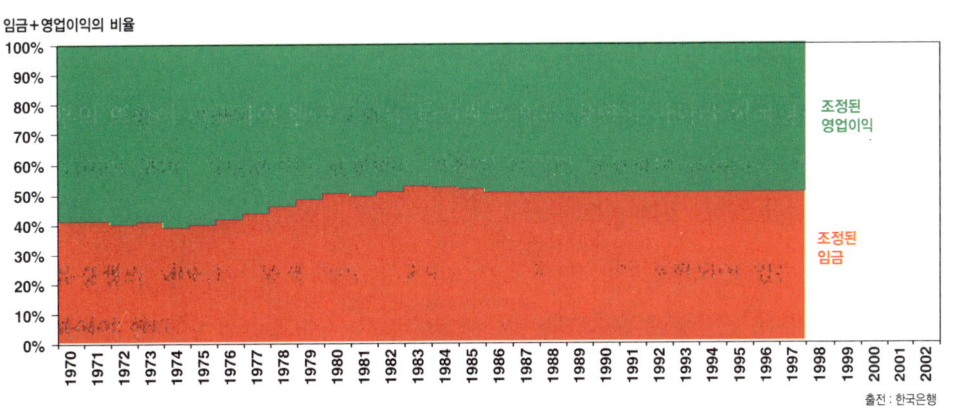

〈도표 2-22〉 1987년 수준으로 조정된 GDP 비교이익

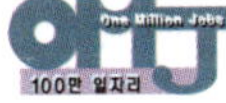

조정이 필요한 임금…

…1997년까지 임금은 21% 하향조정되게 된다.

〈도표 2-23〉 노동자 1인당 실질임금 조정

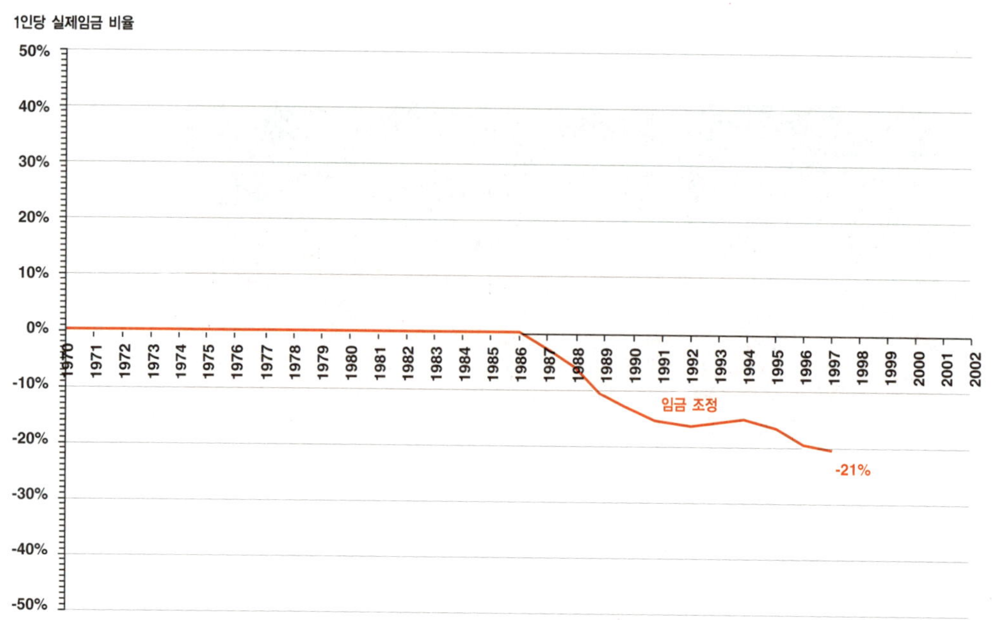

사실 1998년에 많은 기업체에서 일괄 임금인하가 발생한 바 있다.

흥미로운 점은 이러한 과도한 임금증가가 결코 한 번에 이루어지지 않았다는 점이다.

1988년에서 1992년 동안에 불균형이 꾸준히 발생하여 15%에 이르게 되었는데, 1994년까지 그 상태를 유지하였다.

그런 후 1995년과 1996년에 임금격차가 더욱 심화되더니, 1997년에는 21%에 이르게 된다.

그러나 임금이 여전히 바람직한 성장을 이루어 왔는가?

이러한 임금조정 기준에 의하여, 현재 노동자 1인당 조정된 실질임금은 1인당 GDP와 보조를 맞추고 있으며 노동자 생산성 향상과 일치한다.

실질기간 동안 임금 성장비율은 연간 5%를 능가하고 있으며, 명목기간 동안 10% 이상의 연간 성장을 하고 있다.

〈도표 2-24〉 1인당 실질 GDP 대 조정된 1인당 실질임금

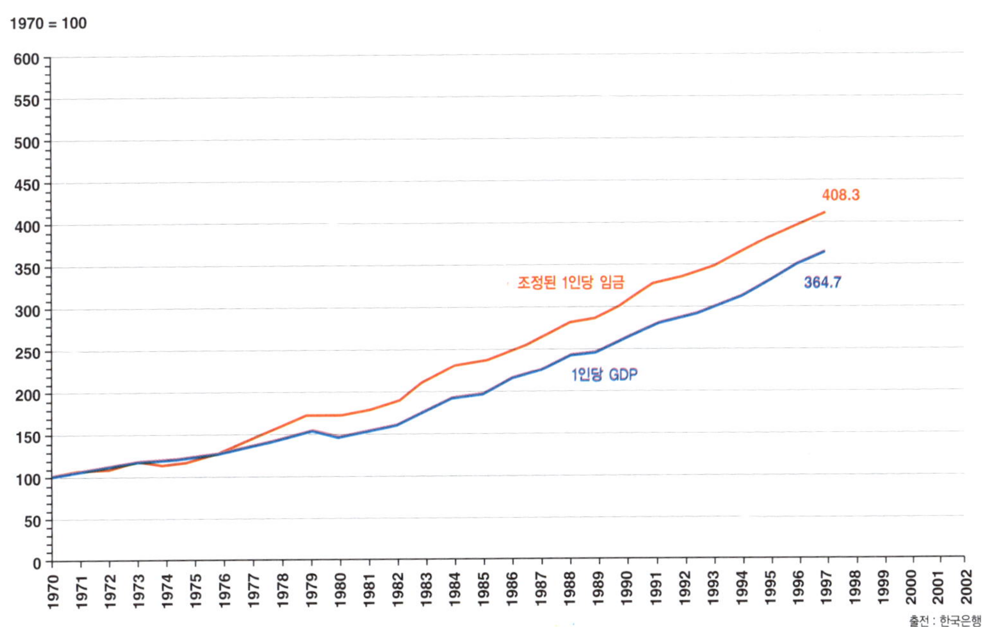

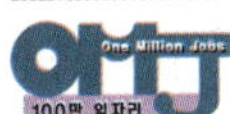

임금만으로는 해결이 불가능한 이익감소

이러한 재조정을 통하여 임금과 GDP는 다시 성장세를 회복하였으나, 그 속도가 느려서 이익을 남기는 것과 관련된 문제들이 여전히 발생한다.

<도표 2-25> 실질 GDP 대 조정된 임금과 이익

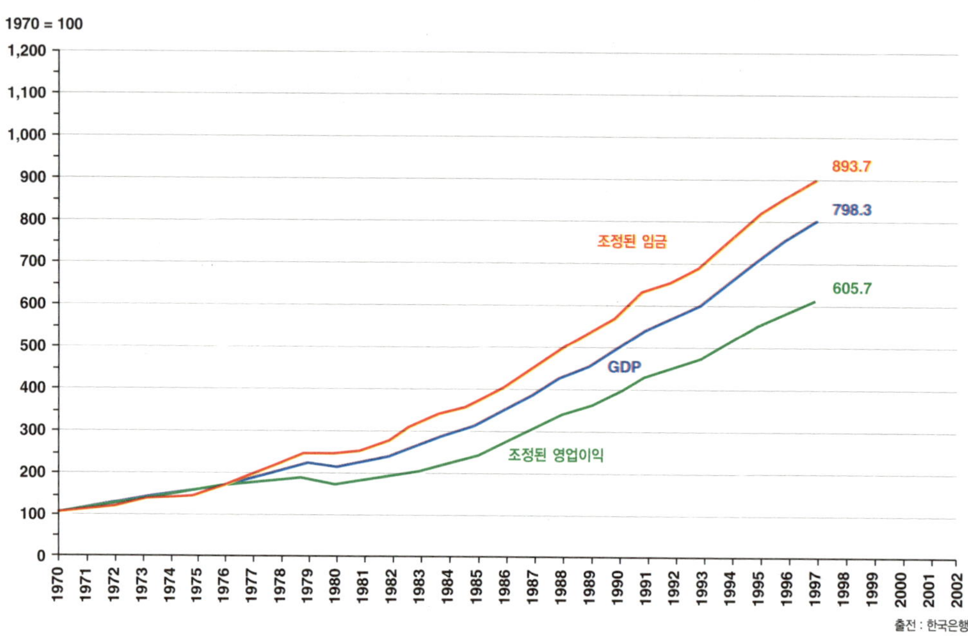

이익이 그렇게 느리게 늘어나는 이유는 무엇인가?

한국의 사업 환경에서 극단적으로 치달았던 몇몇 요인들에 의하여 한국의 이익감소 현상이 발생하였다고 볼 수 있다.

- 기업들은 이익을 손해보는 대신 자산 규모를 강조하였다.
  - **'규모가 크면 클수록 더욱 바람직하다'** 는 신드롬이 정부 정책에 의하여 강조되었는데, 특히 재벌 회사의 순위를 정하는 데 많이 사용되었다.

- 불필요하고 이익이 많지 않는 모험적 사업에 현명하지 못한 투자를 함.
  - 한보강철과 마찬가지로 현실적인 이익 가능성은 고려하지 않은 채 블랙홀에 자금을 쏟아 붓는다는 의미의 **'블랙홀'** 신드롬.

- 경제적 현실성이 확실한 경우, 이익이 없는 사업에서 효과적으로 손을 떼는 데 실패함.
  - 효과적인 파산 관련 법률과 구조조정기구를 설립하는 데 실패한 것이 원인이 되며, **'너무 거대해져서 정신력을 상실한 경우'** 더욱 심화되었는데, 기아자동차가 그 대표적인 경우이다.

- 투명하지 못한 **회계기준**, 서투른 **사업관행들**, 그리고 건전한 **기업관리**의 부족으로 인하여 자금이 이익을 남길 수 있는 벤처 사업에서 블랙홀로 전환되었으며, 지배 주주들과 그들의 정치적 명분을 위하여 사용되었다.

- 특히 가장 인식이 부족한 부분 중의 하나로, 부적절하며 구속적인 규제와 관리 감독으로 인하여 효율적인 기업활동을 억압하여, **'무능력한 시장'** 시드롬이 발생하였는데, 이 점에 대해서는 이 보고서에서 더욱 자세하게 다루겠다.

- 마지막으로, 이 보고서의 다음 부분에서 **비효율적인 환율**로 인하여 수출에서 발생하는 상당한 이익을 손해보는 결과가 발생하였다.

과도한 자본투자

소 비

GDP를 측정하는 세 번째 방법은 바로 소비이다.

〈도표 2-26〉 GDP 구성요소

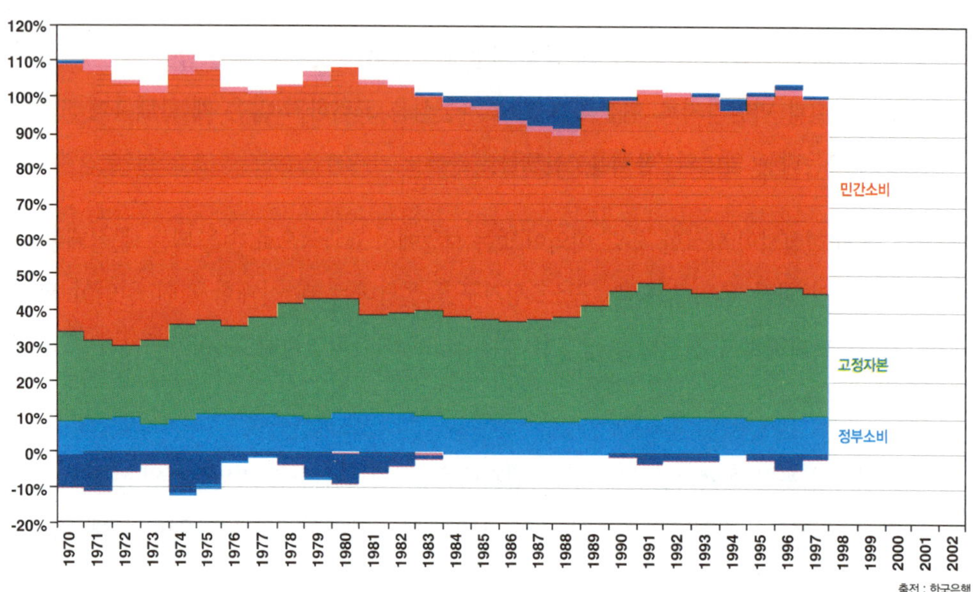

이 도표에서도 현저한 역동성을 발견할 수 있다.

- **소비**는 경제성장 그리고 임금증가와 보조를 맞추는 데 실패하였다. 한국인들은 저축을 충분히 하지 않고 소비를 너무 많이 한다고 생각한다. 이 도표에서는 저축과다와 소비과소로 인하여 GDP 성장이 실제로 위축되었음을 보여준다.
- **총고정자본** 투자는 GDP 비율에서 총 GDP의 35%에 달할 때까지 많은 성장을 해 왔다. 이익의 계속적인 감소가 있었음에도 계속 더 많은 신규 자본이 성장률을 유지하는 데 쓰였다.

자본의 손실

소비 도표에서 GDP를 구성하고 있는 다른 요소를 눈여겨 보면, 고정자산 투자가 한국경제 활동에서 차지하는 부분이 점차 증가하여 왔으며, 전체 소비보다 훨씬 빠르게 증가하였다는 사실을 발견할 수 있다.

〈도표 2-27〉 실질 GDP 대 고정자본 형성과 소비의 최종 변화

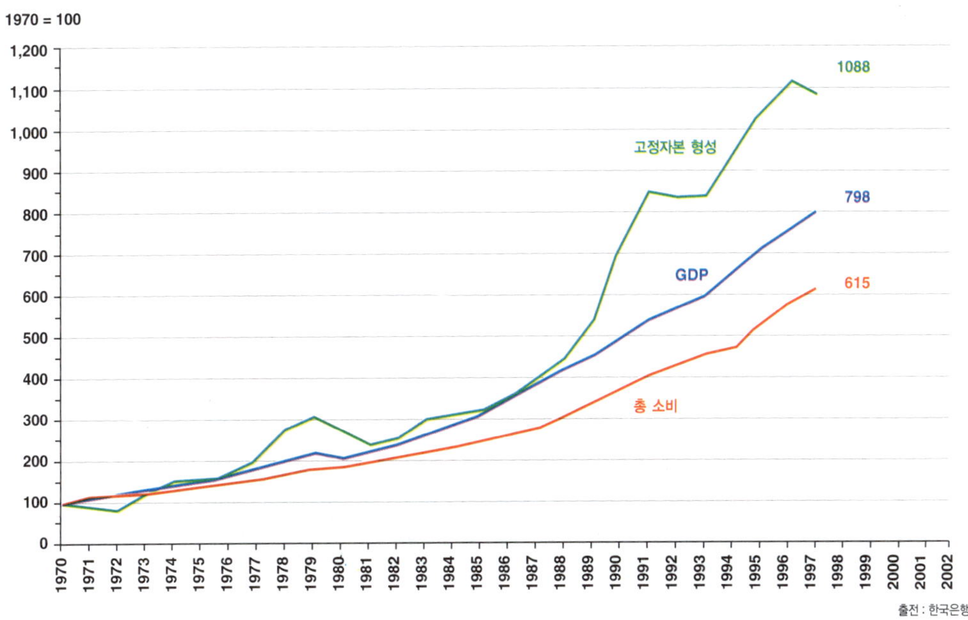

이와 같이 장기간의 한국경제에 대한 도표를 보면 1988년 이후 심각한 기능장애가 발생하였음을 알 수 있다.

- 자본 투자가 급속도로 증가하여 소비와 전혀 균형을 이루지 못하고 있으며,
- 한국이 전세계적으로 가장 높은 저축률을 보이는 나라 중의 하나이기 때문에 겨우 유지가 되는 상태이다.

자유시장에서는 이러한 종류의 자본 배당 실패는 보통 자동 수정된다.

경직되었으며 심하게 통제를 받는 시장에서는 이러한 자본배당의 실패가 계속 유지되어 현재의 'IMF 위기'와 같은 큰 비극을 불러올 수 있다.

자본시장

금융자산의 거대한 성장

이와 같은 지나친 자산투자로 인하여 특히 금융부문에서 총 금융자산이 지나치게 성장하는 결과를 초래할 수 있다. 이러한 현상은 GDP 비율을 기준으로 측정한 총 금융자산에 대한 아래의 도표에 잘 나타나 있다.

〈도표 2-28〉 GDP에서 총 금융자산이 차지하는 비율

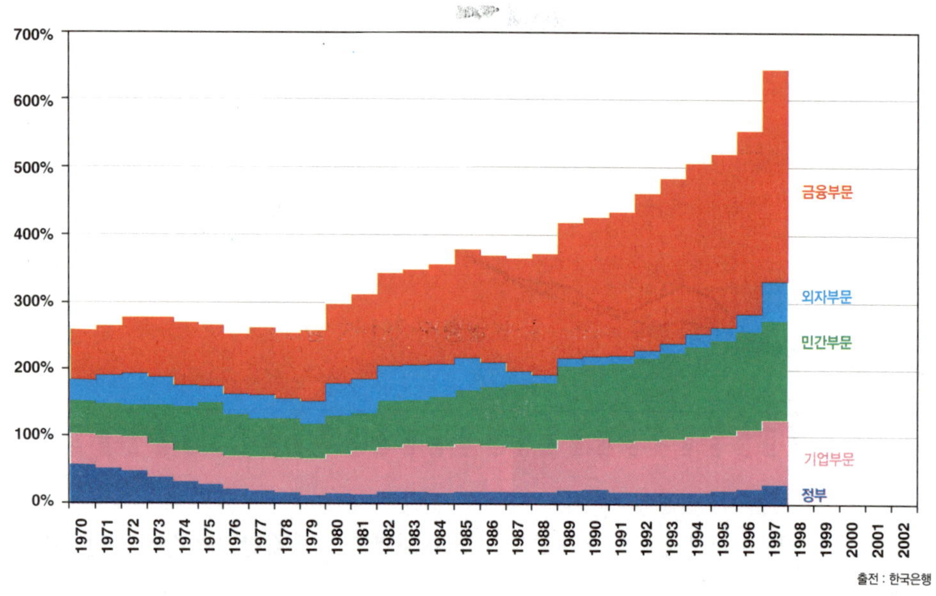

경제 모델에서 보면, 한편의 자산은 상대편의 채무이므로 이 표에서 한 나라의 부채 규모와 부채를 상환해야 하는 대상을 알 수 있다.

- 1996년에 경제활성화를 위한 재정적 자산은 GDP의 370%가량이었다.
- 1996년까지 GDP의 556%까지 늘었다.
- 1997년 한 해 동안, 금융자산은 GDP의 650%까지 지수적으로 늘어났는데, 그 해의 전체 경제생산의 규모와 거의 같은 정도로 증가하였다.

1988년에 불행의 씨앗이 싹텄으며, 1997년의 그 결과는 근본적으로 불가피한 것이었다.

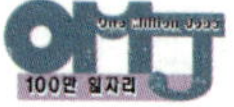

그것도 폭발적인 속도로…

이와 같은 '자산거품' 현상은 지표를 기준으로 도표를 작성하는 경우 더욱 두드러진다.

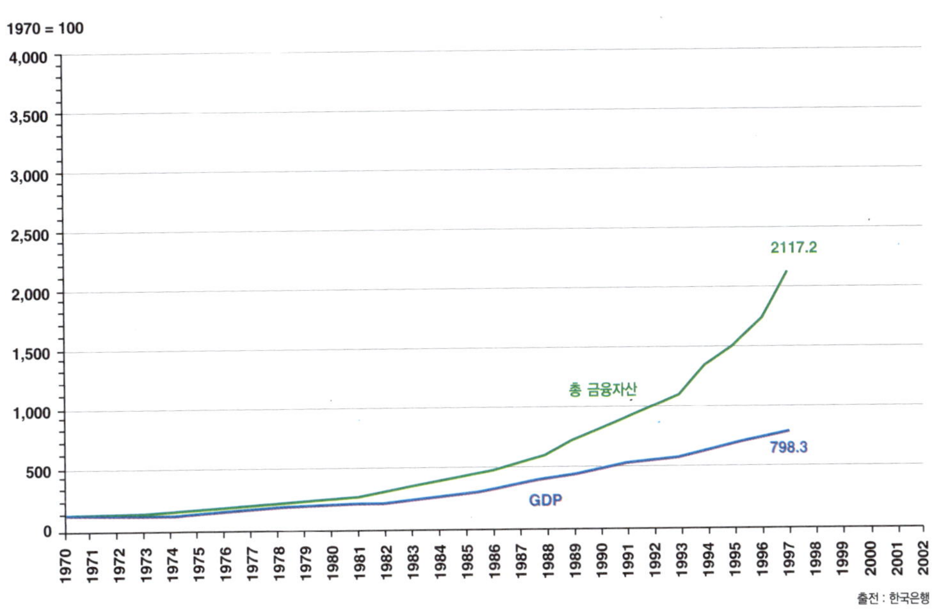

〈도표 2-29〉 GDP와 대비한 총 금융자산

　실질 기간 동안, 금융자산은 1988년부터 15%의 연평균 복비율을 보이며 성장하였으며, 같은 기간 동안 GDP 성장보다 거의 두 배나 빠른 성장 속도를 보였다.

경제의 건강상태를 점검할 수 있는 주식시장

주식시장은 경제상태를 진단하는 한 방법이 된다. 주식시장의 실적은 경제상태를 대변하는 또 다른 주요 지침이 된다.

지난 10년간 종합주가지수에 의하면, 한국 주식시장에는 투자동기가 거의 없었다고 한다.

〈도표 2-30〉 한국 주식시장 : 1985-1998

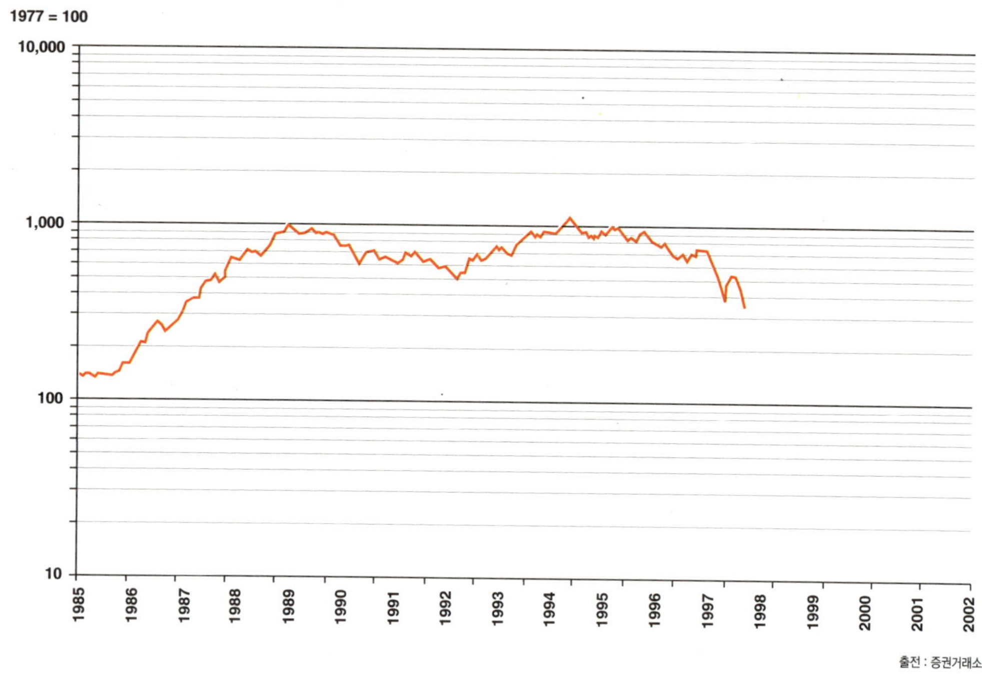

경제와 관련된 종합주가지수

좀더 긴 시간대를 취하며 종합주가지수상의 한국경제 활동을 다시 본다면, 상황을 더 명확히 살필 수 있다.

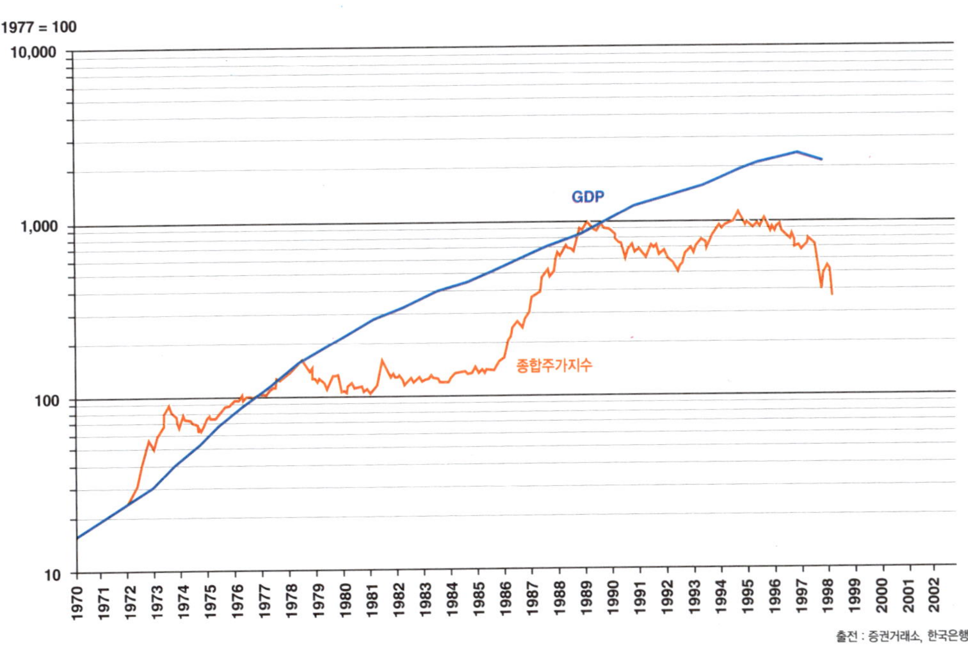

〈도표2-31〉 한국 주식시장과 GDP

종합주가지수가 경제와 보조를 맞추던 시기가 있었는데, 경제상태가 건전하고 균형을 유지할수록 이러한 현상을 보이게 된다.

그러자 지난 10여 년간은 전혀 충분한 효능을 발휘하지 못했다. 현재 우리는 쓸모없는 투자, 무능력하고 비효율적인 시장 그리고 기회상실에 대한 대가를 똑똑히 확인하고 있다.

오늘날 종합주가지수는 2,000 이상이어야 한다. 그러나 아직 300 주변에서 맴돌고 있는 게 현실이다!

이윤실패로 가치가 하락한 종합주가지수

앞에서 본 도표 위에 이윤의 증가곡선을 추가해보면, 무엇이 자본시장의 활성화와 부의 원천을 차단하고 있는지 명확해진다.

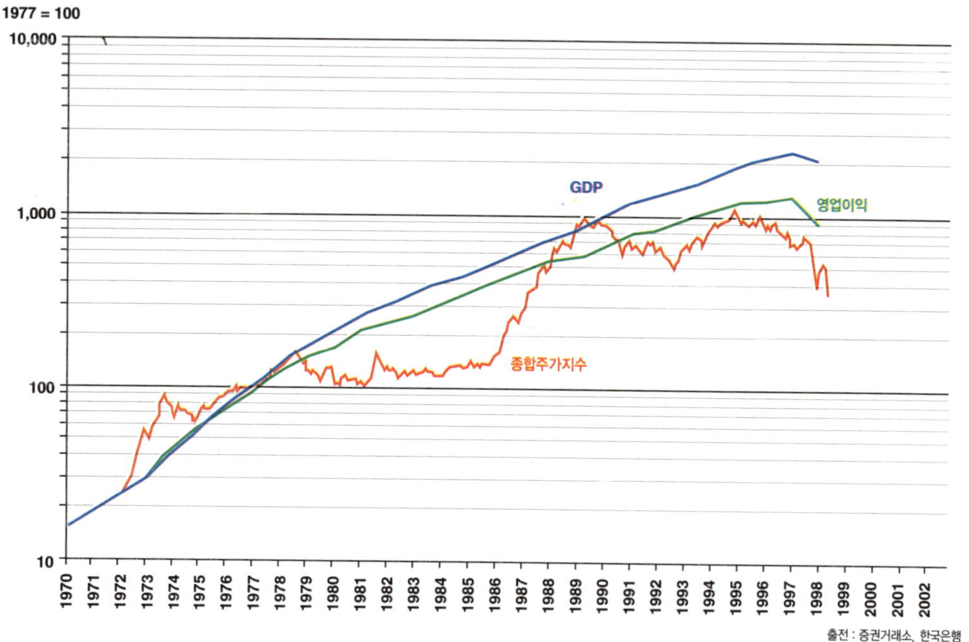

〈도표 2-32〉 한국 주식시장과 GDP, 그리고 영업이익

한편, 영업이익(operating surplus)은 이자 지불과 세금 이전의 이익이다.

기업의 부채 부담이 이 기간 동안 상당히 증가하였으며, 주주 이윤을 배당하기 전에 공제하여야 하는 이자 지불금액을 증가시켰다.

따라서 주주들의 이윤은 GDP보다 더욱 뒤떨어지게 되었다. 이와 같이 이윤을 충분히 발생시키지 못한 것이 종합주가지수 하락의 직접적인 원인이 되었다.

회생 가능성

그러나 저조한 주식시장은 회복될 수 있다. 단, 1980년대와 1990년대에 걸쳐 미국이 그랬던 것처럼 경제성장의 선상에서 기업의 수익성을 축적할 수 있는, 강력하고 단호한 정책을 펴나 갔을 때의 일이다.

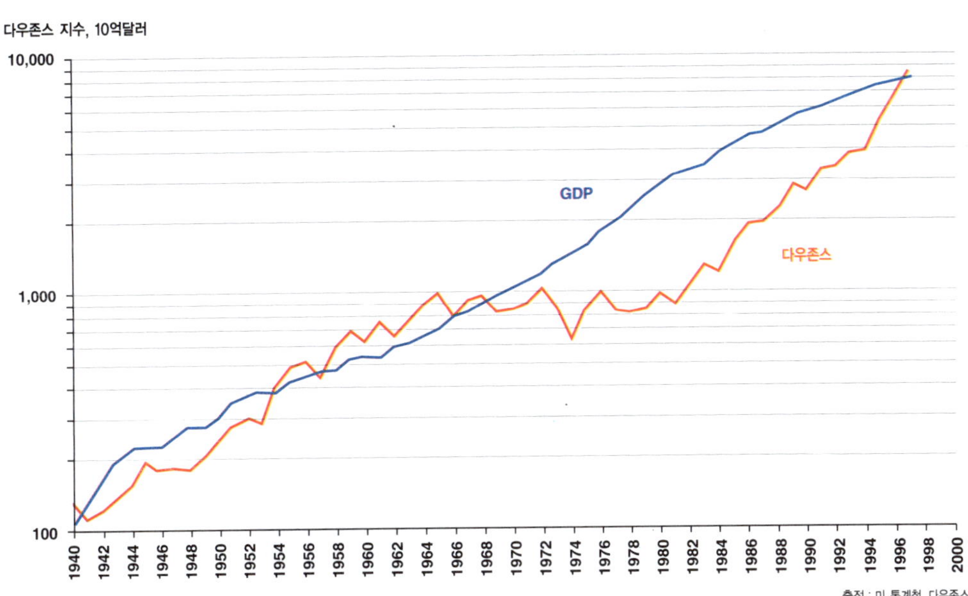

〈도표 2-33〉 미국의 GDP 대 다우존스(Dow Jones) : 1940-1997.7

비록 1950년대 후반과 1960년대 초반의 경우에 다우존스(Dow Jones)지수가 경제성장 곡선 을 따라가고 있지만, 1960년대 후반과 1970년대에는 미국 경제가 대외경쟁력을 어느 정도 상 실한 것을 확인할 수 있다.

미국은 1950년대에 걸쳐 전세계 경쟁국가들을 주도했다. 낮은 인플레이션, 충분한 예산, 세 계적 수준의 미국기업 등 미국은 소위 '황금기'를 누리고 있었다. 제2차 세계대전 후 황폐해 졌던 일본 같은 나라들이 뒤이어 경제를 재건하기 시작했고, 1970년대에 가서는 미국의 이권 을 침식하기 시작했다. 미국의 기업들은 수레바퀴 밑에서 잠에 취해 있었고, 이렇게 부상하는 위협에 대해 전반적으로 대응하지 못했다.

미국은 1981년에 가서야 현재의 IMF와 같은 위기를 경험하게 됐다. 이자율은 20% 이상으

로 치솟고, 미국 대기업들은 심각한 구조조정의 홍역을 앓아야 했다. 미국의 구조조정 노력은 현재까지도 진행 중이다.

오늘날, 미국은 다시 황금시대－인플레이션 안정, 예산부족의 해소, 세계적 기업들－를 맞고 있다. 미국 주식시장은 GDP와 다시 균형을 유지하게 되었고, 그러는 과정에서 상당한 부를 발생시켰다. 미국의 주식시장은 한국 주식시장과는 달리 중요하고도 훌륭한 자본의 공급처로 기능하고 있다.

결 론

확실히, 지난 10여 년간 한국경제는 주주에게 이윤을 남겨주지 못하고 있으며, 수많은 금융기관은 대차대조표 상의 결함으로 인하여 채권자에게 자본에 대한 수익을 충분히 제공하지 못하고 있다는 것을 알 수 있다.

〈도표 2-34〉

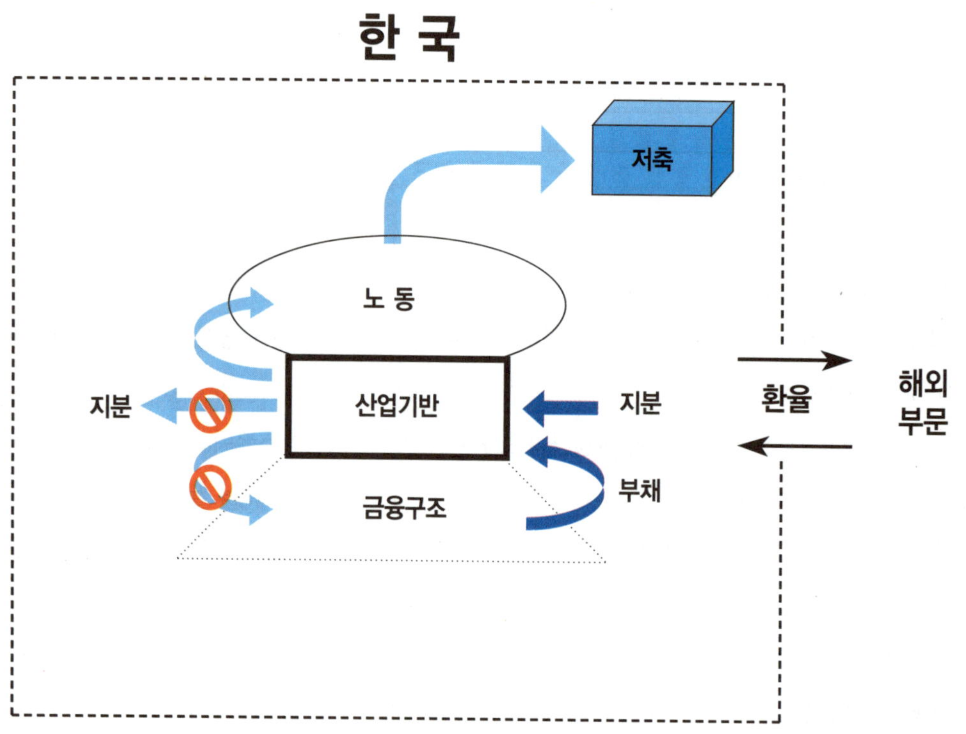

그 동안 노동비용은 지나치게 상승했고, 이는 기술증가가 아닌 방대한 자본증가에 따른 생산성 향상에 의존한 것이었다.

높은 임금수준은 높은 국내저축으로 이어졌고, 그것은 갈수록 불안정해지는 금융구조에 자금을 제공해서 팽창하게 만들었다.

불행히도 금융기관들의 손실 때문에 이러한 저축이 발생했다고 믿는 사람은 없으며, 따라서 가계에 그들의 저축을 돌려주기 위해서는 납세자들이 지불한 돈을 긴급융자에 사용해야 할 필요가 있다.

이것은 조화로운 시스템이 아니다.

경제모델은 효과적으로 작용하지 못하도록 방해를 받아왔다.

해외부문과의 관계

이제 우리는 해외부문과 한국경제의 관계를 살펴볼 필요가 있다.

수출과 환율

수출과 수입

우리는 흔히 GDP에서 수출입이 차지하는 비중이 높기 때문에 한국이 수출주도형 성장을
이루어 왔다고 생각하는 경향이 있다.

〈도표 2-35〉 수출/(수입)이 GDP에서 차지하는 비율

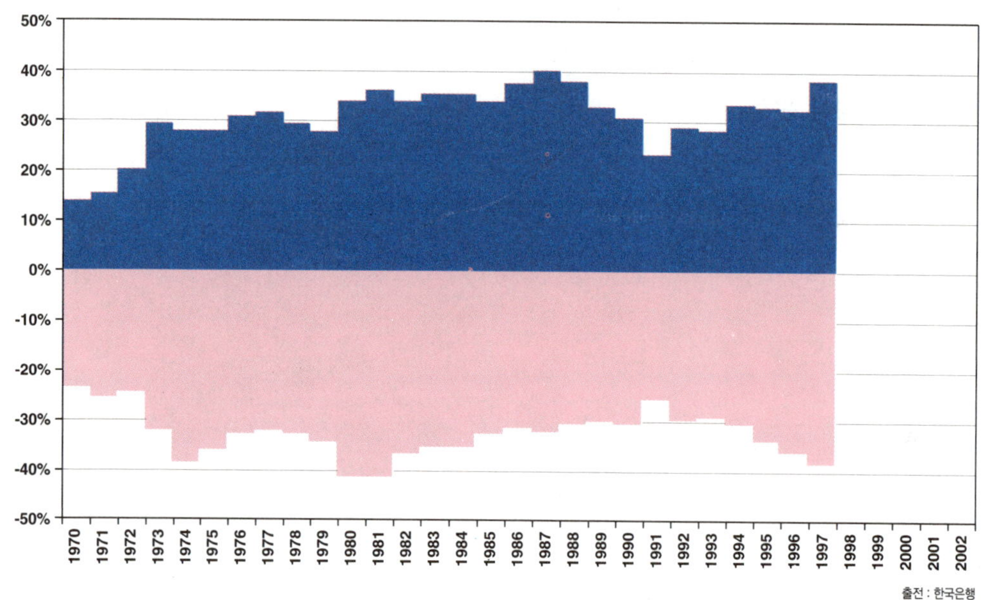

순수출

그러나 거시적인 수준에서 보다 적합한 지표는 순수출/(수입) 혹은 트레이드 밸런스(trade balance)라고 할 수 있다.

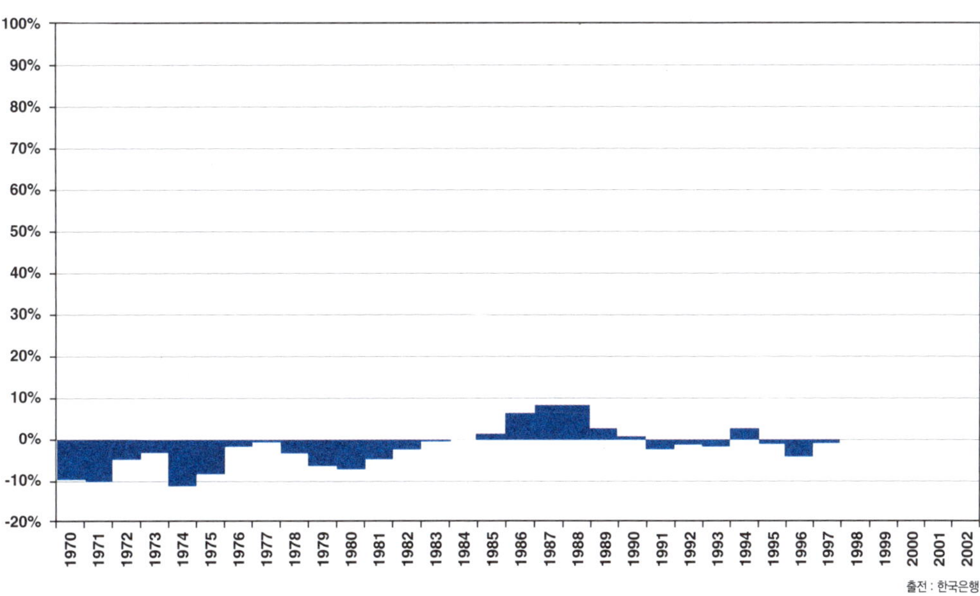

〈도표 2-36〉 순수출(수입)이 GDP에서 차지하는 비율

이에 근거하면, 한국은 거의 일관된 교역이익(trade surplus)을 확보하지 못하고 있다. 이는 일본, 대만과 중국 등의 경우와 대조적이다. 위의 도표에서 명백히 알 수 있듯이, 한국은 무역 흑자는 견실하지 못했다는 것은 명백한 사실이다. 1980년대 후반 잠시 성공하는 듯하였으나, 1992년에 무역적자를 보였다. 그 이후로 한국 무역이 1994년에만 흑자를 보였는데, 이것은 세계 반도체 시장에서 일시적인 공급과 수요의 불균형으로 인한 '거품이윤'에 의한 것이다. 이것은 일본, 대만, 중국처럼 튼튼한 무역 흑자를 보이는 나라들과 대조를 보인다.

한국의 성공적인 산업화와 더욱 정교화된 상품으로 미루어 보건대, 이런 실패의 원인은 환율에 대한 몰이해에서 비롯된 것이다.

환율의 갑작스런 폭등

한국의 환율은 장기적인 안정세를 보여왔다. 그러나 1997년 말에 원화가치는 갑자기 추락하기 시작했다.

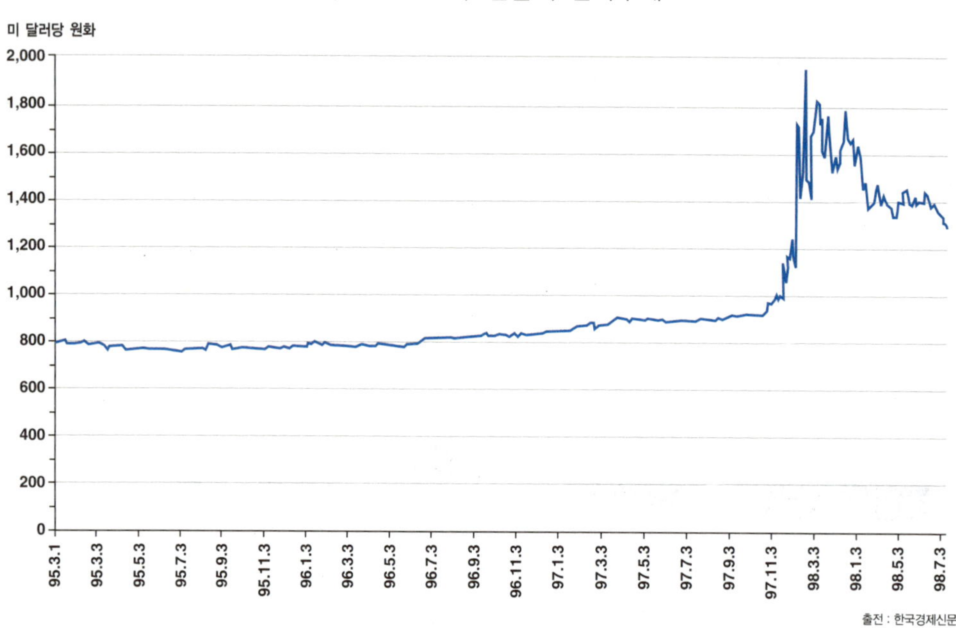

〈도표 2-37〉 환율의 변화추세

왜 이런 일이 일어났고, 여기서 우리가 배울 수 있는 것은 무엇인가?

장기적인 약화추세

표면적으로 보면, 원화는 1997년 말 이전에도 1970년 이후 연평균 비율 3.7%로 미국 달러에 대한 장기적인 평가절하 추세를 보여왔다.

〈도표 2-38〉미 달러 대 원화

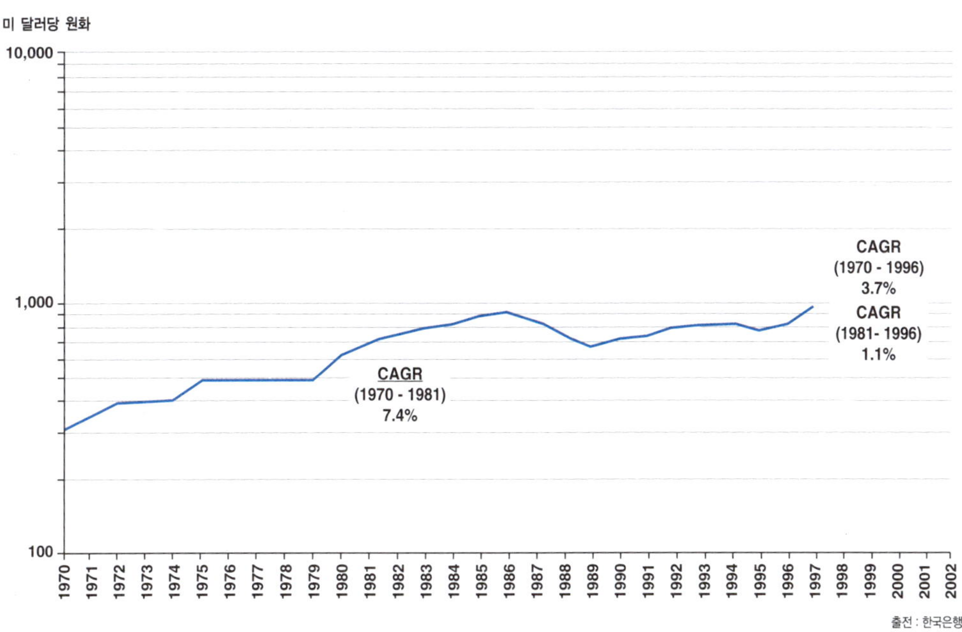

그러나 가치를 논하지 않고서는 이것이 좋은 현상인지 나쁜 현상인지 확인할 수 없다.

원화의 가치에 대한 표준이나 합의가 이루어져야 원화가 정당하게 평가받고 있는지, 아니면 과대평가되거나 과소평가되는지 가려낼 수 있다. 이런 합의를 끌어내는 한 가지 방법은, 인플레이션이 통화가치를 떨어뜨리기 때문에 인플레이션의 영향을 반영해 각국의 통화가치를 조정하는 것이다. 따라서 상대적인 인플레이션이 각국의 상대적 통화가치에 영향을 끼친다.

가장 유용한 물가지수는 CPI(Consumer Price Index; 소비자 물가지수)나 PPI(Producer Price Index; 생산자 물가지수)가 아니다.

본 보고서에는 경제 전반에 걸쳐 가장 광범위하게 사용되고 또 가장 신뢰할 만한 지수인 GDP 수축지수(deflator)를 채택하기로 한다. 해당 연도의 GDP 수축지수는 그 해의 명목 국민총생산을 해당 연도의 실질 국민총생산으로 나누면 된다.

한국의 인플레이션

한국의 인플레이션은 1970년대 매우 높게 나타나고 있다. 1982년 이에 대한 심각한 자구노력에 힘입어, 그 이후에는 대체로 인플레이션이 진정됐다고 볼 수 있다.

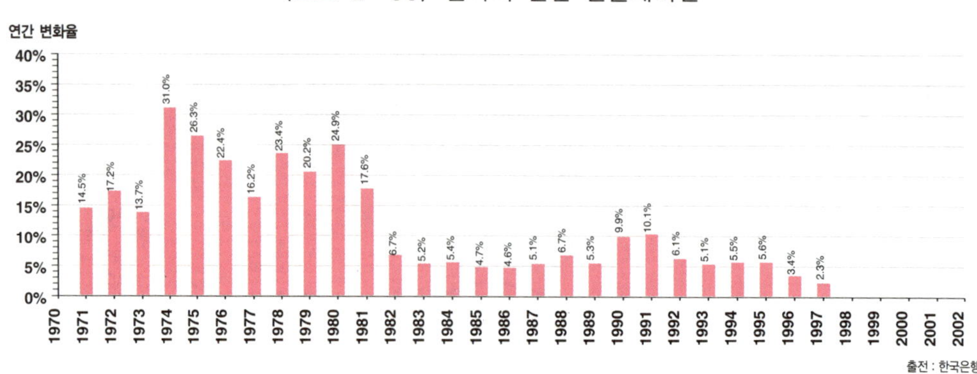

〈도표 2-39〉 한국의 연간 인플레이션

미국의 인플레이션

미국의 인플레이션도 1970년대 다소 높게 나타나고 있지만, 한국처럼 급격한 양상은 찾아볼 수 없다. 그리고 1980년대 이후 인플레이션은 꾸준히 5% 미만에 머물고 있고, 최근에는 2~3%에 그치고 있다.

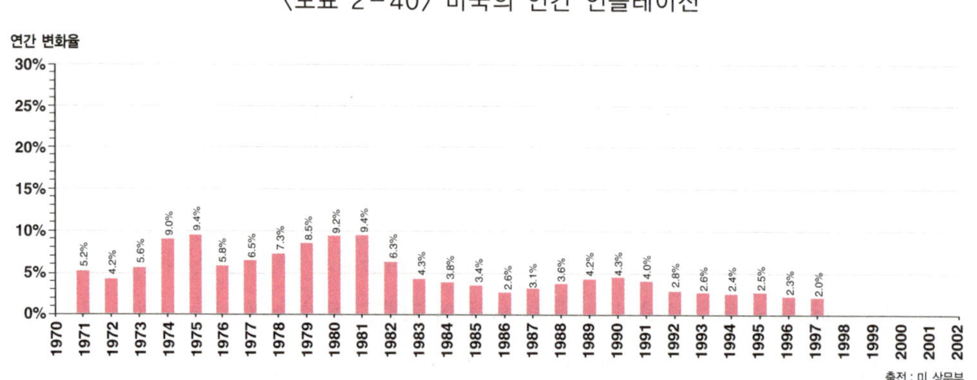

〈도표 2-40〉 미국의 연간 인플레이션

조정환율

인플레이션을 감안해서 1970년대 이후 달러에 대한 원화가치를 조정할 수 있다.

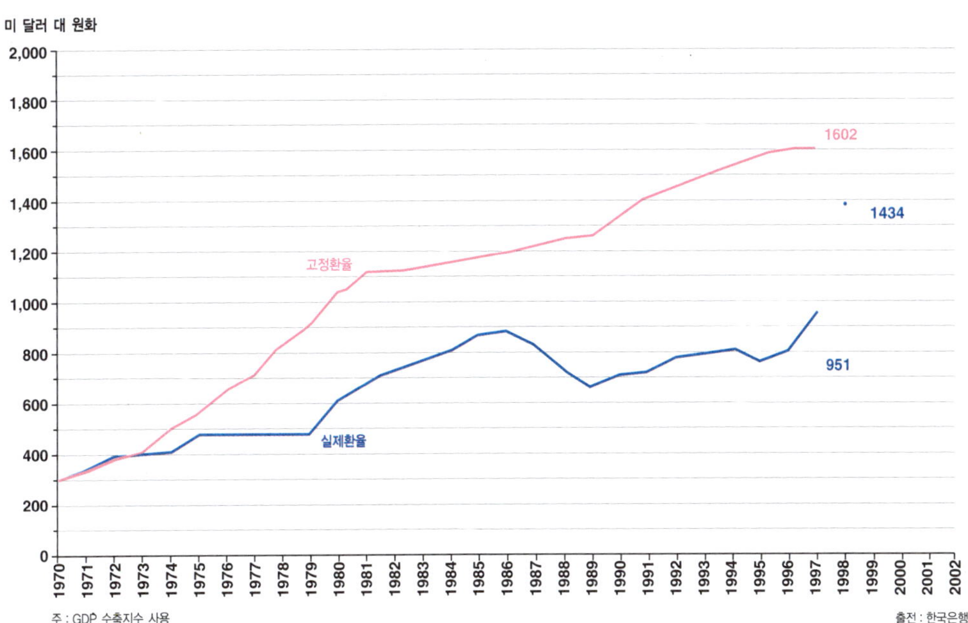

〈도표 2-41〉 미 달러 대 원화-1970년대 조정환율과 특정 환율(98.6.15)

1970년대 물가상승이 높던 시기에는 원화의 가치가 상당히 과대평가되고 있다는 것이 명확해졌다. 1970년대 중반, 고정환율 정책은 처음으로 상당한 불균형을 초래하기 시작했다.

1980년대 초반에 들어서 비로소 환율이 자유롭게 변동할 수 있게 되자, 조정환율과 벌여졌던 간격을 좁혀 나갔다. 그리고 1990년대 초반까지는 조정환율의 변동 추세에 보조를 맞춰 가는 듯했다. 그러나 1986년에 그런 움직임은 역전됐고, 원화는 정부의 환율정책에 의해 다시 왜곡되기 시작했다.

1990년대를 통틀어, 원화가치는 미국 달러에 비해 과대평가됐다. 그리고 1997년 12월까지 그 간격은 한국과 미국의 국내 인플레이션 정도에 따라서 지속적으로 더욱 넓어졌다.

환율과 교역 경쟁력

이제 우리는 환율과 수출경쟁력의 관계를 해명할 수 있는 준비를 갖춘 셈이다.

〈도표 2-42〉미 달러 대 원화-1970년대 조정환율

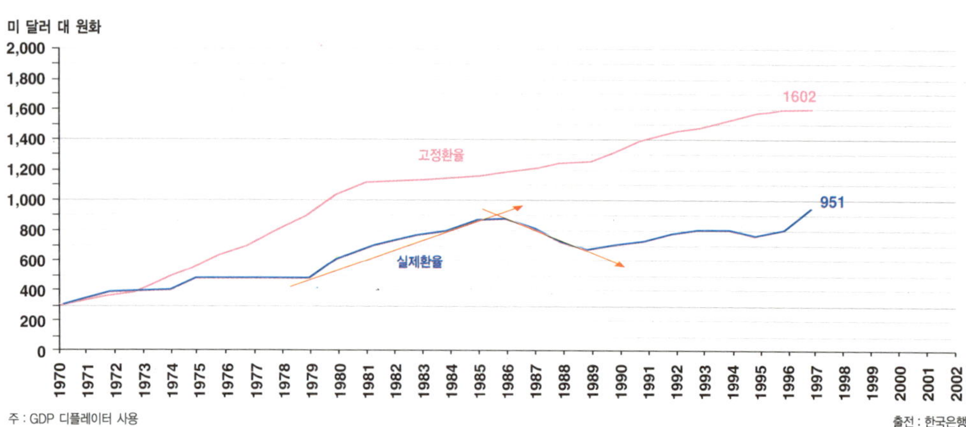

환율이 조정환율과 간격을 좁혀갈 때, 한국은 완만하게 순수입국(net importer)에서 순수출국(net exporter)로 진입했다.

〈도표 2-43〉순수출(수입)이 GDP에서 차지하는 비율

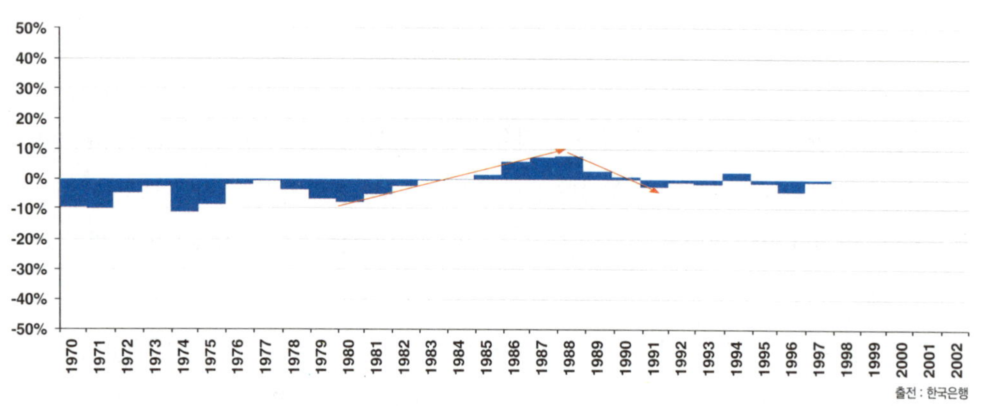

그러나 환율정책이 변화하면서 순수출은 감소하고 한국은 다시 순수입국으로 돌아갔다.

한국은 1991년 이후, 1994년의 '반도체 거품'을 제외하고는 계속 순수입국에 머물고 있다.

폭등하는 한국의 노동비용

  원화가치가 과대평가되면서 야기된 문제 중 하나는 미국 달러로 환산한 한국의 노동비용이 현저하게 증가한 것이다. 불균형은 1987년 원화의 과대평가 이후에 극심해지고 있다.

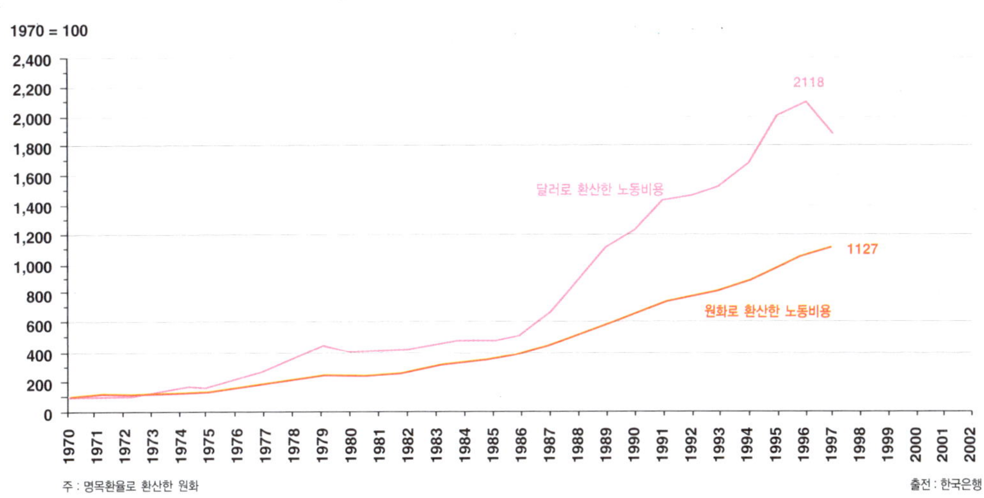

〈도표 2-44〉 한국의 실질임금

  고용인 한 명당 임금의 증가를 놓고 보더라도 같은 결론이 나온다.

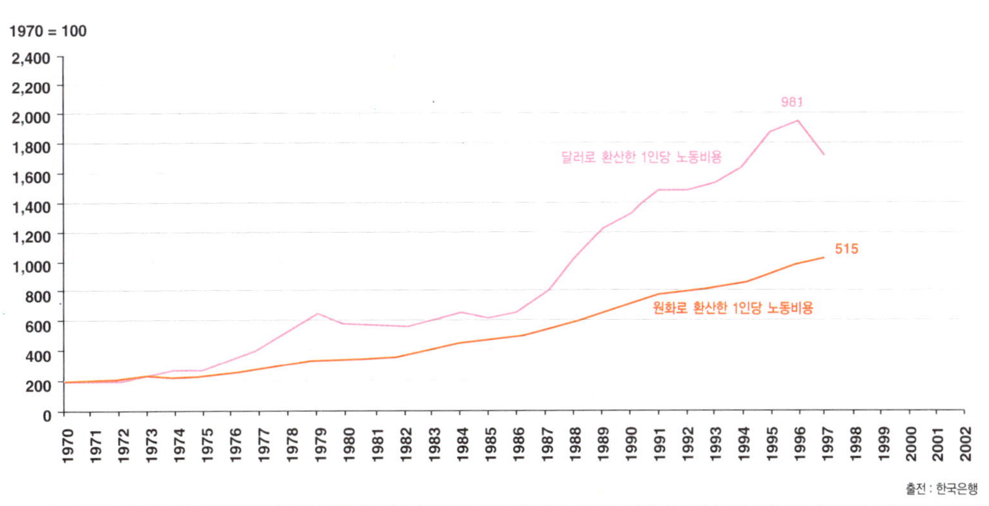

〈도표 2-45〉 고용인 한 명당 한국의 실질임금

한국의 임금 대 미국의 임금

미국의 임금수준의 증가와 비교해 봤을 때, 달러로 환산한 한국의 임금은 1979년에서 1986년까지 상대적으로 안정된 시기를 지나서 1986년 이후 세 배로 증가했다.

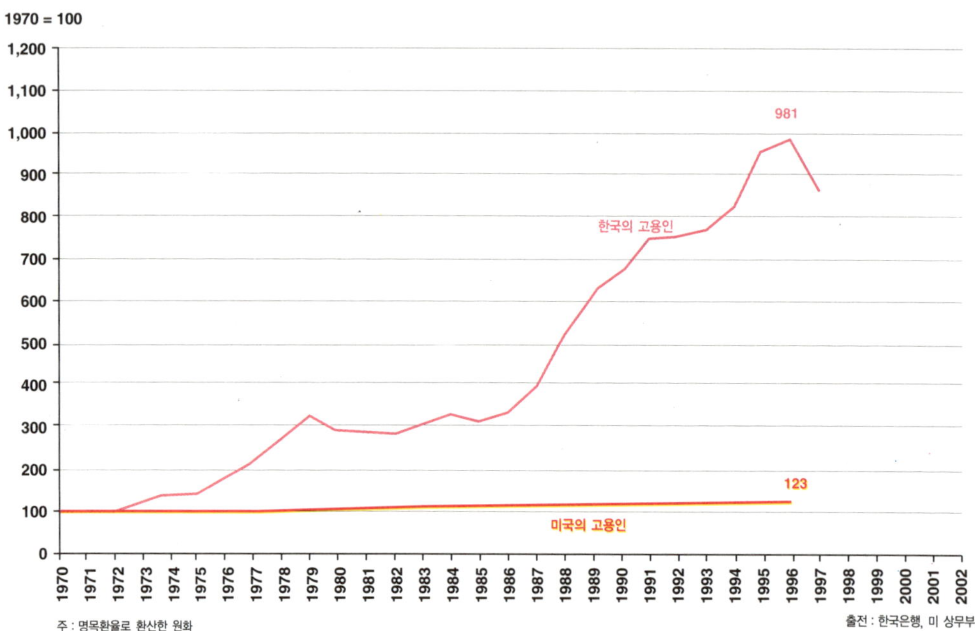

〈도표 2-46〉 달러로 환산한 고용인 한 명당 실질임금

주 : 명목환율로 환산한 원화　　　　　　　　　　출전 : 한국은행, 미 상무부

왜곡된 한국의 외환시장

한국의 외환시장은 오랫동안 정부의 보호를 받았고, 자유시장으로서의 기능을 발휘하지 못했다. 많은 장벽과 장애가 수년간 포진해 있었고, 결국 이것이 외환시장에서 장기적인 과대평가를 초래했다.

그러나 이렇게 과대포장된 통화에는 그만한 대가를 지불해야 한다.

- 한국 제품이 세계시장에서 경쟁력을 확보하지 못하고, 결국 수출국의 지위를 유지하지 못하게 됐다.

- 비효율적인 환율에 의하여 수출로 발생한 수익이 실제 발생금액보다 적게 나타났다.

- 원화의 인위적 강세로 인해, 국내 소비자들은 수입품을 상대적으로 저렴하다고 생각한다. 한국 정부는 이것을 상쇄하려고 어쩔 수 없이 수입을 억제하는 관세, 규제와 외국통화의 유입제한 등 많은 장벽을 세워야 했다.

- 자본재는 외국의 구매가 허락되는 영역 중 하나로 남아 있었다. 강한 원화와 상대적으로 싼 달러화로 해서 외화에 대한 지나친 수요가 발생했다.

- 원화 강세와 안정을 위한 작위적인 환경에서, 외국에서 자금을 대출받는 것이 국내에서 그런 것보다 더 저렴하게 보였다. 이는 외화에 접근할 수 있는 사람들이 해외로부터 지나치게 많은 자금을 융통해 투자하는 결과를 초래했다.

- 개방과 외환시장의 자유화에 대한 노력은 불안정을 초래할 확률이 높다. 왜냐하면, 시장에는 거대하고 보이지 않는 긴장이 숨어 있기 때문이다.

1997년 외환위기를 거쳐 한국의 환율은 자유화되고 있다. 그러나 자유시장이 되기까지는 아직 요원하며 여전히 많은 불균형과 편향을 담고 있다.

수정기간이 지난 후에도 단기 달러 유동성과 다른 요인들을 적절하게 관리하지 않으면 통화는 다시 과대평가될 수 있다.

환율-규정

한국의 세계 경쟁력을 기르고 국내와 국외 자본 투자가들의 위험을 줄이기 위해서, 위의 조정비율로 표시된 효율적인 환율과 보조를 맞추도록 교환율을 관리할 필요가 있다.

그러나 조정된 환율은 홍콩과 같은 고정환율제를 의미하는 것은 아니다. 환율을 정기적으로 조정하는 것으로는 수년간 발생한 홍콩과 미국 사이의 인플레이션 차이를 흡수할 수 없기 때문에, 이러한 방법은 심각한 부담을 줄 가능성이 있다.

그 대신 조정된 환율은 한국 상품의 세계 수출경쟁력을 유지하면서 인플레이션 차이를 수정하기 위하여 수년 동안 점차적으로 조정되는 효율적인 목표환율을 의미한다.

적절하게 관리만 되면 이렇게 조정된 환율은 한국과 미국 사이의 실질이자 비율과 인플레이션을 조정시킬 것이기 때문에 자본흐름을 변형시키지 않을 것이며, 다만 자본비용 상의 차이로 인하여 두 나라 사이의 시장독립과 관련된 위험성이 어느 정도 예상된다.

적정한 환율은 계속에서 내려갈 것이다

1997년 후반 현재, 효율적인 조정비율은 미 달러 당 1600한국 원화를 보이고 있다. 1998년 9월에는 약 1400원대를 보였으며, 당국 비관여 시장(Non-delivered Forwards) 시장 비율은 앞으로 원화가 계속하여 다소 약세를 보일 것이라고 예상하였다.

〈도표 2-47〉 미 달러 때 원화-1970년대 조정환율과 NDF 환율(98.9.15)

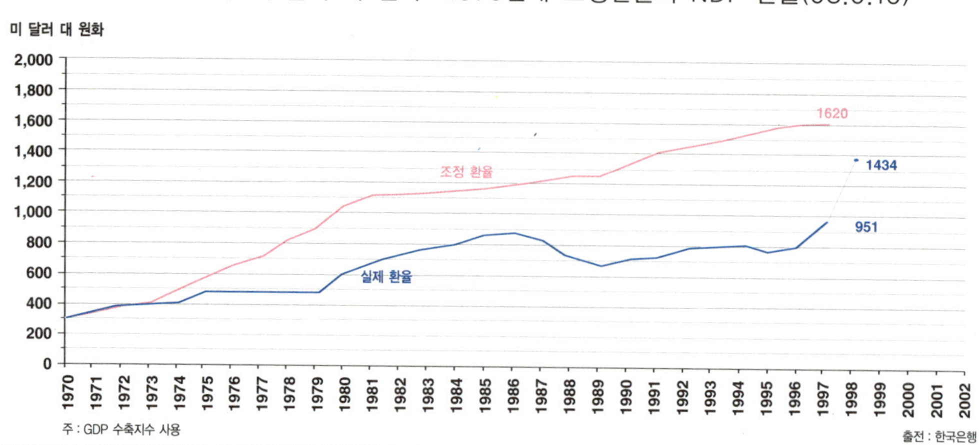

시장의 힘

최근 몇 주 동안 환율시장에 대한 중재의 기능에 대해 찬반 양론이 늘어났다.

그 내용을 보면, 한국 환율시장은 자유롭지 못하므로 국부적인 시장의 힘으로 인하여 원화가 잘못된 방향으로 나아가는 경우에 중재를 해서는 안 된다는 것이다.

불행하게도 이러한 주장은 한국 시장의 자유화로 인하여 시장 참가자 전체에 의한, 자유시장의 조정능력이 갖추어진 진정한 자유시장이 형성된다는 사실을 가정하고 있다. 사실, 이러한 것이 아직 이루어지지 않고 있다.

원화 환율시장은 아직도 자유시장과는 상당한 차이를 보이고 있다. 현재는 여전히 정부에 의하여 심하게 규제를 받고 통제되는 양상을 보이고 있다. 시장 참가자들은 외국인들보다는 거의 내국인들이 주도하고 있다. 환율 연계매매와 위험감소를 위한 핵심기구가 갖추어지지 않은 상태이다. 1999년 4월까지는 한국 원화 선물시장도 불가능하다.

그 대신 최근 들어 원화 환율시장은 다음과 세 가지 주요 영향에 의하여 일시적인 달러 공급과잉을 맞고 있다.

- 한국이 IMF와 그외의 외국 기관들로부터 수백 억 달러의 외자를 도입하였다.
- 1998년 만기 예정인 200억 달러 이상가는 외채의 상환이 3년 연기되었다.
- 1월 이후로 한국은 월평균 약 30억 달러에 이르는 무역 흑자를 보이고 있다.

이러한 상황에 의하여 우리는 경화 과다공급과 수요의 감소에 대한 환상에 빠져 있다.

중앙은행은 일시적인 달러 유동자산을 흡수하여 환율을 한국 수출증진에 효율적인 수준까지 안정시켜야 한다.

그런 다음 IMF와 지불연기된 부채를 상환하기 시작해야 하는 때가 되면, 중앙은행은 이와 같은 일시적인 보유고를 적절하게 조정하면서 시장에 풀 수 있게 될 것이다. 이렇게 되면 중앙은행은 통화를 안정시키면서 새로운 부채를 얻기가 어려운 세계시장에서 한국의 대외적 부채 의무를 해결하기에 적절한 경화기금을 준비하고 있음을 확신시켜 줄 수 있다.

이러한 것은 국내 인플레이션을 해결하기 위하여 과도한 국내통화 유동자산을 흡수하는 중앙은행의 역할과 유사한 것이다.

정부는 반드시 국가의 환율 분야를 관리할 책임이 있다. 정확한 경제 패러다임에 의한 관리는 가장 중요하며, 이 점이 바로 많은 국가들과 국제단체들이 정확하게 평가하는 데 실패한 문제점이다.

역사의 교훈

- 과거에 한국이 보인 성과는 훌륭하였으나, 보다 탁월한 성과를 올릴 수도 있었다.
- 이윤실패로 인하여 GDP 성장이 둔화되었다.
- 조정행위를 통하여 이윤에 맞는 보상을 실시하며, 그 결과 GDP는 더욱 빠르게 성장할 것이다.
- 과거의 연간 GDP 성장을 8%다 더 높은 10%(노동보상 성장률)로 끌어올릴 수도 있었다.
- 이윤부족으로 인하여 주식시장이 침체에 빠지고 부채의 상환 불능을 초래하여 자본이 파괴되는 결과가 발생하였다.
- 소비 침체로 GDP 성장이 둔화되었으며, 과도한 자본투자로 인하여 경제가 자본자출에 지나치게 의존하게 되었다.
- 지나친 자본투자로 인하여 경제가 균형을 잃게 되었으며, 이윤부족으로 인하여 자본에 대한 부적절한 수익이 발생하였다.
- 비효율적인 환율로 인하여 무역흑자를 유지하지 못하고 적자를 초래하였다.
- 비효율적인 환율은 수출에 의하여 발생한 이윤이 실제보다 더 낮다는 것을 의미한다.
- 비효율적인 환율로 인하여 달러화한 상품이 인위적으로 저렴하게 보여서, 자본재를 지나치게 수입하며 소비재에 대한 많은 무역 제약이 발생하였다.
- 그 결과, 한국 내의 일부 원자재 사업이 충분히 개발되지 못했다.
- 비효율적인 환율과 관련된 높은 국내 임금상승으로 인하여 한국 노동력은 세계시장에서 점차 경쟁력을 상실해가고 있다.

이러한 문제들은 부적절한 규제, 효율적인 시장힘의 결여, 잘못된 동기에 의하여 운영되고 있는 회사들로 인해 발생한 더 뿌리 깊은 불균형의 한 단면일 뿐이다.

시장이 과다 통제되고 있지만, 그럼에도 적절한 자유시장 기능의 효율성과 질서가 결여된 상태이다.

이러한 모든 문제들은 미래에 대한 가능성을 의미하는 것이다. 만약 한국이 과거 역사로부터 배운 교훈을 잊지 않는다면…

실종된 기회

다른 결과가 발생할 수도 있었다.

다음의 도표는 이윤손실로 인하여 한국경제가 상실한 성장 기회를 보여주고 있다.

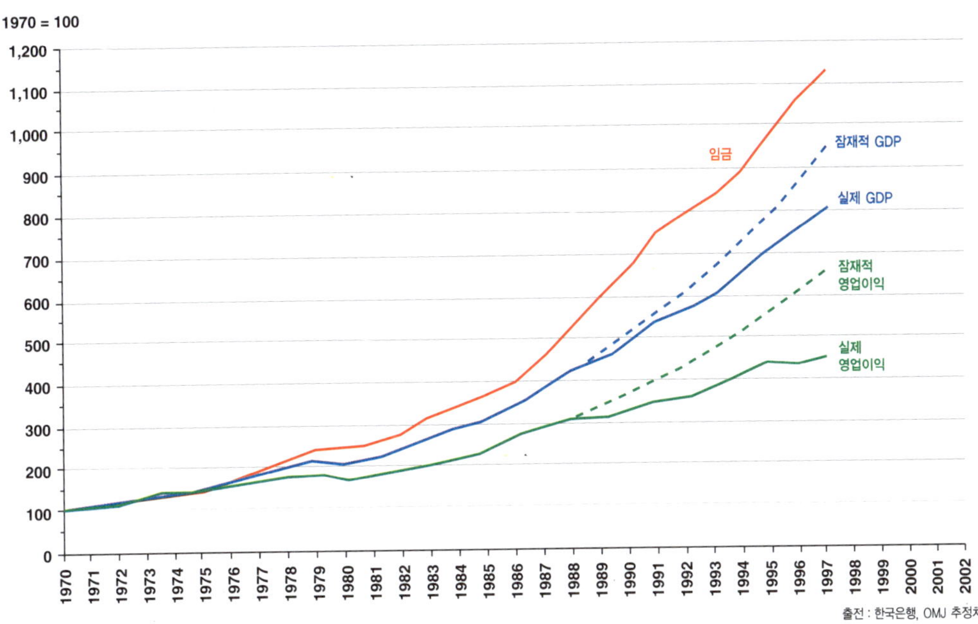

〈도표 2-48〉 GDP 가능성

한국은 1980년대 후반에 환율조정을 계속 시행할 수도 있었으며, 가치를 파괴하는 규제와 조직을 개혁하여 세계시장의 힘과 보다 많은 조화를 추구하여야 하였다.

이러한 방법을 시행하였다면, 한국은 높은 고용을 지속하고 안정적인 자본 잉여금을 발생시키며, 실제보다 더 높은 고성장의 기쁨을 만끽할 수 있었을 것이다. 그리고 1998년에 한국전쟁 이후 최악의 경기침체를 겪지 않을 수도 있었다.

한국과 매우 유사한 경제개발 단계에 있는 대만과 비교하여 보자.

대만은 '아시아 경기침체'에 거의 영향을 받지 않고 있으며, 대만 경제는 세계경제의 거센 물결을 비교적 순탄하게 잘 피해가고 있다.

이 두 나라 사이의 가장 큰 차이점은 바로 규제 분위기, 자산 규모가 아니라 이윤에 대한 태도의 차이 그리고 사업 구조조정 과정과 도산의 효율성에서 찾을 수 있다.

도산은 경제적 비효율성을 타파한다

대만의 도산율은 한국의 수치와는 뚜렷하게 다르다.

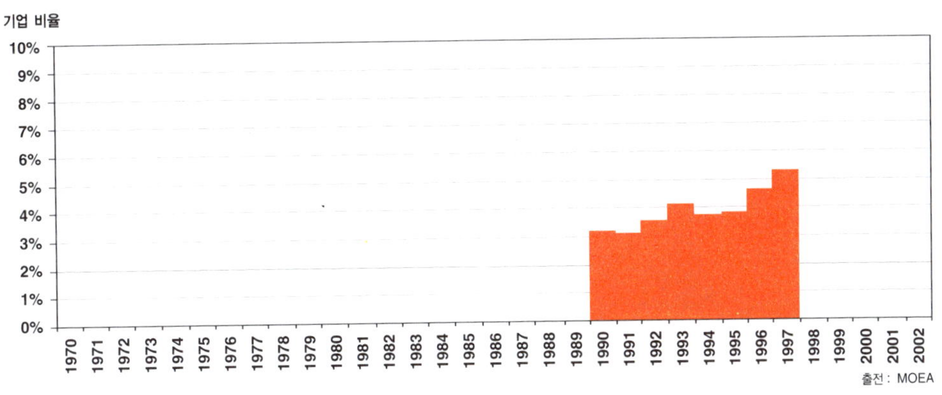

〈도표 2-49〉 대만경제(도산율)

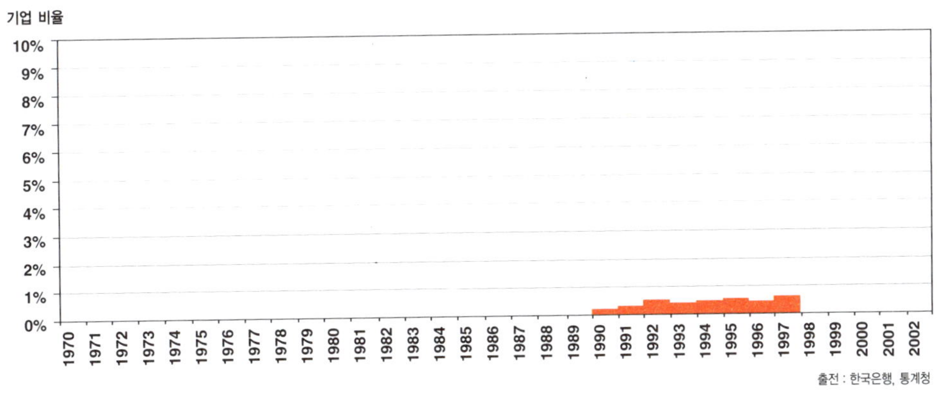

〈도표 2-50〉 한국경제(도산율)

이는 대만경제에 유익한 효과가 있다. 죽은 숲을 제거하기 위한 규칙적인 가지치기를 의미
한다. 또한 리스크와 이익의 적절한 평가에 의해 자본이 분배되도록 하며, 재정적 위험이 적당
히 인식되도록 한다.

한국경제는 이 효율적인 징계구조가 부족하다.

목 표

본 보고서의 나머지 부분은 한국경제가 회생하기 위한 목표와 행동방침에 관한 것들이다.
이제까지 살펴본 한국경제의 실상에서 수립할 수 있는 목표는 다음과 같다.
- 국내외적 경쟁력 확보
- 건강한 중소기업의 환경조성
- 노동시장의 재건
- 고용과 이윤에 대한 조화로운 배치
- 적정환율

필수요건

이 보고서 전체에서 설명하였듯이, 목표 달성을 위해서는 다음과 같은 여섯 가지 필수요건
을 만족해야 한다.
- 시장의 장벽을 제거하라
- 중소기업 활동의 장애요소를 제거하라
- 건전한 금융구조를 구축하라
- 효율적인 시장구조를 조성하라
- 시장이 제대로 기능하기 위한 자원을 공급하라

현존하는 수단

그러나 현재 정부 시책은 다음의 다섯 가지 주요 부분에 초점을 맞추고 있다.
- 위기관리
- 건전한 금융구조 구축
- 재벌의 개혁
- 노동시장의 유연성 확보
- 사회안전망

요구되는 새로운 수단

확실히 현존하는 수단들 다섯 가지는 모두 하나의 필수요건, 즉 건전한 금융구조의 구축에 맞춰져 있다.

다른 다섯 가지 필수요건에는 새로운 수단이 필요하다. 본 연구의 목표도 바로 이들 새로운 수단들을 소개하고, 그 논점의 영역을 확정짓고, 그러한 것이 최소한 100만 개의 부가가치가 있는 일자리를 어떻게 창출해낼 수 있는가를 설명하고자 한다.

제 3 장

....

고용에 집중하라

초점은 반드시 고용에 모아져야 한다

한국경제는 붕괴위험에 처해 있다. 이제 기업과 금융개혁에 모아졌던 논의의 초점은 부가가치형 일자리를 창출하는 것으로 이동해야 한다.

한국의 경우, 이것은 사회적 혼란을 초래하기에 충분한, 한때 유럽에서 경험한 적이 있는 지속적인 고(高)실업문제를 피하기 위한 것이다.

고용창출의 노력은 개혁과정을 늦추기보다는 오히려 그것을 더욱 촉진하는 계기가 될 것이다.

100만 개 일자리

이 보고서의 목적은, 가치파괴에서 부가가치 경제환경으로 한국을 변화시키면 100만 개 이상의 부가가치 일자리와 같은 새로운 고용창출이 가능하다는 것을 증명하기 위한 것이다.

이와 같이 고용창출 가능성이 지난 수년간 한국경제 안에 내재되어 왔으며, 적절한 여건이 마련되었더라면 실현될 가능성도 있었다.

그러나 수요가 붕괴하고 피할 수 없는 구조조정으로 인하여 실업이 증가하고 있는 불안정한 위기 국면을 맞은 지금, 이러한 고용창출과정을 다시 한시라도 늦출 수 없다.

수요의 붕괴

1997년 12월의 충격과 위기에 뒤이어, 한국경제에서는 광범위한 총수요의 감소가 나타났다.

〈도표 3-1〉 GDP의 구성요소-현재 평가

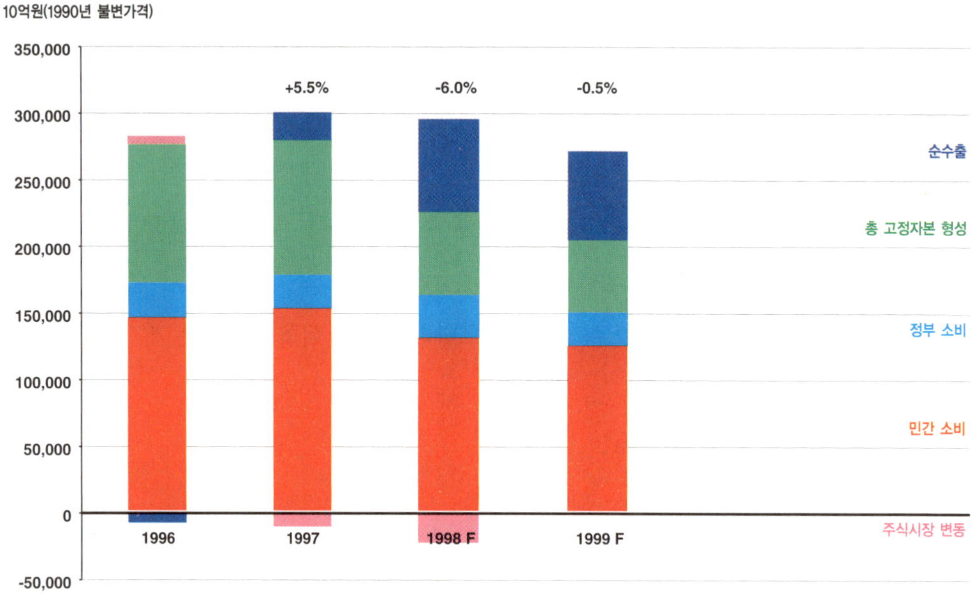

출전 : 한국은행, 쌍용템플턴(추정)

불확실한 경제의 기후변화에 따라 소비자들이 시장에서 뒷걸음질하면서 민간부문의 소비는 극적으로 위축됐다.

고정자본 투자는 30% 감소했다. GDP의 35%를 차지해 왔기 때문에, 고정자본 투자의 이러한 감소는 국내 총 수요에 상당한 영향을 끼쳤다는 것을 짐작할 수 있다.

한편, 긍정적인 측면으로는 자본재 수입이 줄어들어 교역이익(trade surplus)에 이바지했다는 점을 들 수 있다.

제조업의 쇠퇴

80%의 가동률을 보여왔던 제조업들은 이미 62%로 가동률을 낮췄고, 추가적인 축소 노력이 전개됨에 따라 소비는 더욱 떨어질 것으로 예측할 수 있다. 기존의 공장들에서 실업이 증가하는 것은 피할 수 없는 현실이다.

〈도표3-2〉 공장 가동률

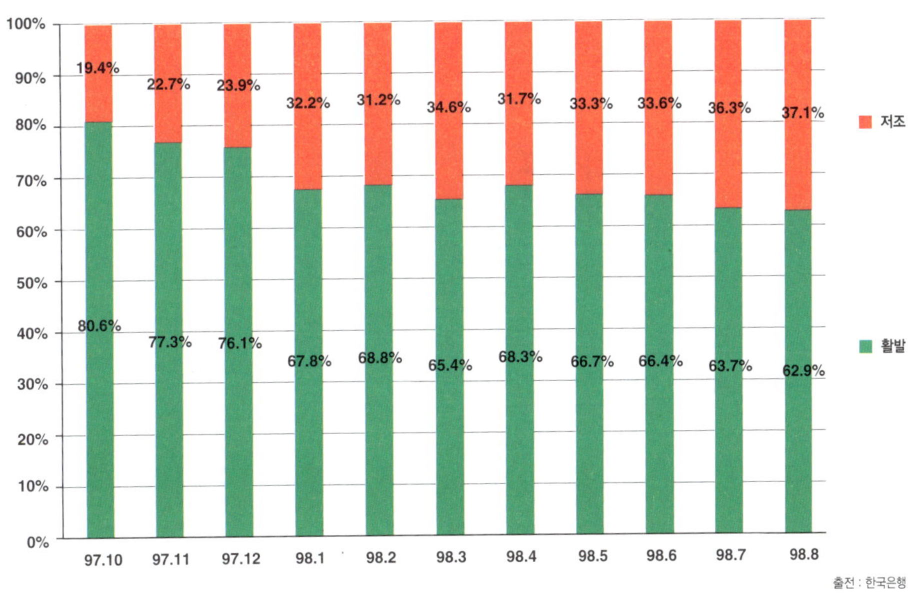

기존 사업체의 실업률이 계속 증가하는 것을 피할 수 없다.

위축된 고용기반

위기가 닥쳐오기 전에 이미 한국에서는 초과고용 상태에 있었다. 노동시장이 상대적으로 유연하지 못했기 때문에, 기업들은 수익성 유지를 위해 규모를 축소하는 데 어려움이 많았다.

가동률이 80%에 달하던 때도 불필요한 인력이 남아돌았다. 그러나 가동률이 현재 62%로 떨어졌다. 자동차산업 같은 일부 산업현장에서는 이미 가동률이 40% 정도로 줄어들었다.

1998년도의 상황이 아래의 모델에서 설명되어 있다. 산업 기반이 위축되었으나, 노동력은 여전히 변하지 않는다. 모서리의 남아 떨어지는 노동력이 곧 실업이 된다.

〈도표 3-3〉

한 국

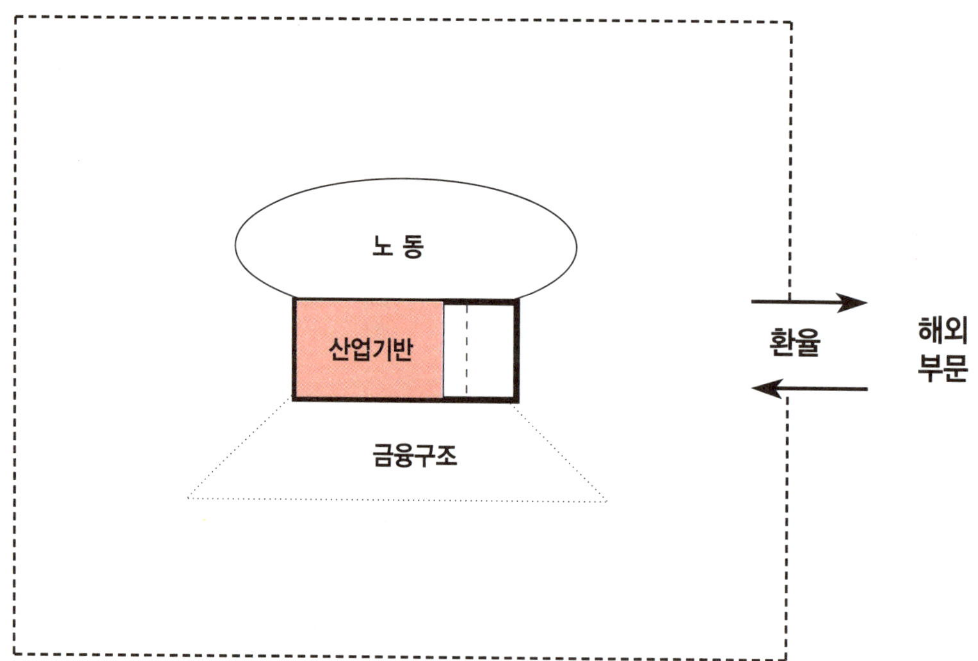

노동력은 경제 기초에서 더욱 위험한 위치를 차지하고 있다.

이것은 매우 불안정한 상황이며, 예전의 과다고용을 해결하는 데 필요하였던 것보다 더 많은 실업이 발생할 수 있다.

증가하는 실업

조치가 취해지지 않으면 공식적인 실업자가 240만 명에 이르게 된다.

공식집계에 따르면, 1998년 10월의 실업자가 이미 153만 명에 이르는 것으로 나타났다.

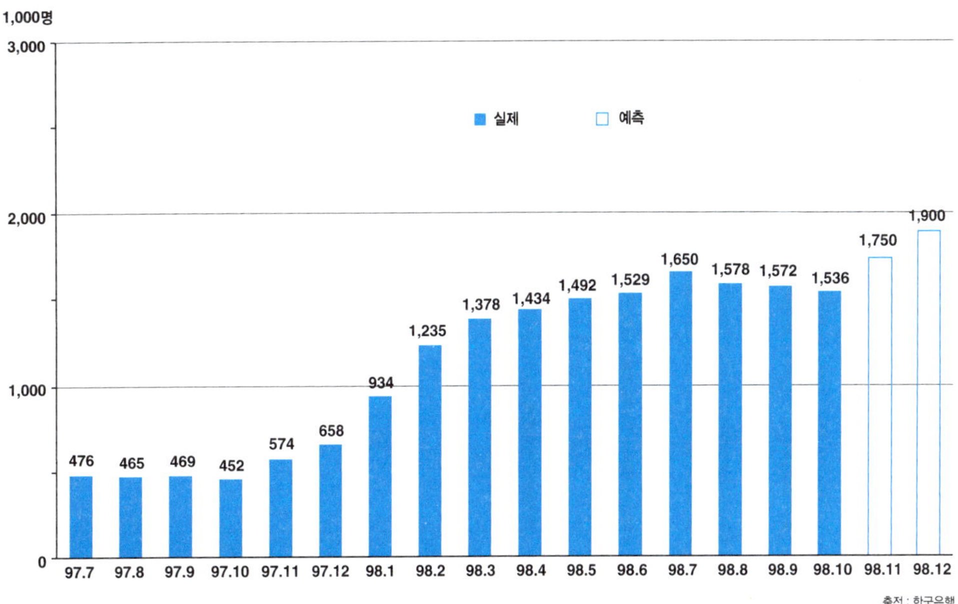

〈도표 3 – 4〉 월간 실업자 수에 대한 정부 통계

문제의 심각성을 대변할 수 없는 실업지수

경제활동인구는 급속하게 줄어들지 않지만, 다음의 도표에서 상근 노동자의 수가 현격하게 감소한 것을 알 수 있다.

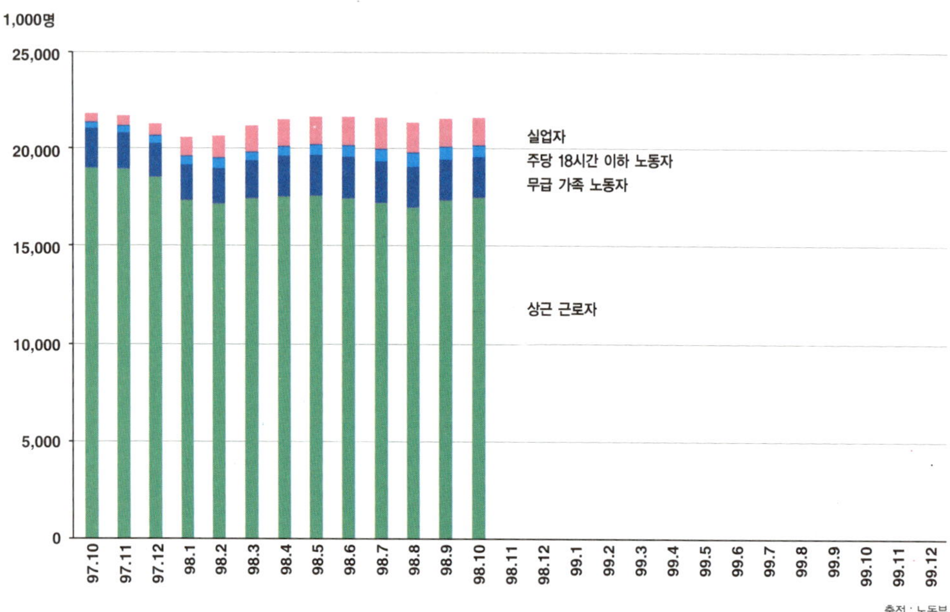

〈도표 3-5〉 경제활동인구

불완전고용이 문제다

급료를 받지 못하는 가족 노동자의 수가 급속도로 증가하고 있다.

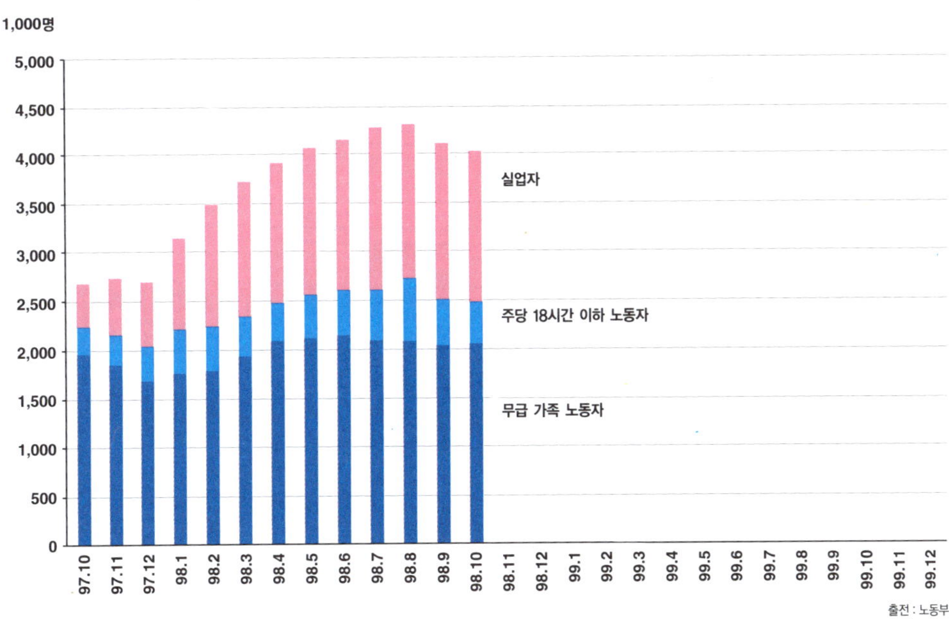

〈도표 3-6〉 경제활동인구 - 상근 노동자는 제외

- 47만 2,000명의 사람들이 또 다른 '불완전 고용' 상태에 있다(일 주일에 18시간 이하의 노동).
- 그리고 그 외 18만 2,000명 이상의 사람들이 자신들의 직장에서 '일시 퇴직'한 상태이다.

일자리 없는 졸업생들

　동시에 경제활동인구는 신규 대학 졸업자를 수용할 만큼 증가하지 않았다. 졸업자들은 일자리를 구할 수 없고 여전히 비경제 활동인구로 분류된다. 또한 실업상태지만 구직활동을 포기한 사람도 포함하지 않는다.

〈도표 3-7〉 15세 이상 인구

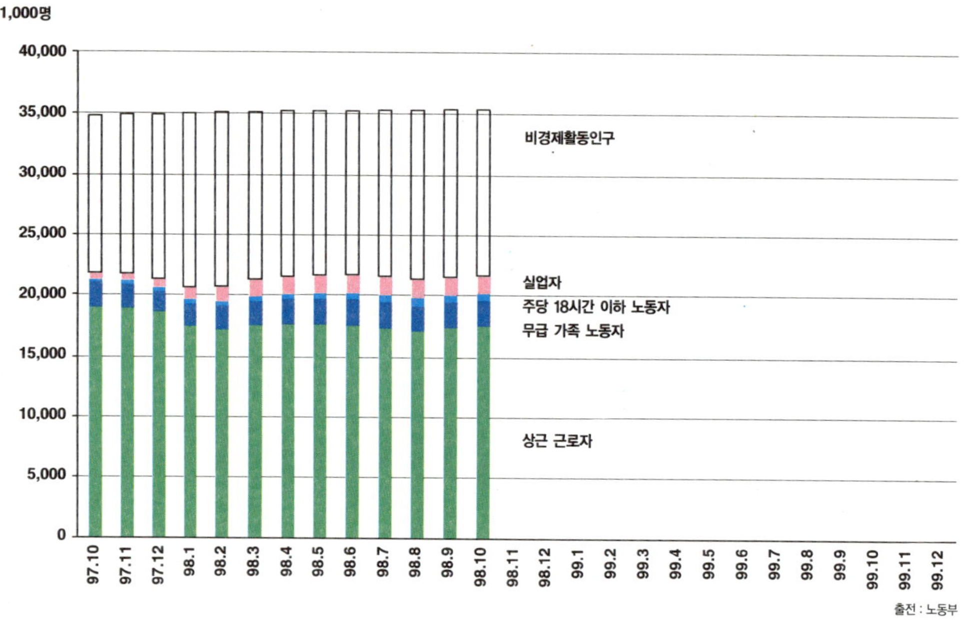

'고용격차'는 벌써 250만 명이 넘었다

1997년 10월을 정점으로 상근 근로자의 수는 143만 명이 감소했으며 15세 이상 노동이 가능한 인구는 47만 8,000명이 증가했다. 따라서 1997년 10월에 실업자가 된 45만 2,000명과 더불어 고용격차는 190만 명으로 넓어졌다. 그 동안 금융부문과 재벌의 구조조정은 거의 이루어지지 않았다.

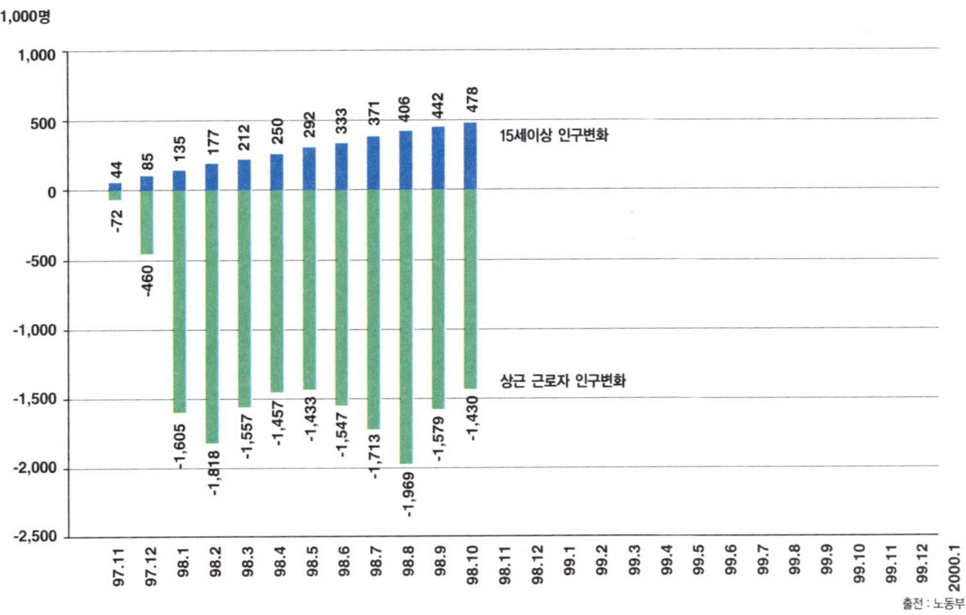

〈도표 3-8〉 근무가능 인구와 상근 근로자의 변화

가장 큰 손실은 실업에서 온다

경기침체는 모든 사람에게 영향을 미친다.
- 실업의 규모는 사회 각층에 영향을 끼친다.
- 은행과 기업부문의 구조조정은 앞으로 2~3년은 족히 지속되면서 인구 중 약 5%에 이르는 사람들에게 영향을 미칠 것이다.
- 이미 가장 많은 영향을 받은 것은 소득이다.
- 실업자의 증가는 저축을 감소시키고 국내시장을 위축시킬 것이다.

전통적으로 낮은 실업률

역사적으로 한국의 실업률은 낮게 나타났고, 지난 10여 년간 40만 명에서 60만 명 정도에 머물러 왔다.

〈도표 3-9〉 실업자 수

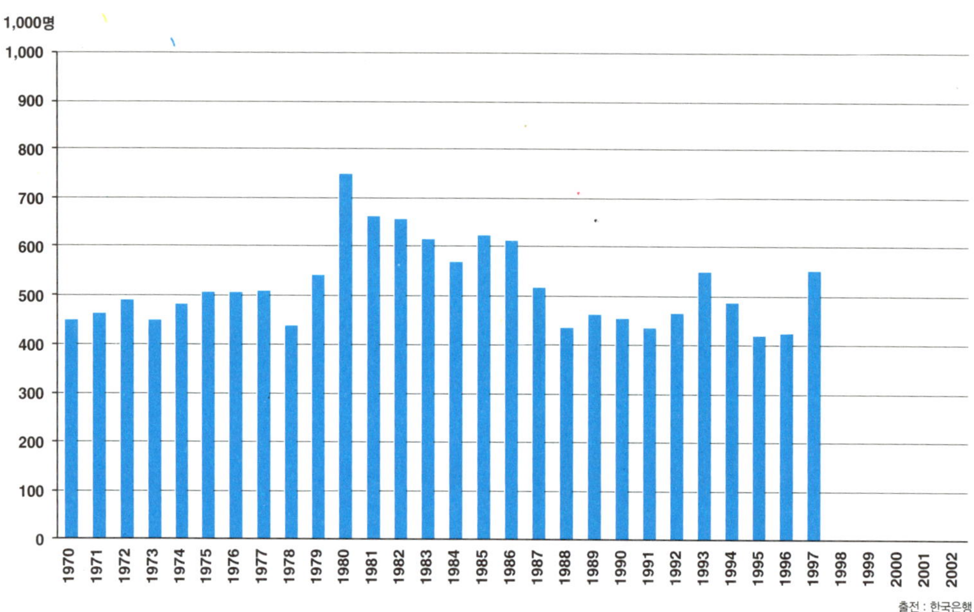

노동인구에서 실업자가 차지하는 비중

총 고용이 증가함에 따라 실업자가 노동인구에서 차지하는 비중은 낮아졌다.

〈도표 3-10〉 노동인구에서 실업자가 차지하는 비율

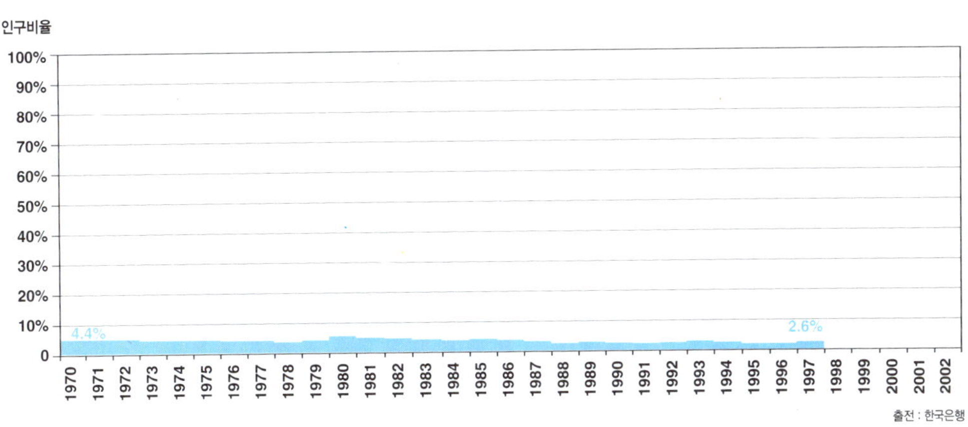

인구에서 실업자가 차지하는 비중

전체적인 인구증가에 비추어 보면 더욱 낮은 비율을 보이게 된다.

〈도표 3-11〉 인구에서 실업자가 차지하는 비중

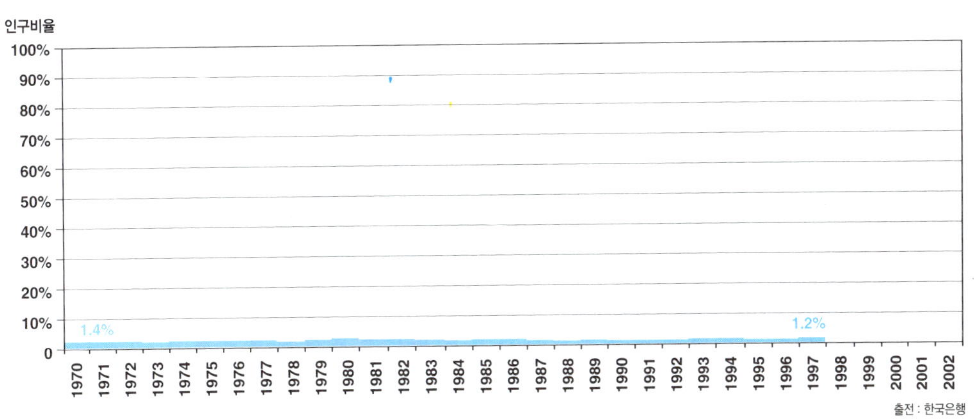

전통적으로 매년 40만 개의 순고용 창출

한국은 순고용(net employment) 창출에 관한 한 부러움을 살 만한 기록을 가지고 있다. 1990년대 순고용 창출은 연평균 40만 명으로 추산되고 있다. 그러나 도표에서 보듯이, 변동폭이 심하고 경기변화에 민감한 것을 알 수 있다.

〈도표 3-12〉 고용의 증가

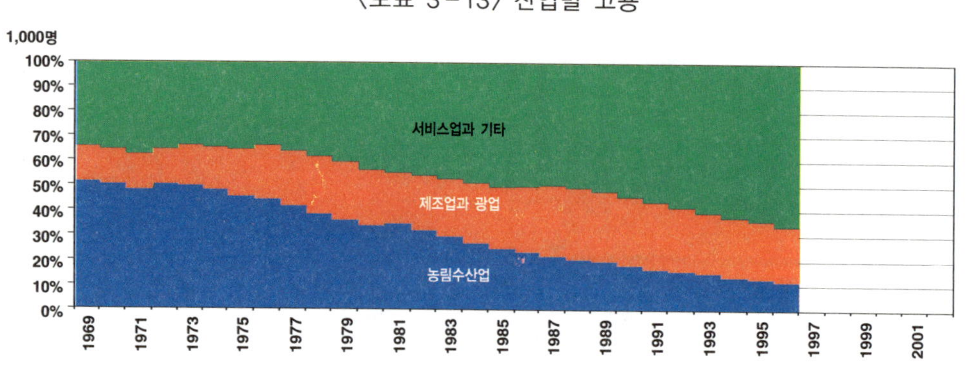

특히 서비스 분야에서 두드러진 고용증가

특히 1990년대의 고용증가는 주로 서비스부문에서 발생하였다. 1988년 이후로 제조업부문의 고용이 차지하는 부분은 감소 추세를 보이고 있다.

〈도표 3-13〉 산업별 고용

비교율

도표에서 볼 수 있듯이 7%를 상회하는 한국의 실업률은 유럽의 수준에 접근하고 있다.

<도표 3-14> 유럽과 미국의 실업률

연간 GDP변화율			실 업 률		
	1 년		98.3		97.3
오 스 트 리 아	+ 2.0	1997	7.3	3월	7.0
벨 기 에	+ 2.9	3/4분기	12.5	3월	13.1
영 국	+ 2.9	4/4분기	6.4	2월	7.6
덴 마 크	+ 4.4	4/4분기	7.1	2월	8.3
프 랑 스	+ 3.2	4/4분기	12.1	2월	12.5
독 일	+ 2.4	4/4분기	11.5	3월	11.2
이 탈 리 아	+ 2.8	4/4분기	12.0	1월	12.1
네 델 란 드	+ 3.6	4/4분기	4.8	2월	21.7
스 페 인	+ 3.6	4/4분기	19.8	1/4	5.8
스 웨 덴	+ 3.3	4/4분기	6.4	3월	8.4
스 위 스	+ 2.0	4/4분기	4.6	3월	5.6
미 국	+ 3.7	4/4분기	4.7	3월	5.2

출전 : EIU

1980년대, 유럽과 미국의 실업률은 빠르게 상승했다. 도표는 현재 미국과 유럽에서 경제회복과 함께 실업률이 낮아지고 있음을 보여주고 있다.

그러나 강력하게 성장하고 있는 덴마크와 미국 같은 나라에서도 실업률은 매년 1% 이상 줄어들지 않고 있다.

다시 말하면, 경제가 회복국면에 접어들 때 고용주들은 고용을 늘리기보다 이윤의 극대화라는 동기에 따라 움직인다는 것이다. 한국도 아마 비슷한 경로를 보일 것이다.

완전고용 달성에는 10년이 걸릴지도…

기존의 정책방향에 따를 경우, 한국이 과거의 '양호한' 실업률로 돌아가기 위해서는 최소한 10년이 걸릴 수도 있다.

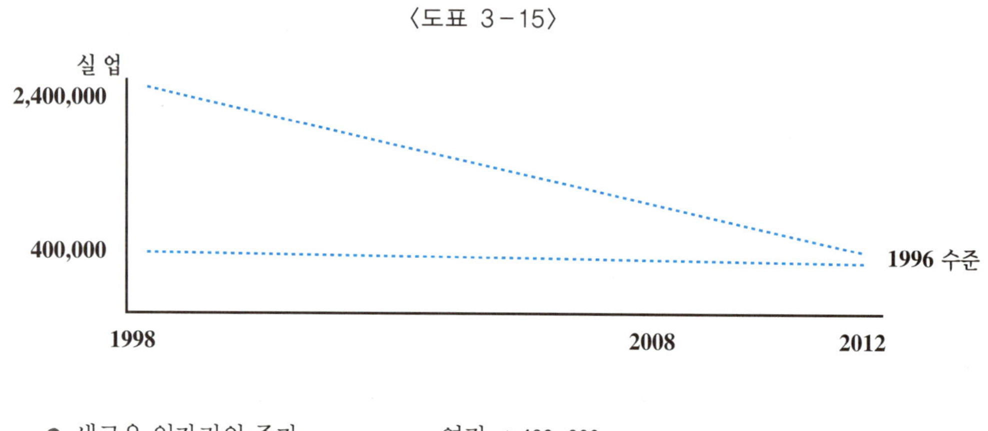

● 새로운 일자리의 증가　　　　　　　연간 +400,000
● 은퇴　　　　　　　　　　　　　　　연간 +50,000
● 새로운 노동력 유입　　　　　　　　연간 -300,000
● **연간 실업자 수의 감소**　　　　　**연간 150,000**

경기침체 후 급속한 고용확대는 발생하지 않는다

왜 경기침체 후에 고용이 급속한 회복세를 보이지 않을까?

불경기의 막바지에 이르게 되면, 회사들은 보통 잉여 노동력을 최대한으로 활용하여 열심히 일을 하여 각 노동자의 부가가치는 절정에 이르게 된다. 이러한 고통스러운 과정과 회복의 불확실성으로 인해 회사들은 적극적인 직원 채용을 주저하게 된다.

남은 직원들에게 지불하는 임금은 경기침체 후 회사에 대한 직원들의 공로가 증가한 것을 반영하여 늘어난다.

불경기가 끝나면, 기업들은 많은 수의 새로운 직원을 추가로 고용하기 앞서 지속적인 성장세를 정말로 회복하였다는 자신감을 갖는 것이 중요하다.

비효율성과 낮은 부가가치로 인하여 경기침체 이전에 과도한 노동력을 운용했던 상황이었다면, 보통 더 적은 수의 더 효율성이 뛰어난 노동력으로 이전의 작업수준을 회복할 수 있게 된다.

그리고 마침내 플러스 성장세를 회복하게 되면, GDP가 과거의 수준을 회복하기 전 몇 년 간은 전체적인 경제활동 수준이 불경기 이전보다 다소 낮아질 가능성이 있다.

고용과 부가가치의 결합

GDP 요인에 의한 이익과 기업의 상태 간의 뗄 수 없는 관계가 바로 부가가치의 개념이다.

한국경제 부분에서 설명하였듯이, 부가가치는 고용에 대한 보상으로 노동자에게 돌아갈 수 있으며 혹은 영업이익의 형태로 자본 제공자나 주주들에게 돌아갈 수 있다.

그러나 아래의 도표가 설명하듯이 고용만으로는 GDP에 긍정적인 영향을 주지 못한다.

〈도표 3-16〉

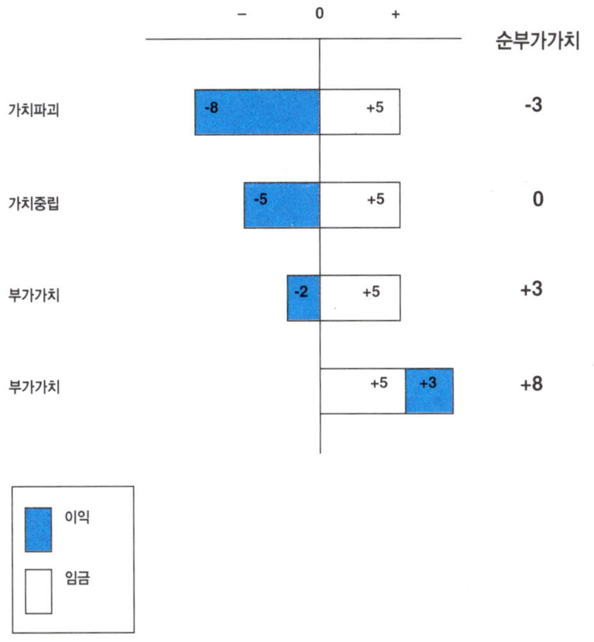

노동자의 직업 유형은 아래의 세 항목으로 분류된다.

- 일자리의 경제적 정도보다 임금을 더 받는 노동자. 이 경우 회사의 손실을 가져오므로 이런 직업은 **가치파괴적**인 것으로 분류된다.

- 일자리의 경제적 공헌 정도와 같은 임금을 받은 노동자. 이 경우 회사에 이익이나 손실을 주지 않으므로 가치중립적이라고 분류된다.
  GDP의 측면에서 볼 때 이러한 직업은 좋지도 나쁘지도 않지만, 기업의 측면에서 볼 때는 부정적이다. 왜냐하면 귀중한 자원을 가지고 아무 이익도 산출하지 못하기 때문이다. 또한 영업이익으로 지불해야 할 비용이 있으므로 주주에게도 손실을 입힌다.

- 임금보다 더 많은 경제적 공헌을 하는 직업에 종사하는 노동자. 이 경우 기업에 이익을 제공하므로 **가치창조적**인 것으로 분류된다.

적자기업에서 일자리들이 가치를 파괴하는 동안 일부 일자리는 가치를 창조할 수도 있다. 그러나 순수익면에서 볼 때, 이 회사는 손해를 보는 것이다.

한국 기업들은 사회, 정치, 경영 등 여러 이유로 가치파괴적인 일에 계속 직원을 고용해 왔다. 노동법이 대기업만큼 확고하게 적용되지 않는 중소기업에서도 마찬가지이다.

왜 기업들은 가치파괴적인 구조에서도 영업을 계속하는가?

가치파괴적인 일자리가 존재하는 이유는 다음과 같다.

- 노동자 해고에 대한 문화적 반감

- 권위주의적 사고

- 특히 비용관리에서 드러나는 빈약한 경영기술

- 노동법에 의해 강요되는 노동시장에 대한 규제

- 매출보다 임금을 인상시킨 완전고용

가치개선(value improvement)의 개념

1980년대 미국과 유럽 기업들은 가치파괴적 일자리를 추방하고 가치중립적이거나 부가가치가 있는 일자리를 증가시키는 데 역점을 두었다. 주로 ROCE(고용자본에 대한 수익) 혹은 EVA(경제부가가치)와 같은 방법에 의하여 이러한 기업들은 모든 노동자들로 하여금 회사에 부가가치를 더하게 하며, 그 결과 경제에 부가가치를 더한다는 사실을 확신시키려고 노력하였다.

합의된 방법론의 필요성

한국에서 대기업의 노동시장은 융통성이 없으며, 노동법은 이러한 현상을 심화시키고 있다. 최근의 입법상의 변화에도 노동력 구조조정은 기업이 무익한 경우에만 허용이 된다.

기업체에 여전히 유익한 경우에 가치파괴적인 일자리가 많이 있지만, 경영진들은 협상권이 거의 없다. 잘못된 경영으로 인하여 회사의 문제가 발생한 경우, 노동조합은 협상권이 전혀 없다.

노동자가 완전한 융통성을 회복하지 못한다면, 가치파괴적인 일자리를 규정하고 그것을 추방하여 ROCE를 증진시키기 위하여 합의된 방법론을 개발하는 것이 한국경제의 건강을 위하여 반드시 필요하다. 회사의 양측이 ROCE에 주의를 기울이지 않는다면, 그 결과 부적절한 이윤과 기업실패와 더 많은 실업 발생이 지속될 뿐이다.

〈도표 3-17〉

가치개선

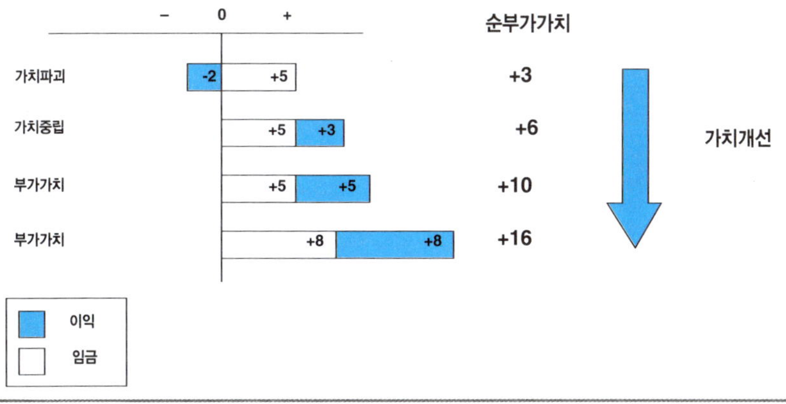

영세사업자들이 늘어날 것이다

2000년부터 2030년까지 한국의 인구에 대한 도표가 다음에 나온다.

이들 도표에 의하면 한국의 노동력은 현재의 30대에서, 2010년까지는 40대, 2020년까지는 50대로 변화하는 것으로 나타났다.

과거에는 관리자 역할을 했을 사람들이 노동자로 일하게 된다. 그러나 대기업에서는 몇 안 되는 관리직무에 대하여 너무 많은 희망자가 생기게 된다.

그들 중 많은 사람들의 경우, 자신의 회사를 차릴 경우에만 관리자가 될 수 있다. 이들은 또한 새로운 사업을 시작하기 위한 자금을 충분히 소유하고 있거나 아니면 융통할 수 있는 시기에 있는 사람들이다.

노동인력의 증가 추세

노동력의 급격한 증가추세는 향후 수십 년간 한국의 노동시장에 영향을 미칠 것이다.

〈도표 3-18〉 연령별 인구 피라미드 2000

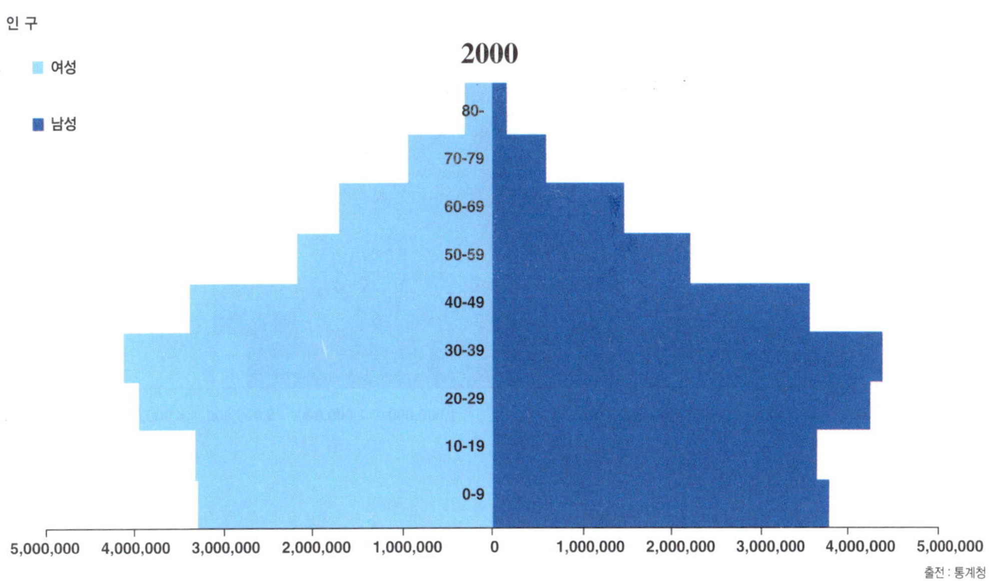

〈도표 3-19〉 연령별 인구 피라미드 2010

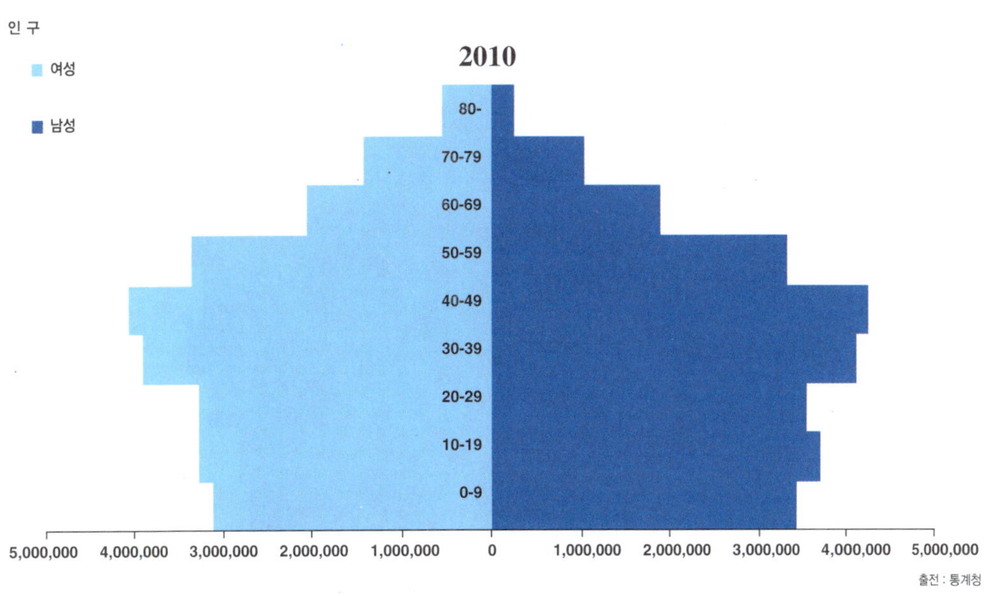

〈도표 3-20〉 연령별 인구 피라미드 2020

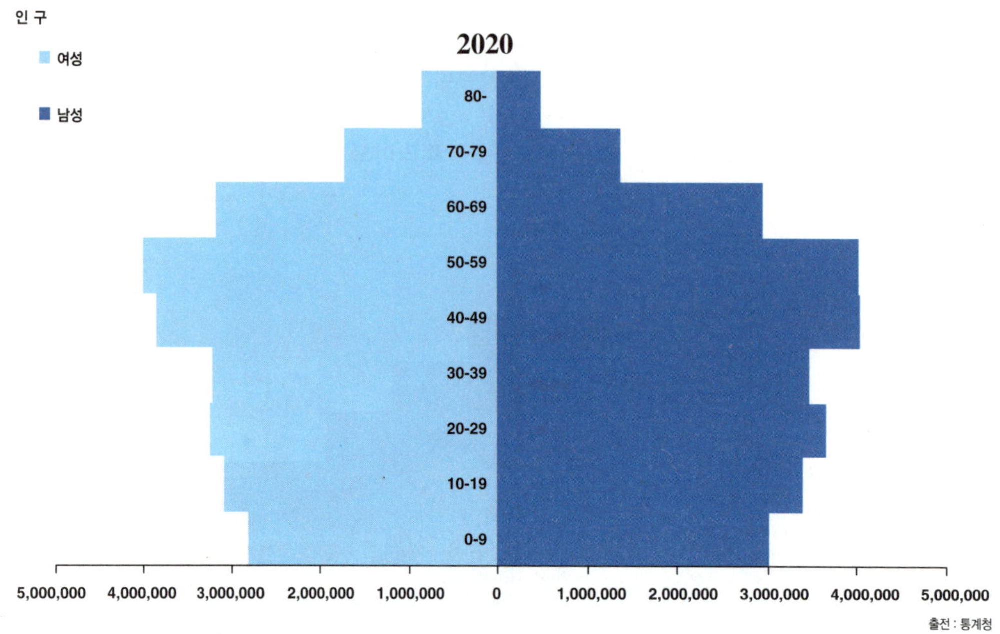

〈도표 3-21〉 연령별 인구 피라미드 2030

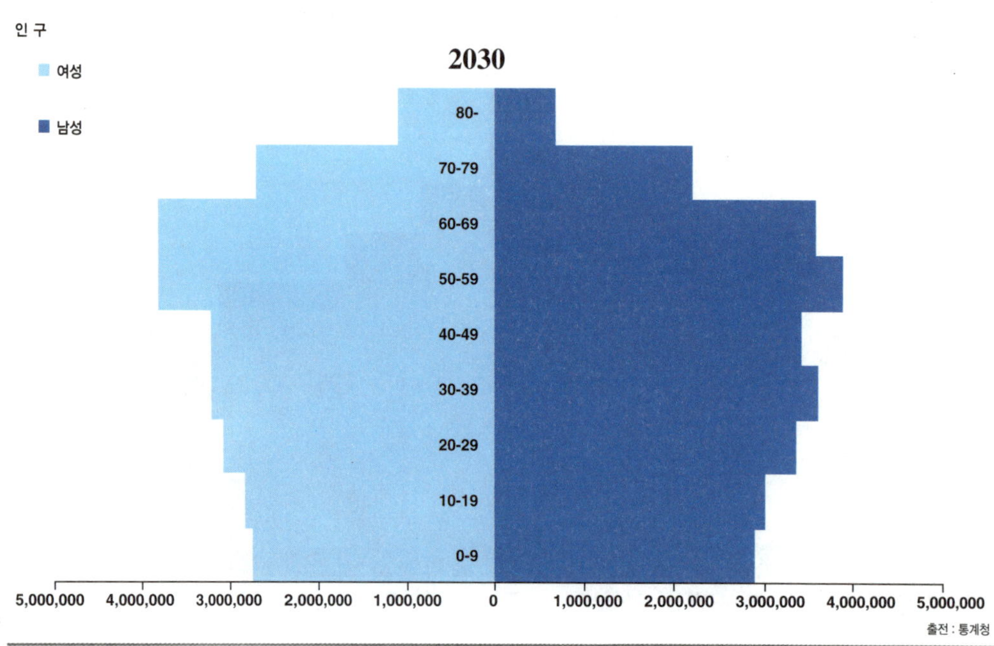

해답은 중소기업에 있다

기존의 기업체들은 구조조정을 계속하는 반면, 새로운 일자리를 창출해야 한다. 이러한 일은 중소기업 부문에서 이루어져야 하며 자본 제공자와 기업가들의 흥미를 최대한으로 불러 일으킬 수 있어야 한다. 이것은 중소기업의 문제를 설명하는 데 주력해야만 가능한 일이다.

앞으로 3년이나 그보다 더 대기업과 은행들이 규모를 줄이게 되어, 약 5%의 사업장과 약 100만 노동자들이 그 영향을 받게 될 것이다. 취업을 유발시키는 대처방안이 마련되지 않는다면 개혁은 이루어질 수 없으며, 대기업들은 가치를 파괴하는 노동력을 고수하게 되어 한국의 세계 경쟁력과 경제에 부정적인 영향을 미치게 된다.

일자리를 존속시키기 위해 정부가 압력을 주고 있다는 신호가 벌써 보이고 있다.

한국의 고용 가능성

한국은 완전고용을 조속히 회복해야 하는 주요한 문제에 직면해 있다. 경제의 80% 이상이 국내 수요에 의존하고 있으며, 완전고용을 통해 국내 소비를 유지할 수 있는 임금을 지불하지 않게 되면 회복은 이루어질 수 없다.

한국은 고도로 훈련된 탁월한 노동력을 갖추고 있다. 한국은 기업가정신과 관련된 많은 가능성을 보여 주고 있다. 다음 장에서 다루겠지만, 건전한 중소기업이 한국경제의 회복에 가장 중요하다.

미래의 정책 방향은 다음과 같아야만 한다.

- 노동의 융통성을 키운다.

- 부가가치 고용에 주력한다.

- 기업가정신을 신장시킨다.

- 중소기업에 대한 규제를 제거한다.

- 기존 사업체와 신규 사업체에 대한 특별장려금을 제공한다.

제 4 장

중소기업에 집중하라

연구가 부족한 분야

한국의 문제를 진단한 결과, 중소기업 활동에 관한 거시적 수준의 정확한 통계가 거의 없었다는 것을 큰 문제점으로 지적할 수 있었다. 대부분의 정부 통계는 중소기업의 일부·고용수준 정도를 파악하는 데 그치고, GDP에 미치는 영향 등에 관한 적절한 평가는 찾아볼 수 없었다.

한국만 그런 것은 아니다

정부가 중소기업의 이상에 대하여 말뿐인 호의를 베풀고, 해당 부문에 대한 정기적인 통계가 잡히지 않고 있으며, 대부분의 정보를 제공하기 위해선 특별조사가 이루어져야 하는 것은 일반적으로 전세계적인 공통현상이다. 경영 관련 컨설턴트는 요금을 지불할 능력이 있는 대기업에 주로 초점을 맞추고 있으며, 정부기관들은 일반적으로 '주요 사항'만 목표로 하고 있으며, 그 결과 대부분 대기업의 입장에서 생각하게 된다.

소기업의 일부 문제를 다루는, 규모가 적은 많은 수의 변호사들이 중소기업에 대한 빈약한 정보를 나누어 가지고 있으며, 서로 정보를 종합하여 전체적인 구상을 제공하는 경우는 거의 없다.

한국기업의 99%는 영세기업이다

〈도표 4-1〉은 1995년 사업체 조사(establishment census)를 통해 알아본, 한국에 설치된 기관의 총수를 나타내고 있다. 이 조사에는 일부 영세기업가, 농민 그리고 대부분의 공무원들을 포함하지 않고 있다. 대상은 120만 명에서 200만 명 이상의 노동인력이었다.

결국, 모든 기관 중 85%에 달하는 사업장에서 1~4명의 고용인을 두고 있다는 결론이 도출됐다. 99%가 50명 이하의 종업원을 고용하고 있다.

〈도표 4-1〉 사업체 규모

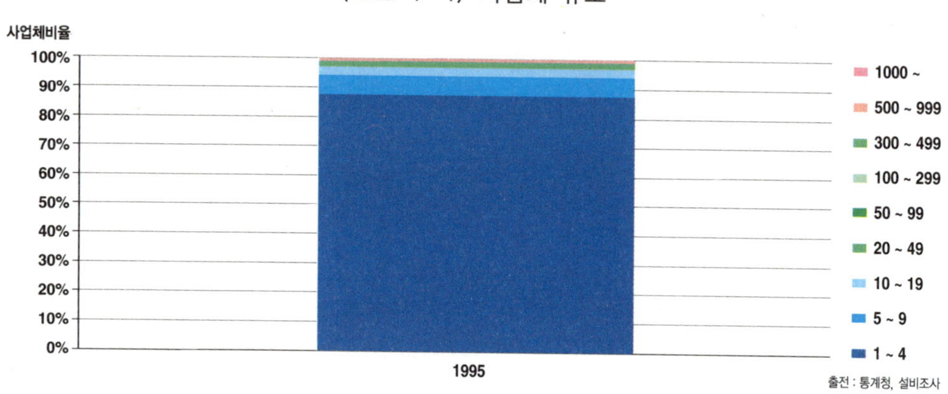

〈도표 4-2〉 산업별 사업체 규모

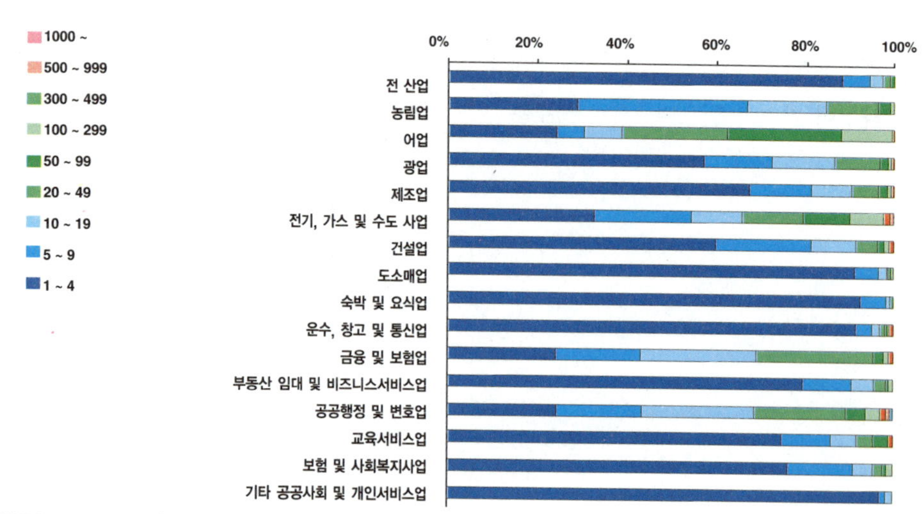

민간부문 고용의 85%가 중소기업에서 이루어지고 있다

〈도표 4-3〉과 〈도표 4-4〉는 한국인의 85%가 종업원이 500명 미만인 기업에 근무하고 있다는 것을 보여주고 있다. 50%가 종업원 20명 이하의 사업장에서 근무한다.

〈도표 4-3〉 사업체 규모에 의한 고용

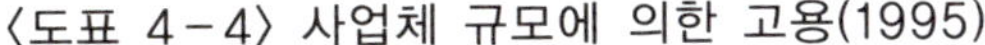

〈도표 4-4〉 사업체 규모에 의한 고용(1995)

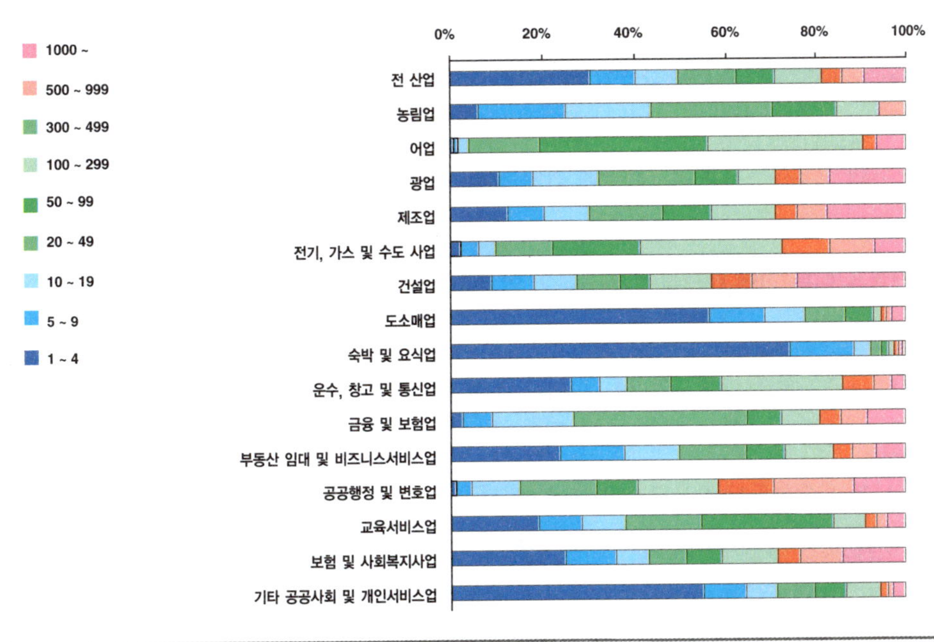

잘못 지도된 사항

300명 종업원을 기준으로 볼 때, 정부 시책과 자본이용 모두 설립 회사의 0.1%와 전체 고용의 18%에 불과한 상위 3,000개 회사를 중심으로 이루어졌다는 것은 아이러니가 아닐 수 없다.

규제의 악몽 속에서 일한다

한국의 총체적 규제 시스템은 이들 기업들의 요구를 고려하지 않고 있다.

은행의 업무에서부터 생산과 세부적 산업 규제에 이르기까지, 상법상 거의 모든 조항에서 오는 거의 대부분의 규제가 많은 중소기업의 존속과 번영을 가로막고 있다.

그 시스템은 많은 영세사업자들을 자신의 운영방식이 합법적인지 여부도 잘 알지 못하는 회색지대로 내몰고, 국세청 같은 규제당국의 횡포에 그대로 노출시키고 있다.

취약한 경제부문

대기업들은 항상 대출을 받을 수 있는 반면, 영세사업자들은 새로운 자금을 융통하는 데 엄청난 어려움이 따른다. 그로 인해 도산에 이르는 경우가 빈번하다.

법인화되지 않은 대부분의 영세사업자들을 위한 어떤 도산절차(bankruptcy proceeding)나 통계도 없고, 사업자는 목표를 달성하든지 아니면 도주하든지 양자택일을 강요당한다.

이 분야의 고용인들은 노조, 정부에 의해 전혀 보호받지 못한다.

현 개혁은 이들 기업 대부분에게 도움이 안 된다

현재의 구조개혁은 영세사업자들을 위한 것이 아니다. 한국의 은행개혁은 그 전보다 더 자금융통을 어렵게 할 것이다. 왜냐하면, 소규모 지방은행들이 사라지고 있고, 국민은행은 주류 은행 하나를 흡수하도록 강요당하고, 다른 씨티은행들과 합병될 수도 있기 때문이다.

1997년과 98년 사이에 이루어진 모든 구조개혁은 중소기업들에게 오히려 해악을 끼쳤다. 왜냐하면, 중소기업이 단기적인 충격을 견뎌낼 수 있는 능력을 전혀 고려하지 않았기 때문이다.

그러나 새로운 일자리는 여기서 창출돼야 한다

그러나 한국의 미래는 부가가치 일자리의 창출 내지 증대하는 데 달려 있다. 그러나 그러한 것이 생겨날 수 있는 부문에 대한 정부의 지원과 주의가 전혀 이루어지지 않고 있다.

미국의 경우, 일자리들은 작은 중소기업에서 나온다

지난 20여 년간 미국과 유럽은 바로 이 부문에서 대부분의 성장이 이루어졌다.

〈도표 4-5〉에는 미국에서 새로운 직업의 75% 이상이 직원 500명 이만의 중소기업에서 발생하였다는 것을 보여주고 있다.

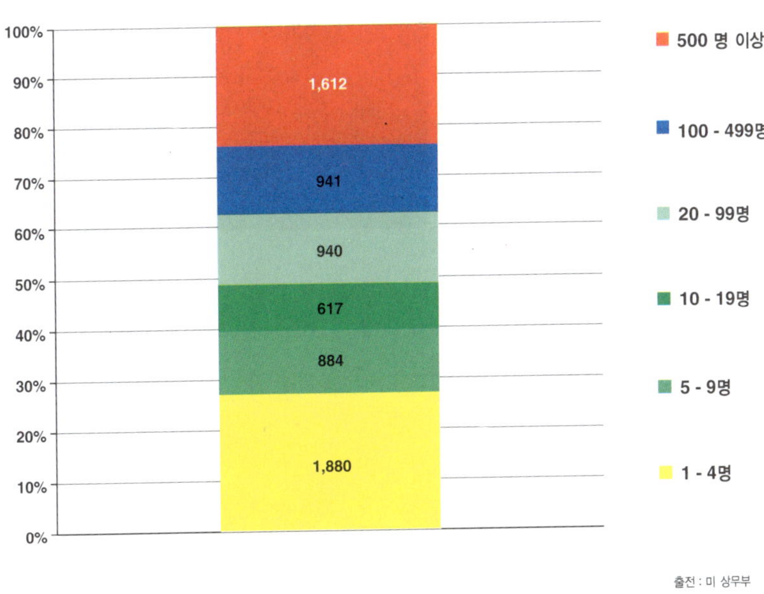

〈도표 4-5〉 미국경제 : 고용증가의 원천 1990-1995

출전 : 미 상무부

대부분의 새로운 고용은 서비스 분야에 집중해 있다

〈도표 4-6〉은 미국에서 발생한 새로운 일자리의 80%가 서비스부문에서 비롯되었다는 것
을 보여주고 있다.

〈도표 4-6〉 미국경제 : 고용증가의 원천 1990-1995

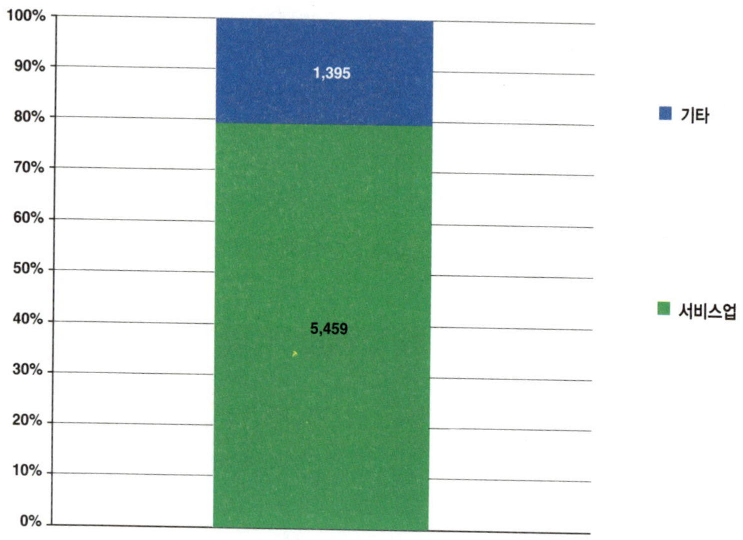

성장의 걸림돌

소규모업체들은 회사를 설립하여 꾸려 나가는 데 엄청난 어려움을 겪게 된다. 개발 선진국들과 한국 사이에서 다음과 같은 차이점을 발견할 수 있다.

- 유한책임회사(주식회사)를 설립하는 데 있어, 한국 정부는 영국이나 미국보다 5만 배나 더 많은 자금을 요구한다.
- 영국이나 미국에서는 간단한 사업허가증만 있으면 작은 규모의 여러 사업체를 시작할 수도 있다. 미국에서 실시한 한 통계에 의하면, 주정부나 연방정부의 허가가 필요한 사업 직종의 최대 숫자는 36개에 불과하다고 한다.
- 등록서류가 법원이 아니라 기업 등록대행업체에 비치되어 있다.
- 회사가 망하는 것으로부터 개인의 소유권을 보호하기 위한 완전한 파산조항이 결여되어 있다. 전세계적으로 소규모업체들이 망하는 경우가 빈번하므로, 이러한 장치가 반드시 필요하다.
- 다른 나라의 은행들은 소규모업체를 위한 특별 서비스를 실시하고 있다. 미국에서는 영세사업국(Small Business Administration)이 자금을 보조해주고 있다.
- 정부는 세금을 관대하게 책정하며 창업주들에게 많은 혜택을 준다.
- 한국에서 사업허가를 취득하는 데 있어서, 최소 필요자본(예를 들면, 벤처자본 같은 경우 막대한 자본이 필요하다)이나 공식적인 재무기구의 도움을 받을 수 없는 것처럼 모든 사항들이 소규모업체에 불리하게 적용한다.
- 세법도 민간인이 자금을 조성하는 데 어려움을 초래하고, 민간자본의 공급보다는 탈세의 추적에 역점을 두고 있다.

코스닥(KOSDAQ) : 특히 왜곡된 시장

미국의 경우, 신생기업이 장외시장에 등록하는 것은 매우 빠르게 진행된다. 과거의 실적이 전혀 요구되지 않는다.

새로운 벤처기업들은 NASDAQ(역주: 전미증권협회관리 아래 컴퓨터에 의해 실시되고 있는 미국 장외시장의 시세 보도시스템. 미국의 벤처기업과 중소기업의 성장을 주도하고 있다)에서 매우 유동적이고 빠르게 움직일 수 있지만, 코스닥

(KOSDAQ)의 경우, 최근 사업년도 말 자본잠식이 없어야 하고, 설립 후 일정 기간(2년)이 경과해야 하는 등 요구하는 등록기준이 까다로워 중소기업이나 벤처기업이 자본에 접근하는 것은 매우 어렵다.

코스닥에서는 할 수 없는 열 가지 일이 나스닥에서는 행해지고 있고, 나스닥에서는 불필요한 다섯 가지 일들이 코스닥에서는 행해지고 있다.

투명성의 결여 : 중소기업의 경우에 특히 심각한 문제

한국의 규제는 워낙 까다로워서 거의 모든 회사들은 매일 다양한 규제들에 맞닥뜨린다. 이러한 이유 때문에 소규모업체들이 파렴치한 공직자들의 부당 취득과 약탈의 대상이 되는 경우가 빈번하며, 특히 세금 거둬들이기 같은 자신의 공무를 수행하는 과정에서 이러한 일이 발생하기도 한다.

세무 공무원은 이익 지침서를 설정하여 창업 회사의 소유주들에게 실제 이득에 대한 세금을 지불하는 대신 세무조사를 피하기 위하여 벌금을 지불하도록 강요한다. 경험이 더 많은 다른 회사들은 세무 공무원들로부터 자신들의 이익을 숨기는 방법을 배우는 경우도 있다.

다른 경제 분야와 마찬가지로, 실제 세입과 비용 상황을 증명할 수 있는 회계사처럼 높은 윤리기준을 갖춘 적절한 직업중개인으로 투명성을 확보하는 것이 필요하다.

요구사항 : 영세사업자들을 위한 자유시장

미국의 영세사업국이 그나마 근사하다 할 수 있지만, 세계 어느 나라도 영세기업 활동에 꼭 필요한 관계 부처를 설립하는 데 성공하지 못하고 있다. 영세기업에게 가장 필요한 것은 자유시장과 낮은 비용이다.

중소기업들은 족쇄가 없는 자유경제에서 자신의 독자적 경쟁력을 확보한다. 한국에는 이런 자유시장이 존재하지 않는다. 새로운 고용과 건강한 경제를 촉진하기 위해서는 반드시 이런 시장이 먼저 조성돼야 한다.

자유로운 자본시장에서는 영세기업들이 일반적인 은행체계 외부에서도 자본의 원천을 쉽게 찾아낼 수 있다. 지난 10년간 벤처자본가들, 민간 순자산(private equity)시장과 새로운 자금조

달권이 창출됐고, 특히 미국의 경우에 그들 중 많은 부분이 정부의 규제를 벗어나 미국증권거래소(SEC)에서 관리되고 있다.

중소기업은 재벌 없이도 생존할 수 있는가?

한국에서는 중소기업이 재벌에 묶여 있다고들 흔히 말한다. 한국의 일부 제조업체 같은 경우에는 맞는 말이지만, 반드시 그래야 할 필요는 없다.

예를 들어, 스칸디나비아에서는 '가상조직(virtual organization)'이 성행하고 있어 독자적인 영세사업자들이 동맹을 맺어 규모가 커질 수 있는 기회가 많다. 대표적인 예로, 공장을 하나도 갖지 않은 채 가구와 주방용품을 생산하는, 세계에서 가장 큰 회사 중 하나로 성장한 이케아(Ikea)를 들 수 있다.

중소기업의 성장에는 자유시장이 필요하다

'어떻게 고용과 부가가치가 창출되고, 중소기업의 속박에서 벗어날 수 있는가'를 이해하기 위해서는 요소시장이 어떻게 작동하고 있는지, 그리고 중소기업이 그것을 어떻게 이용할 수 있는지 이해하는 것이 중요하다.

다음 장에서 이와 관련된 내용이 다루어진다.

제 5 장
. . . .
경제의 요소

생산요소와 행정상의 왜곡

본 보고서는 아마도 행정상의 왜곡에서 비롯된 자원배분상의 오류들을 설명하고 있다.

자본 할당의 오류와 낮은 이윤들이 행정상의 왜곡에서 비롯됐다고 가정하는 이유는, 경쟁적인 자유시장에서 주로 자본파괴적인 기업들이 효율적인 경쟁자를 직면하게 된다는 사실에 근거를 둔다. 효율적인 기업은 비효율적인 기업을 사업분야에서 밀어내기 때문이다.

자본시장은 비효율적인 기업을 처벌하는 반면, 효율적인 기업을 강화하고 보상한다. 주주가 주식을 사고 자본비용을 저렴하게 하기 때문이다.

특정기업을 인위적으로 방어하고, 새시장의 출현이나 효율적 경쟁을 방해하며 자본공급자의 권리를 제한하는 규제나 정부 관행은 결국 자본의 부적절한 배치나 낮은 이윤을 초래할 것이다.

경제를 이해하기 위한 생산요소 분석

본 보고서는 아마도 행정상의 왜곡에서 유발된 자원배분상의 오류들과 중소기업에서 새로운 고용이 발생하기 위해서 관심을 기울일 필요가 있는 요소들에 대해 설명하고 있다. 또한 중소기업들은 자유시장에서 최적의 활동을 수행할 수 있다는 전제도 이미 제시한 바 있다.

본 장은 고용기회와 왜곡된 시장을 분석하는 데 필요한 수단 중 하나로 요소시장의 개념을 도입하고 있다. 요소시장은 규제라든가 보조적인 시장이 존재하지 않음으로 해서 제 기능을 다 발휘하지 못하고 있다.

생산요소와 부가가치 : 정의

생산요소는 생산에 필요한 구성요소로서, 또 다른 하나 이상의 생산요소와 결합해서 산출량이나 부가가치를 늘리게 된다.

자본(capital)은 **노동**(labour)과 결합해서 제조업을 창출한다. : 동일한 산출량을 생산하기 위해 다양한 **자본-노동** 결합비율이 나올 수 있다. **기술**(technology)을 첨가하면, 산출량은 더욱 증가할 수 있다. 마케팅과 같은 **기법**(skill set)이 추가되면, 산출의 부가가치는 더욱 높아질 것이다. **기법시장**(skill market)이 다양한 분야에서 경영이나 기술을 증가시키고 생산비용은 낮출 수 있다.

19세에 리카르도(Ricardo)는 생산요소를 세 가지로 분류했다 : **노동**, **토지**, 그리고 **자본**이 그것이다. 경제학의 기본원리는 어떻게 그것을 결합하느냐에 따라 각기 다른 산출, 부가가치가 나올 수 있다는 것이다.

올린 헥처(Ohlin-Heckscher), 포터(Porter) 같은 학자들은 그것에 반론을 제기했다. 시장에서 발생하는 부가가치를 파악하기 위해서, 특히 21세기 서비스산업을 충분히 설명하기 위해서는 또 다른 생산요소들도 인식되어야 한다는 것이다.

이 보고서에는 그 자체가 종속요소(subfactor)와 종속시장(submarket)을 가지고 있는 13가지 생산요소가 분류돼 있다.

이들 생산요소의 활용과 그에 따른 고용의 창출에 대해서는 다음 장에서 다루게 된다.

13가지 생산요소

여기 쉽게 분류할 수 있는 13가지 생산요소가 있다.

- 자본(Capital)

- 노동(Labor)

- 토지(Land)

- 시간(Time)

- 리스크(Risk)

- 기호(Taste)

- 정보(Information, 지식[Knowledge] 포함)

- 사회간접자본(Infrastructure)

- 시스템(System)

- 기술(Technology)

- 품질(Quality)

- 기업가(Entrepreneur)

- 기법(Skill Sets)

13가지 요소시장

→ **자본** - 거의 모든 부가가치의 핵심요소로서, 자본은 여러 단계에서 발생하고 종종 위험, 시간 및 기호와 결합하며 많은 종속시장을 가지고 있다. 세계경제에서 모든 요소시장 중 가장 자유로운 시장이라고 할 수 있다.

→ **노동** - 생산요소의 모든 결합에서 핵심이 되고 있고, 21세기 적절한 자원배분 문제에서 가장 중요한 요소이다. 노동에도 많은 등급이 있지만, 전형적으로 경직된 성격을 가진다. 경제의 모든 측면에 노동력을 연결해 주는 중요한 요소시장들이 있는데, 노동의 숙련도가 무엇보다도 중요시된다. 인적 요소로 인해 가장 비조직화된 시장이 될 가능성이 크다.

→ **토지** - 토지는 다양한 방식으로 생산에 사용된다. 토지는 주로 자본과 노동 및 기술의 기반에 따라 그 등급이 변하는 속성이 있다.

→ **시간** - 다른 요소와 결합해서 자본이나 노동으로부터 어느 정도의 부가가치가 탄생하는지 결정하는 중요한 생산요소다. 축적할 수 없는 유일한 생산요소이며, 21세기에 자본과 기타 생산요소와의 결합에서 중요한 부가가치 구성요소이다.

→ **리스크와 안전** - 과거에는 대부분 정부(국방, 법제)가 담당하던 별개의 요소시장으로서, 일반적으로 노동과 결합하지만 최근에는 자본과 결합하는 비율이 높아지고, 부가가치의 증가 측면에서 민간부문, 특히 보험, 헤지 펀드(hedge fund)(역주 : 주로 파생금융상품을 집중적으로 다루는 개인모집투자신탁) 등에서 담당하는 비율이 높아지고 있다.

→ **기호** - 가장 외면됐지만, 21세기에 가서 가장 중시될 생산요소다. 자본과 노동, 그리고 정보와 결합해서 예술, 여행, 레저활동들을 다루게 된다. 스웨덴 같은 국가들의 경우에 막대한 부가가치를 창출하고 있다.

→ **정보** - 평생교육과 OJT(On the Job Training, 직업훈련)를 모두 포함하는 또 하나의 생산요소다. 인터넷을 통해 세계화 추세에 부응하기 위한 차세대 생산요소이다. 충분한 부가가치를 위해서는 자본보다는 더 많은 노동과 기술이 요구된다.

◆ **사회간접자본** – 포터(Porter)가 분류한 바 있는 생산요소로서, 많은 공공사업들과 관련을 맺는다. 자본이 부가가치를 창출하는 데 있어서나 가장 높은 ICOR(Incremental Capital Output Ratio; 추가 자본 산출 비율)에 있어서 다른 생산요소 못지 않게 중요시된다. 본질적으로 물리적 성격을 가진다.

◆ **기술** – 한때는 '기술도 생산요소인가' 하는 문제로 논쟁이 돼 왔지만, 지금은 자본과 노동을 결합해 부가가치를 창출하는 데 있어서 중요한 생산요소로 간주된다. 창고업, 소매업 같은 '가상' 시간 비축활동도 포함된다.

◆ **품질** – 개별적인 생산요소로서는 가장 중요하게 간주되며, 생산품의 부가가치를 즉각적으로 증진시키는 능력을 갖고 있다. 생산과정에서 품질개선이 나타났을 때, 같은 가치를 창출하더라도 소요되는 다른 생산요소와 중간재들은 자동적으로 줄어든다.

◆ **기업가** – 기업의 성장에 있어서 중요한 생산요소다. 특정 기업 내외의 경영인이나 기업가를 보통 일컫는다. 자본시장과 결합되지 않으면 부가가치를 창출할 수 없다.

◆ **시스템** – 노동이나 자본이 낳는 부가가치 수준을 결정하는 생산요소이다. 그리고 규제, 사회제도와 기업의 정관 등을 포함한다.

◆ **기법** – 가끔 노동시장의 종속시장으로 간주되기도 하는데, 기법은 그 자체만으로도 가장 중요한 시장이 될 수 있다. 각각의 기법들은 부가가치에 막대한 공헌을 한다. 예를 들어, 마케팅기법(marketing skill set)은 4달러짜리 T셔츠를 60달러짜리로 둔갑시키고, 적절한 경영기법(management skill set)은 기업이나 은행을 발전시킨다.

제 6 장

요소시장

요소시장이란?

생산물과 같이 생산요소가 매매되고, 그 가격이 결정되는 시장을 요소시장이라고 한다.

GDP는 종종 생산물시장에서 측정되는데, 아래 도표는 요소시장이 어떻게 생산물시장의 거울 역할을 하고 있는지 보여주고 있다.

〈도표 6-1〉

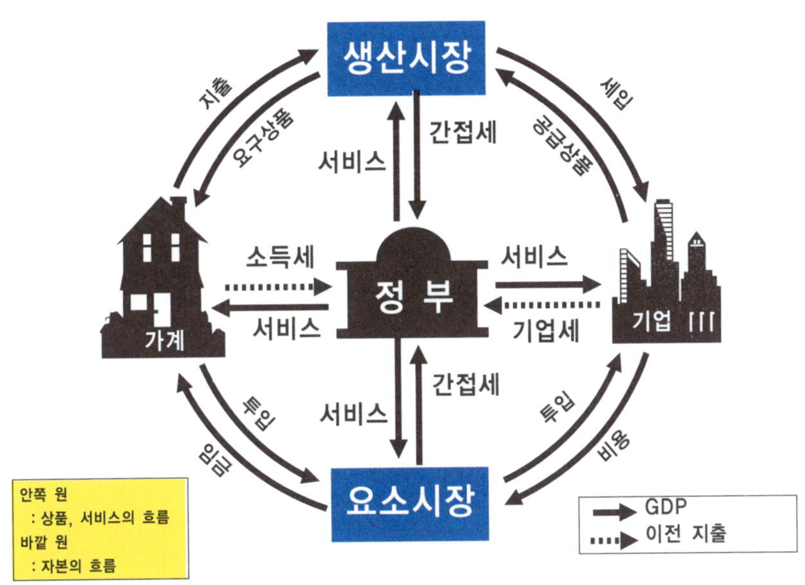

도표에 의하면, 정부는 직접세나 간접세를 통해 자금을 확보하고, 생산요소를 제공하고 있다는 것을 알 수 있다. 정부지출은 고용이나 재화 및 용역의 구매를 통해 추가적인 부가가치를 창출할 수도 있고, 오히려 부가가치를 파괴하는 비효율적인 기능들을 조장할 수도 있다.

요소시장과 생산물시장의 관계

앞서의 도표를 다음의 형태로 설명할 수 있는데, GDP 가치를 평가하는 세 가지 방법상의 관계를 이해하는 데 도움이 된다.

〈도표 6-2〉

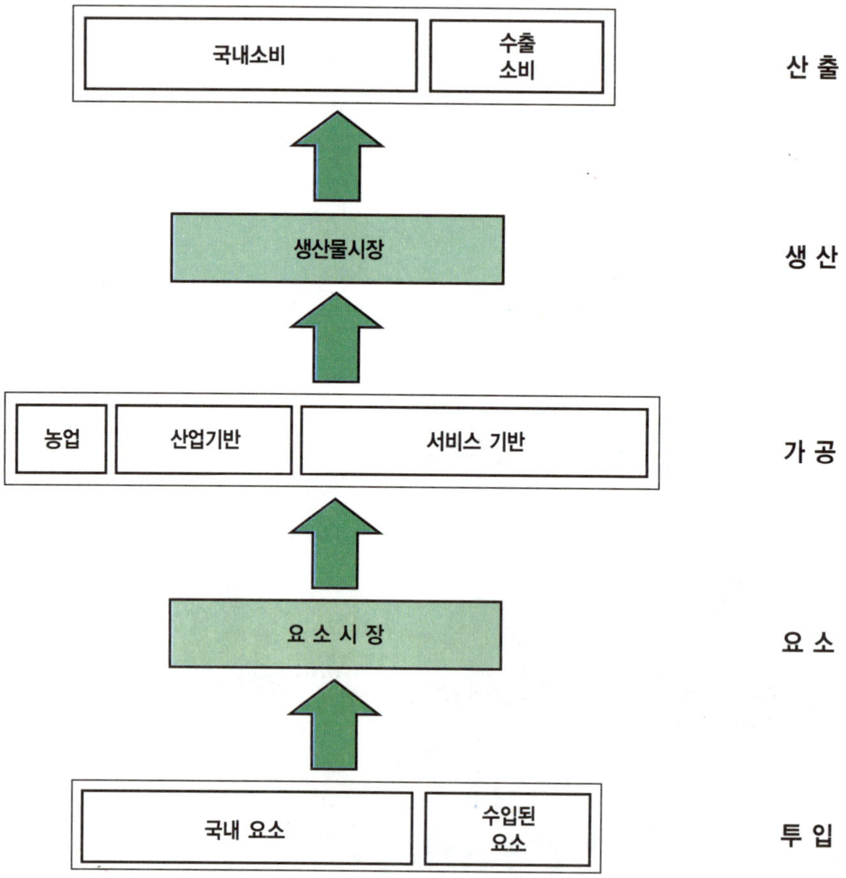

시장의 정의

시장의 개념을 명확히 하는 게 중요하다

- 시장은 수요와 공급의 조화를 이루는 곳이다. 수요－공급의 균형이나 시장청산은 일 반적으로 가격에 의해 이루어진다.

- 실종된 요소시장이나 종속시장은 초과수요를 남기고, 이는 실종된 기회(missed opportunity), 나아가 실종된 직업과 부가가치를 의미한다.

- 시장을 구성하는 것은 일반적으로 다음과 같다.
  - 장소(market place)
  - 정보(information)
  - 정보 중개인(information brokers)
  - 공급자(suppliers)
  - 수요자(demanders)
  - 차액취득중개인(arbitrageurs)

한국에는 시장능력을 무력화시키는 것과 같은 방법으로 기존의 시장을 왜곡시키는 많은 규제들이 있다. 그리고 여러 가지 주요 생산요소시장이 실제로 존재하지 않는다.

생산요소의 수요, 공급을 위한 시장은 다른 시장과 비슷한 성격을 가진다. 단, 어떤 생산요소도 동일성(hamogenous)을 띠지 않는다는 점은 제외된다. 같은 생산요소라고 하더라도 단위 요소들은 저마다 등급이나 품질에서 매우 다양하고, 생산요소들은 종종 종속(요소)시장을 가지기도 한다.

다음의 도표는 이 보고서에서 사용된 13개의 요소를 묘사한다.

〈도표 6-2〉

요소시장

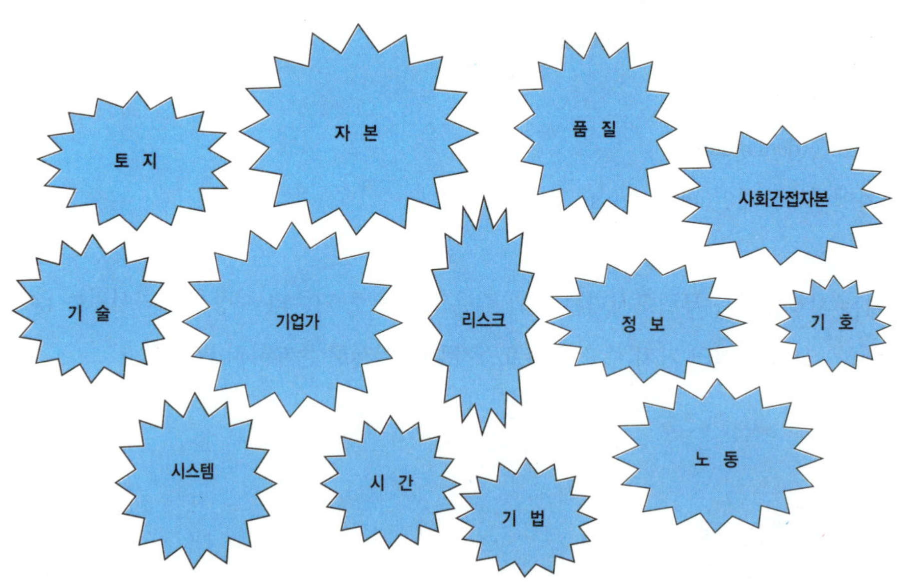

각 요소시장은 대개 종속시장을 갖고 있다.

제 7 장

. . . .

왜곡된 시장

왜곡된 시장은 가치를 파괴한다

이제 우리는 한국의 시스템이 어떻게 시장을 왜곡하고 가치를 파괴하는지 해명할 단계에 와 있다. 이것은 지난 15년간 한국경제가 어떻게 발전했는지를 말해준다.

현 실

자본시장은 가장 왜곡된 것 중 하나이기 때문에, 여기서 중요한 예증을 들 수 있을 것이다. 도표는 자본시장 안에 있는 종속시장들을 나타내고 있다.

〈도표 7-1〉 실종되고 왜곡된 시장

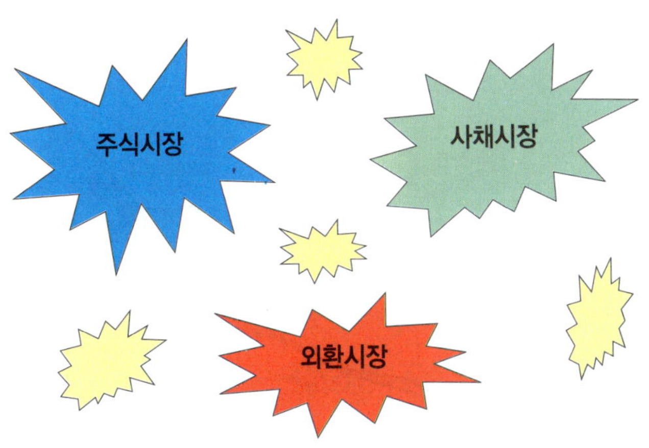

분석의 초점은 실종된 시장들–존재하지 않거나 왜곡된 시장들–에 맞춰져 있다. 대부분 정부의 규제가 공급을 억제함으로써 수요와 공급의 작용을 방해한 시장들이다.

실종된 요소시장

자본시장을 묘사하고 있는 도표에서 이름 없는 많은 시장들이 한국에는 존재하지 않다는 것을 알 수 있다. 이들 실종된 시장들은 연쇄효과(knock-on effects)를 가지고 있어서 경제 전반의 왜곡을 초래한다.

대표적인 사례를 들면, 다음과 같다.

- 저당권 시장(mortgage market)의 결핍으로 부동산시장과 전체 금융체계가 왜곡된다.
- 선물시장(future market)의 부족 때문에, 개인모집투자(hedging)가 경제적으로 수행되지 않고 수출입업자들이 부당한 짐을 떠안으며, 인플레이션과 파산이 조장된다.

왜 이런 시장들이 실종되는가? 정부가 기업의 모든 활동을 규제하고 복잡한 인허가절차를 고집하기 때문이다. 이는 시장의 기업가적 창조성을 방해하고, 모든 경제활동이 정부 정책에 의존하는 환경을 만든다.

현 정부의 데이터를 가지고는 왜곡된 시장들로부터 야기된 정확한 손실의 가치를 측정할 수 없다. 그것들이 GDP에 미친 영향은 이미 앞에서 다룬 적이 있는, 다음과 같은 도표에서만 설명될 수 있다.

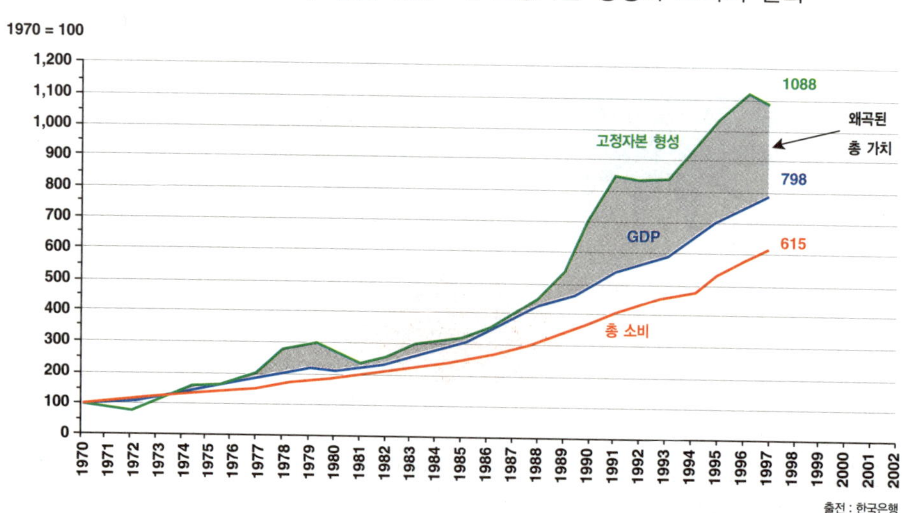

〈도표 7-2〉 실질 GDP 대 고정자본 형성과 소비의 변화

왜곡된 한국 주식시장

KSE(한국증권거래소)도 왜곡된 시장의 좋은 사례라고 할 수 있다.

주식시장처럼 보이지만 규제가 시장기능을 가로막고 있다. 주식의 이동에서 제한이 가해지기 때문에, 한국의 주식시장은 세계에서 상장하기 가장 어려운 시장 중 하나다. 한국의 발전정도에 비추어 보면 그 반대여야 하는데도 그렇다. 그리고 무가치한 주주들의 권리와 관련하여, 지난 10년간 주주들의 가치는 전혀 발생하지 않아 왔다.

한국에서는 왜 대규모 사업이 진행될 수 없는가?

유럽에서 중요한 엔진 역할을 하고 있는 앵글로-프렌치 터널(Anglo-French Channel Tunnel)은 런던주식시장에서 조달된 위험자산이나 순자본으로 건설됐다. 한국의 경우, 기업들은 3년 이상 이윤을 내지 않고서는 주식시장에 상장할 수 없기 때문에 새로운 사업은 상장될 수가 없다.

결국, 한국에서는 대규모 사업들을 시작해야 할 시점에 와서도 쉽게 출자하거나 은행으로부터 돈을 융통할 수 없다. 또한 경영인들이 주주들의 이윤확보에 책임을 지지 않는 관행도 여기서 나온다.

왜곡된 시장이 있는 곳에 왜곡된 경제가 있다

규제가 심한 환경에서 시장이 왜곡되는 경우, 공급이 직접 혹은 간접적으로 제한된다는 것을 의미한다. 그렇게 되면 기업들은 비효율적인 운영을 할 수밖에 없게 된다. 실업이 발생하게 되고 이익을 남기는 경제활동이 중단되게 된다. 나머지 경제분야에서 그러한 시장에 의해 공급되는 생산요소들을 계속 필요로 하는 경우, 어쩔 수 없이 수입에 의존하게 된다.

각 생산요소들의 하위시장들은 다른 특성을 지니고 있으며 미치는 영향 또한 다르게 된다.

자본시장에서는 규제에 의하여 사업자본 비용이 증가하여 많은 기업들이 자본을 전혀 사용할 수 없게 되는 경우가 발생한다.

노동시장의 경우에는, 규제로 인하여 노동이 지니고 있는 본래의 불가변성이 증가하여 노동에 대한 보수와 가치를 파괴하거나 가치를 중립화시키는 엄청나게 많은 노동비용을 증가시키게 된다. 기호품시장에서는 규제로 인하여 수 십만 개의 일자리가 사라질 수 있다.

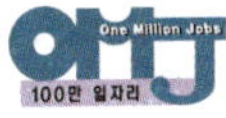

'왜곡된 시장' 비유

한국의 규제체계가 가치파괴적인 기업들을 양산하고 성장하는 신생 기업들이 부가가치형 고용을 창출하지 못하게 하는 이유는 다음의 도표를 통해 직관적으로 이해할 수 있다.

'나는 대양에서 어느 방향으로든 자유롭게 수영할 수 있지만, 작은 개울에서는 숱한 여울과 암초들을 고민해야 하고, 두 방향 중 하나밖에 선택할 수 없다.' –한국인 기업가

이런 생각을 나타낸 게 다음의 그림이다.

깊고 넓은 대양과 모래언덕을 둘러쌓은 얕고 좁은 개울을 비교한 개념이 다음 그림에 나타나 있다.

〈도표 7-3〉

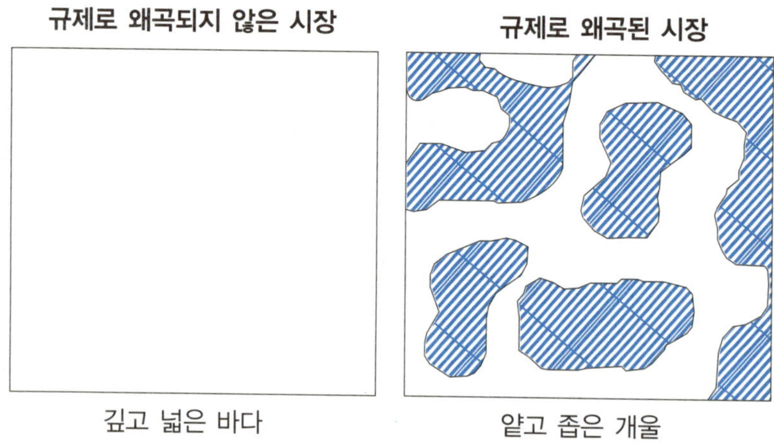

색으로 칠해진 부분은 합법적으로 활용할 수 없는 시장을 나타내며, 강바닥의 모래주머니와 같은 장애요인이 된다. 각각의 칠해진 부분마다 부가가치 가능성이 있는 일자리들이 존재하고 있다.

이 그림은 규제와 고용 간에 발생하는 기본적인 상호작용을 표현한다. 왜곡되거나 실종된 시장이 존재하는 모든 영역은 자유화되기만 하면 발생할 수 있는 새로운 부가가치형 일자리들을 숨겨두고 있다. 혹자는 규제에 의해 보호받는 일자리들도 있다고 주장할 수 있다. 그러나 이런 직업은 거의 대부분 어쩔 수 없이 가치파괴적인 일자리들일 수밖에 없다.

그림은 또한 왜곡된 시장이 부가가치의 손실과 GDP의 감소로 이어지는 비효율성과 생산요소의 오용(誤用)을 어떻게 조장하는지도 나타내고 있다.

생산요소와 고용

만약 **실종된 시장**이나 종속시장이 존재한다면, 반드시 실종된 일자리가 있기 마련이다.

왜곡된 시장이 있다면, 기존의 생산요소가 결합하더라도 산출량을 줄이거나 투입량을 늘림으로써 부가가치가 감소할 것이다. 또한 다른 생산요소와 결합해서 경제에 부가가치를 가져다 줄 자본의 양이 감소할 것이다.

왜곡된 시장은 한국의 큰 기회를 상징한다

한편, 역설적으로 들릴지 모르지만, 한국은 왜곡된 시장구조 때문에 새로운 고용을 빠르게 늘려갈 수 있는 기회를 가지고 있다.

시장의 기능을 활성화하고 경제회복에 박차를 가할 수 있는 엄청난 기회를 그 안에 갖고 있는 것이다.

1) **요소시장**에 집중하면, 규제의 부정적 영향을 측정할 수 있고, 고용증가를 위한 정책을 보다 조직적으로 세울 수 있다.

2) **새로운 고용의 재창출**에 집중하면, 개혁의 적절한 시기와 규제상의 변화방향을 규정할 수 있다. 그리고 시장이라는 무대 자체가 아니라 오히려 경제적 참여자로 활동하는 기관에 더 초점을 둔, 개혁에 대한 단편적인 접근보다는 전국적인 복지수준에 더 집중할 수 있다

일자리는 어디에 있는가?

본 보고서의 관점은 이렇다. 생산요소의 결합이 고용과 고용창출의 중요한 원천으로 간주할 수 있다는 것이다. 둘 이상의 생산요소가 결합되는 방식에 따라서 다양한 수준에서 설명될 수 있다.

아래 도표와 같은 생산요소의 조합(matrix)에서는 169개의 셀(cell)이 구성되는데, 한국경제에서 존재하는 모든 고용이 작업장의 성격에 따라 주요한 두 가지 생산요소의 조합으로 할당되고 있다.

〈도표 7-4〉 생산요소에 따른 고용 : 1996년 기준, 기존의 노동

	자본	토지	노동	기술	기업가	시스템	정보	사회간접자본	시간	기법	리스크	품질	기호	총합
자본	4,615	·	273,923	10,058	27,625	4,005	55,710	2,000	·	50,291	299,978	·	·	728,205
토지	26,011	2,335,610	1,788,117	103,636	59,761	·	208,511	3,069	417,040	93,390	42,402	·	·	5,077,547
노동	2,251,103	43,352	650,278	·	41,102	·	·	·	·	·	·	·	·	2,985,836
기술	433,875	·	·	50,122	6	48,682	·	·	·	·	·	·	·	532,685
기업가	341,811	2,496	·	·	·	·	·	·	·	·	·	·	·	344,307
시스템	216,759	·	289,190	·	·	23,950	61,345	·	·	·	31,606	·	·	622,850
정보	·	·	262,000	·	·	·	791,144	·	·	·	·	·	·	1,053,144
사회간접자본	·	31,297	·	·	·	42,703	·	15,617	5,348	·	·	·	3,069	98,033
시간	1,644,428	451,679	2,116,530	·	604,920	103,372	149,174	359,418	17,825	·	·	·	1,344,625	6,792,009
기법	433,519	·	·	·	·	·	204,161	·	·	·	·	·	·	637,680
리스크	·	531,179	·	·	·	·	·	324,215	·	163,812	230,331	·	·	1,249,537
품질	216,759	·	·	·	·	·	·	·	·	·	·	·	·	216,759
기호	10,838	·	543,552	·	·	113,430	·	·	·	·	·	·	201,764	869,584
총합	5,579,719	3,395,612	5,923,589	163,817	733,414	336,141	1,470,044	704,359	440,213	307,492	604,317		1,549,458	21,208,176

출전 : 통계청-경제활동인구 / 노동부 등의 여러 자료 이용해서 환산

데이터가 적절하지 못했기 때문에, 통계청과 노동부에서 수집된 기존의 정부 통계에 근거해서는 모든 셀이 채워질 수가 없었다.

도표를 보면, 총 고용(그리고 약 50만 명에 이르는 군인)이 통계청의 수치와 일치하지 않는다는 것을 알 수 있다. 이 조합은 다음 장에서 다루게 될 대책을 통해 창출될 새로운 직업을 계산할 수 있는 기초가 될 것이다.

현재의 고용

다음 도표는 이 데이타를 그래프로 보여준다.

〈도표 7-5〉 생산요소에 따른 고용 : 1996년기준, 기존의 노동

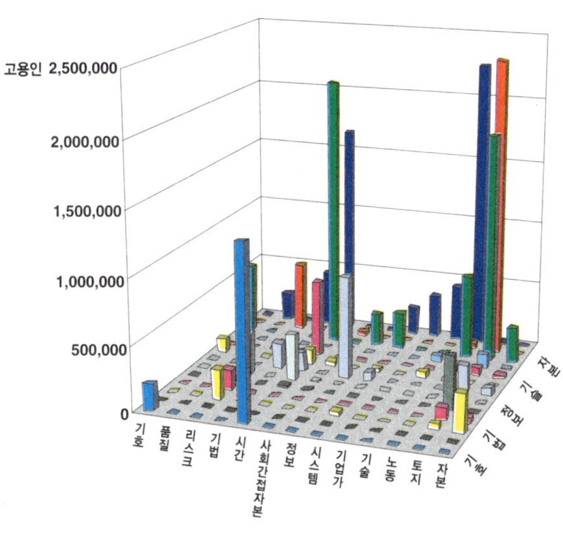

100만 일자리를 창출하는 데 대한 분석방법

한국경제, 노동시장, 생산요소와 왜곡된 시장에 대한 분석은 여기서 마친다. 이들 주제와 관련해서 더욱 많은 연구작업이 진행될수록 정책방향은 더욱 명료해질 것이다.

다음 장에서는 최소한 100만 개의 새로운 부가가치형 일자리를 창출하면서 경제를 재건할 수 있는 방법들에 대해 알아볼 것이다.

새로운 정책의 패러다임이 필요하다 : 부가가치

여태껏 정부정책은 1997년 12월 3일 IMF협정에 의해 부분적으로 틀이 잡힌, 다음과 같은 정책들로 한정돼 왔다.

이들 정책들과 그 비중을 도표로 나타내면 아래와 같다.

〈도표 8-1〉 정부 정책(97년 12월~98년 8월)

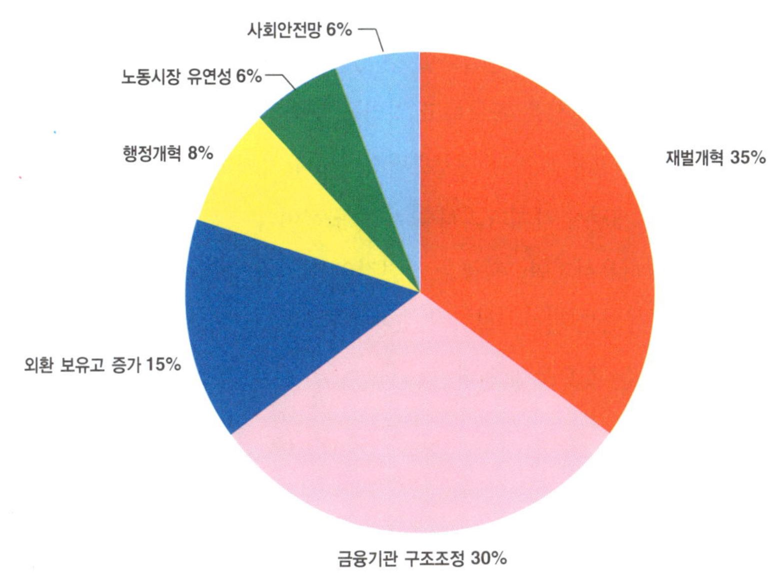

이번 장에서는 왜 이들 정책의 조합이 경제를 재건할 수 없으며 정부 정책의 패러다임이 바뀌어야 하는지를 설명하고 있다.

재벌과 은행개혁을 넘어서

현행 정부 정책의 요점은 금융부문과 재벌을 개혁하는 것이다. 다른 영역은 한국의 미래와 관련해서 중심적이라기보다 주변적인 역할을 수행할 것으로 간주돼 왔다. 보고서의 분석에 따르면, 경제 내에서 보다 근원적인 문제점들이 상당히 포진하고 있다는 것이 확인되고 있다.

가장 중요한 것은, 주로 명령을 받는 측이라고 할 수 있는 재벌과 은행들이 공무원보다 규제환경으로부터 더 영향을 받아 행동방향을 결정한다는 것이다.

이것은 1998~99년 사이에 완전한 개혁이 이루어지더라도, 환경이 변하지 않으면 금융과 재벌은 다시 불과 몇 년 안에 왜곡될 것임을 시사한다.

노동시장에 대한 고민이 부족했다

노동시장에 대한 고민이 충분하지 못했다. 초기의 노력은 노동의 유연성을 제고하는 것과 직접적인 관련을 맺고 있고, 집행은 주로 노사정위원회가 담당해 왔다. 그러나 이 위원회는 고용의 창출과 부가가치형 고용의 개념을 현실화할 수 있는 능력이 없다.

현행 고용정책은 노동시장의 유연성을 확보하고 직업을 보호하거나 사회안정망을 확충하는 데 초점이 맞춰져 있기 때문에, 일반적으로 가치중립적이거나 가치파괴적일 수밖에 없다. 고용창출에 관한 현재의 정책은 개념상 가치파괴적 혹은 중립적이다.

IMF는 정부의 예산적자를 허용하지만, 자금은 직접적인 실업자 구호에 쓰이거나 거의 가치를 창출하지 않는 영역에 수혈되고 있다. 심지어 고용정책은 주로 가치파괴적인 일자리들을 유지시키는 데 목표를 두고 있는 것으로 보인다.

빅딜은 가치와 일자리를 파괴한다

정부가 재벌들로 하여금 빅딜을 추진하도록 압력을 넣고 있다.

경제적으로 가장 합리적인 사업교환이라고 하더라도 그 과정에는 항상 대규모의 정리해고뿐만 아니라, 광범위한 부채 및 세금 탕감의 과제를 안고 있다.

이는 1990년대 한국에서 발생한 규제의 왜곡의 결과로서 구조조정이 무엇을 수반할 것인지 보여준다

빅딜의 권장은 정부 정책방향의 모순을 드러낸다. 구조조정은 규모의 축소를 의미하고, 투자가 먼저 줄어든다고 하더라도 고용이 더욱 빠른 속도로 줄어들 것이다. 그러나 이것은 몇 년 후 다시 부가가치를 늘린다면 점에서 경제의 이중적 성격을 나타낸 것이기도 하다.

IMF처방에 따르는 것만이 전부는 아니다

세계적인 환경이 변화하고 원래 개혁안이 전적으로 적절하지는 않다는 인식 하에, 1997년 12월 3일에 제시된 IMF 개혁안은 수정되고 있다. 따라서 부가가치형 일자리에 기초를 둔 새로운 정책방향의 틀을 준비하고 IMF를 설득할 수 있어야 한다.

지난 10개월간, 한국의 정책방향과 관련해서 패러다임이 얼마나 빠르게 변화하고 있고 IMF가 한국 정부의 의견을 수용할 여지가 많은지 〈도표 8-2〉를 보면 알 수 있다.

〈도표 8-2〉 IMF 정책방향의 변화

구　　분		1997.12	1998.1	1998.2	1998.4	1998.7
GNP 성장		+3.0%	+1.5%	+1.0~-1.0%	-1.0%	-4.0%
인플레이션		+5%	+9%	+9%	10% 이하	+9%
금리(회사채)		14-16%	20% 콜금리 30%	약간 하락	하락	유동적
달러당 환율 연변동		1,100 원	1,300원 *	1,400원	1,350원	원화의 안정화
국제수지		430달러 적자	30억달러 흑자	90억달러 흑자	210~230억달러 흑자	430~350억달러 흑자
세입	세입증가	3조 3천억원	3조 3천억원 ~5조 3천억원	실업기금을 위한 적자경영	GDP1.75%의 적자경영	GDP의 4% 적자
	세입감소	3조 7천억원	7조 6천억원			
통화공급 증가(M3)		+9%	+15%	유동적	+13.9%	+9%

• 전반기에 1달러당 1,500원, 후반기에 1,000원 환율 유지

불리한 대외적 환경에서 경제를 재건하는 것

이런 환경에서는 적정 환율을 유지하는 것이 도움이 될 것이고, 만약에 실패할 경우에는 추락에 가속을 붙일 것이다. 그러나 환율이 핵심적인 사안은 아니다. 한국은 무엇보다도 견고한 경쟁력을 빨리 확보해야 한다. 그렇지 못하면, 한국경제는 불리한 대외적 환경 속에서 더욱 오랜 침체의 늪에 빠지게 될 것이다.

경쟁력의 관점에서 한국은 35위

정부는 국제경쟁력의 관점에서 한국의 서열을 35위로 설정한 IMD의 연구보고에 대해 심각하게 생각하지 않는 것으로 보인다. 한국이 세계에서 가장 빠른 성장률을 보이고 있을 때라면, 이는 묵과할 수 있다.

〈도표 8-3〉 IMF 경쟁력 서열

순위	국 가	순위	국 가	순위	국 가
1	미 국	13	뉴 질 랜 드	25	이 스 라 엘
2	싱 가 포 르	14	독 일	26	칠 레
3	홍 콩	15	호 주	27	스 페 인
4	핀 란 드	16	대 만	28	헝 가 리
5	노 르 웨 이	17	스 웨 덴	29	포 르 투 갈
6	네 델 란 드	18	일 본	30	이 탈 리 아
7	스 위 스	19	아 이 슬 란 드	31	아 리 헨 티 나
8	덴 마 크	20	말 레 이 지 아	32	필 리 핀
9	룩 셈 부 르 크	21	프 랑 스	33	터 키
10	캐 나 다	22	오 스 트 리 아	34	멕 시 코
11	아 일 랜 드	23	벨 기 에	35	한 국
12	영 국	24	중 국		

그러나 현재 가장 혹독한 불황을 겪고 있는 한국으로서는 경쟁력 순위가 앞장에서 다룬 것과 유사한 분석에 기초를 두고 있다는 사실을 반드시 이해해야 한다.

부가가치에 대한 관심을 통해 경쟁력을 확보하지 못하면, 성장은 성취가 요원한 소망에 그칠 것이다.

부가가치 패러다임 하에서 정책적 노력의 할당

〈도표 8-4〉는 부가가치 패러다임에 근거해서 각 정부 대책의 중요성이 차지하는 비중을 나타내고 있다.

- 중소기업 지원(25%)
- 행정개혁을 통한 부가가치형 고용창출(25%)
- 노동시장의 재구축(17%)

〈도표 8-4〉 부가가치 패러다임에 근거한 정부정책 중요도의 바람직한 분할

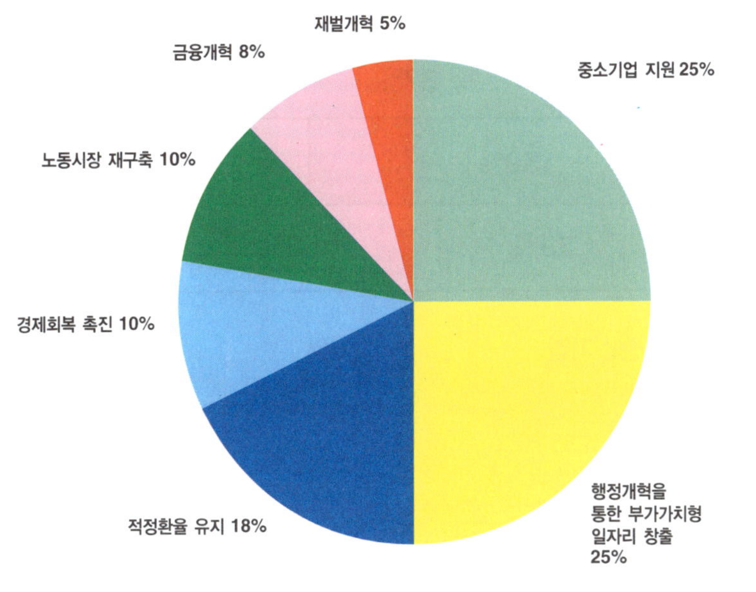

그 외 정책들은 거의 엇비슷한 비중을 차지하고 있다.

- 경제회복 촉진
- 적정환율 유지
- 금융개혁

재벌개혁은 시장환경이 변하고 다른 정책효과가 드러남에 따라 자동적으로 그 뒤를 이을 것이다.

경제회복은 중소기업에 초점을 맞춘 내부성장으로 가능하다

전세계적인 경기침체로 국내 경제에 대한 부양책이 더욱 절실해지고 있다. 재벌은 구조조정 과정에 있기 때문에 부가가치를 창출하는 역할에서 그 비중이 줄어들 것이고, 성장의 잠재력은 중소기업에서 찾아야 할 것이다.

〈도표 8-5〉를 보면, 노동력의 87%가 이미 중소기업에 편중돼 있음을 알 수 있다.

정부부문이 공무원의 세대교체를 통해 다소 고용에 도움이 될 수 있지만, 대기업부문은 규모가 줄어들 것이다.

〈도표 8-5〉 왜 중소기업에 초점을 맞춰야 하는가?

	중소기업	대기업	정부
노 동	87%	8%	5%
부가가치	59%	26%	15%
금융자산	35%	50%	15%

출전 : 노동-통계청, 자유기업센터 / 부가가치-한국은행, 자유기업센터 / 금융자산-인터뷰에 근거한 EABC 평가

정부 정책 평가

정부의 정책 선택 범위

현재의 환경에서 나올 수 있는 정책의 선택 범위는 본 보고서의 맥락에서 다음과 같이 분류해서 평가할 수 있다.

- **중소기업** 기반에 집중한다.
- 행정개혁을 통해 **부가가치 개선**에 집중한다.
- 공공사업을 통한 **정부의 경기부양** 능력에 집중한다.
- **수출과 환율**에 집중한다.
- **국내수요 회복**에 집중한다.
- **은행개혁**에 집중한다.
- **재벌개혁**에 집중한다.
- **사회안전망**을 제공한다.

각각의 정책방안들은 네 가지 측면에서 평가할 수 있다.

- 부가가치형 **고용창출**의 가능성
- 부가가치에 대한 **공헌도**
- 경제에 **지속적인 영향**을 미치는 정도
- 달성될 수 있는 **성공** 확률

중소기업에 집중한다

중소기업 기반에 대한 집중은 최고 종합점수를 매길 수 있다.

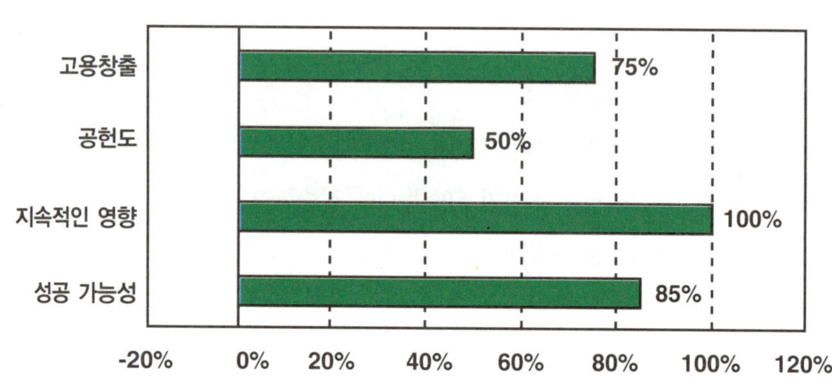

〈도표 8-6〉 중소기업에 집중

● 이는 고용에 가장 많은 영향을 미치기 때문에 고용에 가장 높은 효과를 나타낸다.

● 부가가치는 임금의 형태로 늘어나고, 부가가치에서 자본이 차지하는 비중은 줄어든다.

● 효과는 단기적이기보다 지속적이다.

● 요소시장에 대한 접근이 이루어지면 성공확률은 매우 높다.

종합점수는 106점이다.

행정개혁을 통한 부가가치 개선에 집중한다

규제혁파와 개혁을 통해 부가가치 개선에 집중하는 것은, 고용에 미치는 영향이 상대적으로 낮지만 부가가치에 미치는 영향은 높다.

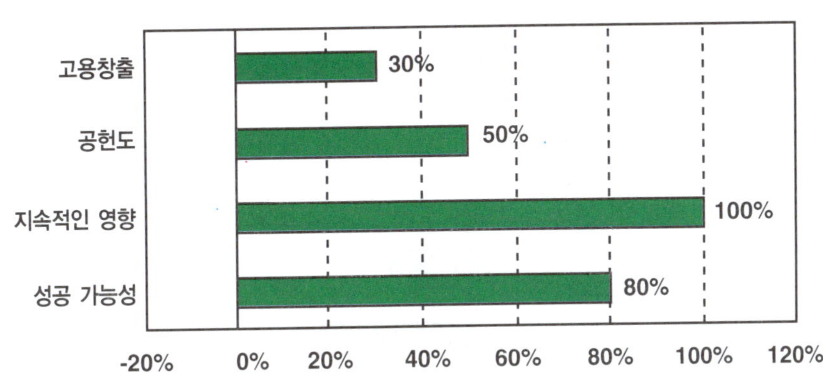

〈도표 8-7〉 행정개혁을 통한 부가가치 개선에 집중

- 부가가치는 실종된 요소시장에서 새로운 일자리를 창출하지만, 한편 가치파괴적인 일자리를 제거함으로써 증가하는 고용인 수를 줄이기도 한다.
- 가치를 촉진함으로써, 이는 이윤에 중요한 영향을 미치고 가치중립적인 직업을 부가가치형 일자리로 전환시킨다.
- 이러한 개혁의 효과는 지속적일 것이다.
- 성공할 확률은 매우 높다고 할 수 있다.

종합점수는 64점이다.

수출과 환율에 집중한다

적정환율을 유지하고 적당한 금융과 수출을 보장함으로써 수출에 집중하는 것은 외채 상환을 위한 무역흑자에 매우 주요하다. 그러나 오늘날과 같은 불황의 세계환경에서는 신속한 GDP 영향력을 별로 갖지 못한다. 적정 환율로 인한 영향은 이전에 수입된 품목이나 서비스를 창안하는 개선 인센티브가 생긴다는 점이다. 그러나 이러한 수입대체 기회의 대부분은 자본재와 관련이 있다. 그러나 자본재는 불황으로 인해 수요가 별로 없을 것이며, 공장이나 장비에 대한 기존의 과도한 투자를 흡수할 필요가 있을 것이다.

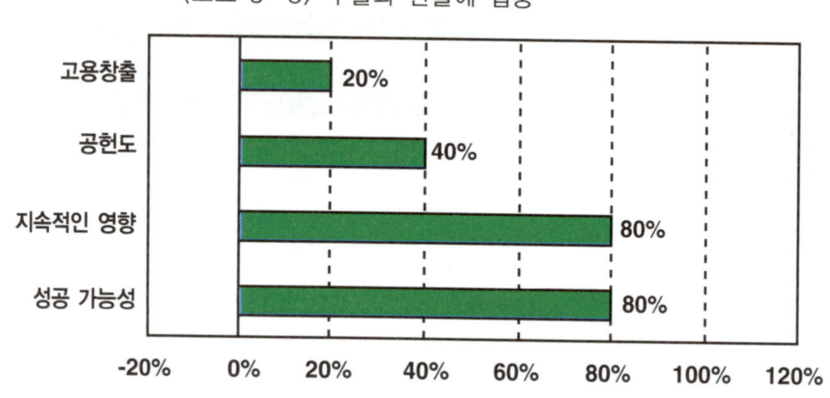

〈도표 8-8〉 수출과 환율에 집중

● 고용은 경제 전반에 걸쳐 분포하지만 제조업에 집중돼 있다.

● 부가가치 영향은 실업자나 가동되지 않은 공장을 다시 활용하는 데 도움을 준다.

● 지속적 영향은 적정환율을 장기간 유지하는 데 달려 있으며, 그 범위는 40~100% 정도 될 수 있다.

● 현재의 세계환경에서의 성공확률은 80% 가량이다.

종합점수는 38점이다.

정부의 경기부양책은 공공사업을 통해 이루어진다

정부가 공공근로나 SOC계획 등으로 부양시키는 새로운 사회간접자본 개발이 필요하다. 그러나 GDP에 있어서 지속적 영향은 한계가 있다.

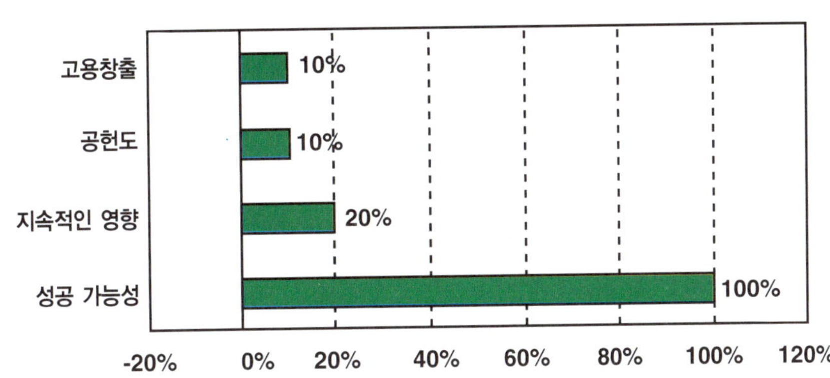

〈도표 8-9〉 공공근로를 통한 정부의 부양책에 집중

- 공공사업은 한정된 수의 사람들만을 고용할 수 있다(다른 곳에서 일자리를 구할 수 있는 사람들을 최대한 배제한다 하더라도).
- 부가가치 공헌도는 시간의 경과에 따라 금방 희석되고, 자본의 중복을 가져오는 경향이 있다.
- 효과는 프로젝트의 기간에 따라 한정된다.
- 성공 확률은 높다.

종합점수는 4점이다.

국내 수요에 초점을 맞춰라

인플레이션 억제정책과 절약을 통해 국내 수요를 진작시키는 것에 대해서는 찬반 양론이 분분하다.

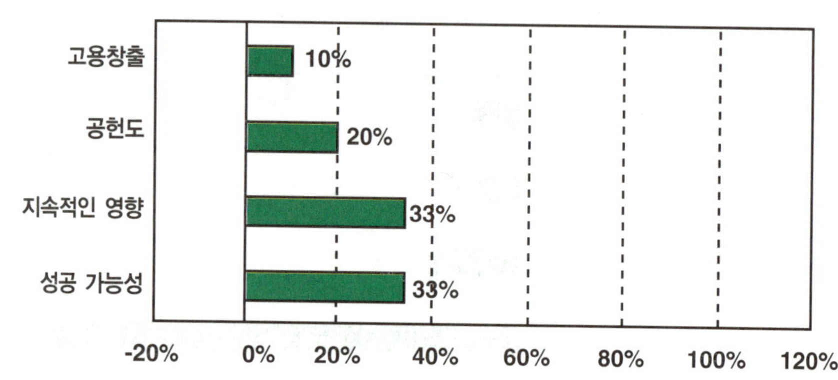

〈도표 8-10〉 국내 수요 재건에 집중

● 지난 12개월 동안 불필요하게 허비된 GDP를 회복한다.

● 부가가치에 대한 기여는 상승한 임금과 이윤회복으로 나타난다.

● 영향은 경제가 더욱 광범위하게 회복될 때까지는 일시적이다.

● 성공확률은 현재의 실업률과 불확실한 미래에 대한 긴장으로 인해 중간적이다.

종합점수는 3점이다.

은행개혁에 초점을 맞춰라

여기서는 BIS(자기자본비율)을 갖추고 보다 많은 대부를 행할 수 있도록 은행들에게 자금을 지원하는 것에 집중해서 다루고 있다.

예산적자를 GDP의 5%까지 확대하는 것은 자금이 가치창조적인 프로젝트에 연결될 때에 한해서 생산적이라고 할 수 있다. 만약 대출금이 채무를 상환하는 데 사용된다면, 수익은 발생하지 않고 자금이 은행으로부터 납세자에게 이전되는 결과만을 초래할 것이다.

금융개혁은 매우 중요하지만, 반드시 기법(skill sets)과 결합했을 때만 부가가치를 창출한다. "은행은 보호받고 있지만, 엔진을 다시 설치하는 경우는 찾아볼 수 없다"는 생각이 광범위하게 퍼져 있다. 전략적 파트너의 물색과 함께 자본 뿐만 아니라 기법의 가치에 대한 인식이 생겨나 확산되고 있다.

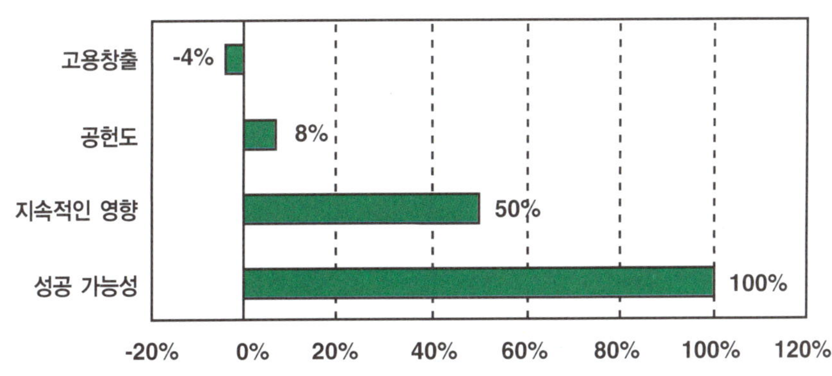

〈도표 8-11〉 은행개혁에 집중

● 일반적으로 은행은 32~40%의 고용인들을 정리해고해야 한다.

● 부가가치 효과는 자본 배분의 기술발달에 달려 있다.

● 금융 분야에서 새로운 기술, 관행, 과정이 확립되지 않으면 영향은 일시적이다.

● 성공 확률은 정부의 수표 발행의지에 의해서만 제한된다.

종합점수는 2점이다.

재벌개혁에 집중하라

재벌개혁 또한 경제의 규모를 축소한다.

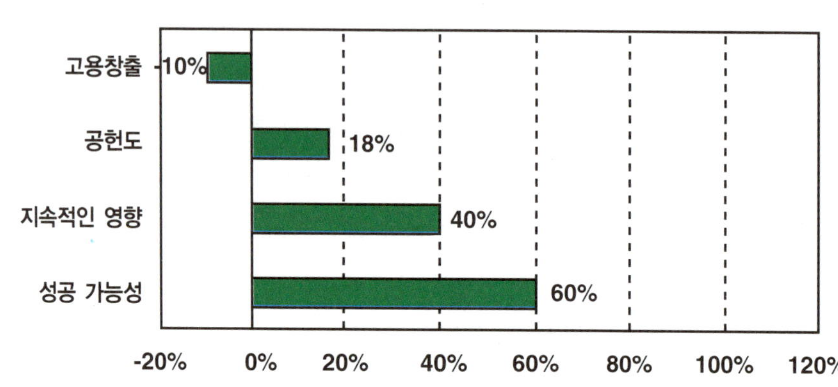

〈도표 8-12〉 재벌개혁에 집중

● 대체로 재벌은 호경기에도 10~20%의 노동자를 감원시킬 필요가 있다.

● 부가가치 효과는 초과 자본투자가 경기회복기에 실제이익을 산출할 때까지만 허비된 임금을 초과할 것이다.

● 사업관행과 뿌리깊은 태도의 변화가 확립되지 않으면 영향은 지속될 수 없다.

● 성공가능성은 자본시장의 효율적 기능에 의존할 것이며, 이는 사업행동에 있어서 중요한 요인이 된다.

종합점수는 2점이다.

사회안전망 제공

사회안전망 제공은 그 자체로서는 가치를 창조하지 못하지만, 사회불안과 경제적 파장이 없는 노동시장 유연성을 위해 필요하다.

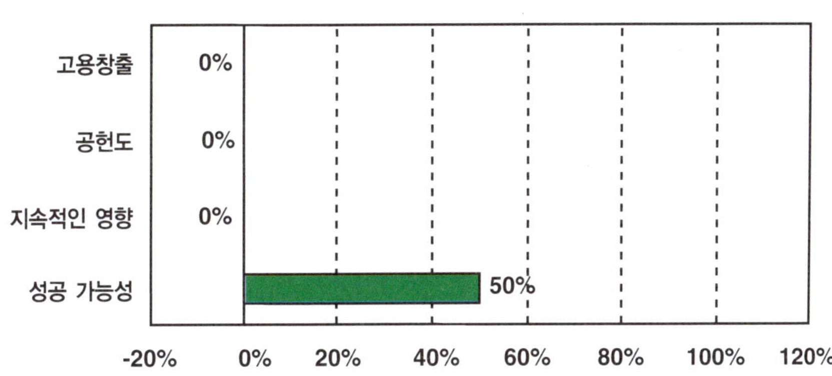

〈도표 8-13〉 사회안전망 제공

- 새로운 고용을 창출하지 않는다.
- 이전 지급(transfer payment)이므로 실제적 부가가치는 없다.
- 영향은 직접적인 경제가치라기보다는 노동시장 유연성의 태도에 있다.
- 성공 확률은 극빈층에게 안전망을 제공한 정부의 광범위하고 효율적인 기능에 달려 있다.

종합점수는 0이다.

〈도표 8-14〉는 경제회복의 대안에 대한 시나리오를 보여준다.

〈도표 8-14〉 경제회복의 대안에 대한 평가

초 점	고용효과	부가가치	지속적 영향	성공 확률	측정
중소기업	75	50	100%	85%	**106**
부가가치 창조	30	50	100%	80%	**64**
수출과 환율	20	40	80%	80%	**38**
정부 각성	10	10	20%	100%	**4**
국내수요 재건	10	20	33%	33%	**3**
은행개혁	-4	8	50%	100%	**2**
재벌개혁	-10	18	40%	60%	**2**
사회안전망	0	0	0%	50%	**0**

속도와 효과에 초점을 맞춰라

본 보고서의 주장은, 가장 빠르고 완성도 높은 회복을 위해 정책의 역점을 조정해야 한다는 것이다. 한국 정부의 선택권 안에 있는 정책수단은 다음과 같다.

- **중소기업** 육성
- 적정 **환율** 유지와 **수출** 증대
- 규제개혁을 통한 **부가가치** 확대

필요한 행동방침

행동방침이 필요한 다섯 가지 정책영역

부가가치원리에 입각해 경제를 재건하기 위한 행동방침은 이제까지 진행된 분석에 따라 다섯 가지 정책영역에 집중된다.

- 중소기업 지원
- 행정개혁을 통한 부가가치 환경 조성
- 적정 환율 유지
- 노동시장 재구축
- 경기부양과 사회안전망 제공

각 정책에 대해 논의가 다음에 계속된다.

방법 하나 : 중소기업 지원

중소기업 지원

요소시장과 부가가치 원천에 대한 연구에 따르면, 과거에는 중소기업에 대한 고려가 충분히 이루어지지 않았음을 알 수 있다.

지원대책은, 기업들이 미국이나 영국처럼 보다 쉽게 낮은 비용으로 사업을 시작할 수 있도록 상법을 개정하는 일부터 시작해야 할 것이다.

영세사업자들은 기업의 기법을 도입할 필요가 있으며, 여태껏 한국에는 없었던 네트워크를 떠받쳐야 한다.

중소기업에 대한 분석은 21세기 자가 고용(self employment), 기업가적 자질(entrepreneurial talents), 가상조직(virtual organizations)의 개념, 그리고 소규모 제조업 뿐만 아니라 중소 서비스업의 중요성을 반드시 짚고 넘어가야 한다.

중소기업을 육성하면 확실한 결과가 나온다

만약 중소기업의 환경이 개선된다면, 가장 많은 사람들이 일자리로 돌아갈 것이다. 요구되는 네 가지 주요 대책은 다음과 같다.

1) **회사법과 사업인허가법을 개정한다.**
   - 미국이나 유럽처럼 사업을 시작하는 것이 쉬워야 한다.
   - 기업가를 보호한다 - 단순화된 도산 관계법(bankruptcy law)
2) **세금과 공과금제도를 변화시킨다.**
   - 연금, 의료보험, 실업, 부가가치세(VAT) 등의 개혁을 통해 사업의 시작을 용이하게 한다.
3) **중소기업에 자금을 지원한다.**
   - 은행 내부에 중소기업의 창업과 대출을 담당하는 부서를 설치하고, 사업계획의 수립을 지원해야 한다.
4) **중소기업의 근로자를 보호한다.**
   - 사회안전망을 1~4명의 직원을 둔 사업장까지 확장한다.

중소기업에 대한 이해

중소기업에 대한 광범위한 통계를 수집하기란 여간 어려운 게 아니다. 기존의 중소기업들의 지형도를 그리고, 이들 부문의 문제점들과 지원의 기회를 찾아낼 수 있는 연구가 필요하다.

이에 근거해서 중소기업의 건강 정도를 나타내는 일련의 지표들을 만들어 내고, 정책들은 그 지표에 따라 평가해야 할 것이다.

방법 둘 - 행정개혁을 통한 부가가치 조정

행정개혁을 통한 부가가치 환경 조성

요소시장 분석에 따르면, 자본의 사용에 있어서 낮은 이윤의 원인이 되는 광범위한 왜곡이 있고, 또한 이를 조장하는 많은 규제들이 있다는 것을 알 수 있었다. 규제에 대한 기본적인 검토사안들을 알아보기로 하겠다.

- **상법 개정**
  - 시장의 기능을 저해하고 기업에 부담을 안기는 불필요한 항목들을 제거하는 것.
  - 법원 등록을 기업청(Company House) 등록으로 대체한다.
- **불투명성과 낮은 이윤을 조장하는 불투명한 세법이나 민법 조항의 제거**
  - 많은 왜곡의 주범 중 하나는 불투명한 세법과 케케묵은 과세 규정들이다.
  - 다른 나라들과 마찬가지로 단순하고도 명료한 법과 세무 공무원과 공인회계사들의 상호 신뢰가 해법의 실마리를 제시할 것이다.
  - 이는 세법이 중소기업들에게 적용되는 방식에 특히 잘 들어맞는다.
- **금융시장에서 새로운 기구를 창설할 수 있는 자유**
  - 한국은 금융기관과 금융시장의 현대화와 관련해서 아직 후진적이라고 할 수 있다.
  - FSC(금융감독위원회)는 금융기구의 거의 모든 새로운 유형들에 대한 보고서를 검토하고 지체없이 승인할 수 있는 권한을 부여받아야 한다.
- **간소한 사업인허가절차**
  - 인허가는 한국의 고질병이다.
  - 어느 나라에서도 보편적으로 제약하고 있는 극히 일부 분야를 제외하고는 단순하고 단일화된 사업인허가절차가 마련돼야 한다.

시장개혁의 신속한 결과

성숙한 경제에서 중소기업은 새로운 일자리의 70~85%를 공급한다. 또한 대기업과 같은

단체를 강화하는 것에 역점을 두면 사라질 필요가 있는 많은 직업을 존속시킴으로써 상당한 이윤을 포기해야 할 것이다.

자원 배분상의 오류는 그것을 조정하는 시장의 기능 없이는 그다지 발전에 기여하지 못했다. 마찬가지로, 최적의 자원배분은 보다 빠른 조정을 통해 발전에 기여한다.

방법 셋 - 최적 환율의 유지

최적 환율의 유지

한국은 환율이 과대평가되지 않고 정확히 평가받을 때 건강한 방식으로 가장 빠른 성장을 보여왔다.

현재의 세계시장에서는 한국은행이 중재역할을 통해 환율 매커니즘의 자유화가 가장 잘 수행된다.

이러한 중재시스템을 통해 한국은행이 시장에 개입하여 보다 장기간의 수요공급과 전세계에 대한 효율적인 한국 환율을 반영하게 된다. 한국은행은 또 시장에서 장기간의 거래를 통하여 이익을 남기려는 해외자금을 예치할 수도 있다.

관련 공무원들은 반드시 거시경제정책이 부가가치형 일자리에 영향을 미쳐야 하고, 부가가치형 일자리가 가장 중요한 정부 과제라는 확신을 가져야 한다.

방법 넷 - 노동시장 재구축

노동시장 재구축

1960년대의 경우, 한국의 인구증가에 따라 새로운 고용을 위해 일자리를 창출할 필요가 줄어 들었던 적이 있다. 복잡한 현대 경제에서 일자리를 만들어내는 것은 정부의 몫이 아니다. 그러나 다음과 같은 기반은 조성할 필요가 있다.

- 사회 각계 각층에서의 기술에 관한 적절한 직업훈련
- 저부가가치 산업현장에서 고용됐던 사람들을 대상으로 한 재교육프로그램
- 사람들의 보다 빠른 구직을 뒷받침하는, 주식거래시스템과 같이 체계적이고 전국적인 노동의 거래정보시스템
- 보다 용이하고 우호적인 기업설립 환경
- 회사측과 노조가 가치파괴형 일자리 및 부가가치형 일자리의 구분 기준에 대해 합의할 수 있도록 도와주는 가이드
- 회사들과 실업자들이 가치창조의 역할을 회복할 수 있도록 도와주는 구조조정 승인과 대부 프로그램

부가가치형 일자리 창출

- 공공사업(public works)을 지향하는 하부조직
- '구(區)' '동(洞)' 단위 환경개선
- 고용보조금(employment subsidy)
- 인적자원 위원회(manpower commission)

일자리 검색

전산화된 주식거래에 사용된 기술을 응용해서, 전국적인 인터넷 노동시장의 창출 등 직업 탐색에서도 현대의 정보기술이 활용돼야 한다.

규모의 축소

대부분의 구조조정은 규모의 축소를 의미한다. 부가가치 방법론은 사업의 모든 측면을 '가치창조적' '가치중립적' '가치파괴적' 측면으로 분석할 수 있게 해준다.

가치창조적 계획

이러한 방법론이 적절하게 도출되기만 한다면, 워크아웃(workout)이나 사업계획의 단계에서도 이용될 수 있다.

그 밖의 고려사항

노동법은 고용의 관점에서 이러한 방법론의 시각을 채택하여 현대화될 필요가 있다. 동시에 처음 두 가지 행동방침은 기업가의 에너지를 풀어주기 위해 반드시 수행해야 한다.

기업기법의 발달에는 지원, 훈련과정과 공개가 필요하다. 금융과 정보기술에 대한 접근도 교육훈련 못지않게 중요시해야 한다.

방법 다섯 – 경기부양과 사회안전망 제공

경기부양

전세계적인 침체국면에서 경제를 다시 시작하기 위한 정부의 대책이 요구된다.
부가가치의 관점에서 정책결정에 대해 다음을 포함하여 신중하게 분석해야 한다.

- 사회간접자본 확충을 위한 공공사업
- 환경친화적인 프로젝트
- 선택적 과세와 사회보장비 환불
- 부가가치산업 발달 촉진

사회안전망이 필요하다

동시에 사회안전망을 구축해서 경기침체의 희생양들을 보호해야 한다.

이런 과정은 부가가치 원칙에 따라 국내 경제를 강화하는 방향으로 이루어져야 한다. 정보기술의 이점을 활용해서 관리상의 비용을 줄이고 민간기업을 독려해야 한다.

실업 신용카드의 사용, 기존의 ATM 그리고 다른 기술의 사용에 관한 연구가 이루어져서 실업구제기금과 다른 지원금의 집행을 줄여야 한다.

코멘터리

개 관

앞에서 권장한 대로 일련의 대책을 세워나간다면 12개월 안에 그 효과가 드러나기 시작하겠지만, 경제 전반에 걸쳐 그 효과가 제대로 안착되기까지는 2, 3년 정도 걸릴 것이다.

정부는 단기적 충격의 희생자들을 보호하기 위해 매우 구체적인 대책을 가지고 있어야 할 것이다. 이와 관련된 모든 대책은 단기적이어야 하고 장기적이어서는 안 된다. 유럽의 대책들은 대부분이 부정적인 영향을 가진다. 구조조정에 부정적으로 영향을 미치는 것을 방지하기 위해, 우리는 네 가지 정책 방향과 단지 네 가지 대책을 제안한다. 이들 대책들은 국가가 제 기능을 발휘할 수 있도록 하는 가장 가치 있고 필요하며 성공적인 유럽형 대책들의 결합이다.

한국경제는 이제 1인당 국민소득이 선진국의 3분의 1인 약 6,000달러 수준이라는 것을 기억해야 한다. 한국은 높은 성장률을 회복해야 하고, 주당 근무시간의 단축 등 가치파괴적인 대책을 강구하는 우를 범하지 말아야 한다.

이제부터 고용을 증진하고 부가가치형 혹은 가치중립적인 일자리를 창출할 수 있는 대책들을 다룰 것이다. 그 밖의 대책은 가치를 파괴할 위험을 안고 있다.

1980년대와 90년대에서 교훈을 배운다

한국은 다소 일찍 현대적 행정시대에 진입했다.
그 전에는 정부의 과제가 주로 투자를 촉진하고 성장을 가속화하는 데 있었다.
현대적 행정시대에 정부의 역할은 고용의 증가에 역점을 두는 것이다.

세부적 행동방침

본 보고서는 부록에 세부적 행동방침의 일부 사례들을 나열하고 있다.

OMJ연구소(OMJ Institute)

이 운동은 2단계에서 더욱 전개되어야 하며, 한국 사회전반과 외국기업이 구체적인 정책과 방안을 세울 수 있도록 환산시킬 필요가 있다. 한국의 밝은 미래는 이 보고서에서 언급된 문제가 기회가 대중적으로 인식될 때에만 현실화될 수 있다.

적절한 정책과 조화로운 행동을 얻어내기 위해서는 여러 계층의 실행을 포함하는 진지한 캠페인이 필요하다.

이러한 작업은 민간 출자와 OMJ연구소와의 협조를 통해 더욱 성공적으로 수행될 것이다.

제 9 장

실 행

영원한 정책

이제까지의 분석은 현재의 경제환경과 관련해서 정책과 행동방침 분석에 필요한 수단을 제공하려는 취지에서 이루어졌다.

정책방향은 위기관리의 측면이기보다는 영원한 숙제에 가깝다. 반면, 1997년 12월에 채택된 IMF의 대책은 위기관리 측면이 강하고, 위기의 성격이 변하면 다시 수정돼야 할 것이다.

정책에 관한 권고사항은, 부가가치형 일자리 창출과 기업의 수익성 제고를 통해 완전고용을 달성할 수 있는 정책에 역점을 둬야 한다는 것이다.

그리고 무엇보다도 먼저 왜곡되지 않은 요소시장과 앞에서 설명한 지원대책이 전제돼야 한다.

OMJ운동의 목표

이 운동의 목표는 가능한 한 빨리 100만 개의 새로운 부가가치형 일자리를 창출해 내는 것이며, 부가가치 내용을 늘리기 위해서 기존의 고용을 향상시키는 것이다.

이렇게 되면 효율적인 시장능력과 조화를 이룰 수 있는 자유가 늘어나게 되어 한국 기업체들은 수익성을 회복하게 된다.

다섯 가지 정책 영역

부가가치 원칙에 따라 경제를 재건하기 위한 행동방침은 앞에서 전개된 분석에 따라 다음의 다섯 가지 주요한 정책 영역에 집중된다.

- 중소기업을 육성한다.
- 행정개혁을 통해 부가가치형 환경을 조성한다.
- 노동시장을 재건한다.
- 경기를 부양하고 사회안전망을 확충한다.
- 최적 환율을 유지한다.

정책 제안

〈도표 9-1〉은 정책 분야, 가능한 방법, 그에 따른 영향과 결과를 보여준다.

〈도표 9-1〉 정책 제안

정책	방법	영향	시장 반응
중소기업 활성화	• 중소기업 활성화를 막는 규제 철폐 • 중소기업 활동을 제한하는 세금 관행 철폐 • 모든 중소기업에게 직접 대출 • 중소기업 부도방지	• 중소기업 증가 • 고용증가 • 창업촉진 • 중소기업이 대기업과 경쟁할 수 있도록 함	• 서비스 분야의 중소기업 증가 • 창업에 대한 관심 증대 • 전반적인 신뢰 수준 상승 • 중소기업 부문에서의 부가가치 증가
규제 개혁을 통한 가치창조적인 환경조성	• 가치를 파괴하는 규제 철폐 • 대규모 자본에 대한 금융 원칙 변화 • 민영화와 정부 서비스 부문에 대한 무제약으로 기업환경 창조	• 자원의 효율적 분배 • 새로운 시장 창조 • 적절한 평가를 위한 은행들의 재비교 평가 • 시장기회의 증대	• 일부 회사의 다운 사이징, 새로운 기회를 위한 투자 • 새로운 시장을 개발할 새로운 회사의 형성 • 은행이 기법과 전문가 부설를 개발 • 새로운 산업 창조
적정 환율 유지	• 원화가치가 낮은 선에서 균형을 이루도록 함(한국은행의 개입)	• 수출 또는 수출관련 고용의 증대 • 경상수지의 유지 • 새로운 산업의 창조 • 여행업 진흥	• 신용 평가 등급 상승 • 낮은 이자율 • 포트폴리오 및 외국 자본의 증가
노동시장의 재편성	• 전국 규모의 공공 직업소개소(IT에 기반을 둠) • 직업교육의 확대 • 비즈니스 스쿨을 위한 대출 • 사업 상담의 시작 • 자격요건의 재구성 • 공정한 동반자로서의 정부	• IT산업 부양 • 직업훈련 성격의 고용 확대 • MBA 타입의 기술 확대 • 새로운 사업 시작을 도움 • 개개인의 기술 향상	• 소프트웨어 회사 부양 • 창업의 성공요소 증대 • 실업을 가치창조형 직업으로 대치

경기 부양	• 생산적인 적자 예산 운영
	  – 공공근로사업
	  – 지역개발계획에 예산 투자
	• 주식시장 부양
	• 가치창조형 일자리 추구
	• 최후의 보증인
		• 단기 고용으로 필요한 경제기반시설 건설
		• 디자인과 기호 요소시장 관련기법 향상
		• 증권시장 재건설
		• 신규 사업들의 짝짓기
		• 대출 확대
			• 민간 부분의 지지로 건설 경기 회복
			• 신뢰 회복
			• 가계 저축이 증권시장으로 부분적으로 옮겨감

금융 분야 개혁	• 모든 규모 요건의 제거 • 잃어버린 시장을 위한 빅뱅 • 새로운 증권시장 육성과 창업사들의 등록을 종용	• 경쟁력을 갖춘 새로운 금융기관 탄생 • 은행들의 제살빼기 • 새로운 부채 저당제	• 금융 분야에 대한 새로운 신뢰 • 금융기법 향상
재벌 구조조정	• 주주 회사의 투명성 확보와 상법의 개편 • 재벌들은 은행 대출로부터 채권과 모험자본으로 전환 • MBO독려	• 주요 사업분야를 유지하기 위해 투자를 철회 • 모험자본으로 이동 • 새로운 형태의 분사 • 재벌의 제살빼기	• 새로운 신뢰 회복 • 경기 부양

지도력과 협력관계

다섯 가지 주요한 정책 영역은 리드타임이 각기 다르고, 관련 부서들 간의 협력관계를 필요로 한다.

각기 다른 행동방침의 상이한 리드타임은 실행이 푸가(fugue, 둔주곡)처럼 이루어질 때 가장 좋다는 것을 의미한다. 한 단체에서 시작하고 연이어 다른 단체가 합류해 활동수준과 정교함을 지속적으로 증가시키는 것이다.

즉각적인 행동을 취해야 할 위치에 있는 기관은 노동부라고 할 수 있다. 노동부는 독자적인 권한을 행사하든지 혹은 노사정위원회와의 연계를 통해서 행동을 취해야 한다.

노동부가 다양한 대책을 집행할 수 있는 예산이 책정돼야 하고, 기타 행정부서와 청와대와의 역할분담을 중재할 수 있어야 한다.

OMJ연구소

협력관계를 위하여, OMJ연구소를 설립하여 청와대 및 다른 장관들과 협력관계를 유지해야 한다.

처음의 네 가지 정책영역에 한해서 세부적인 정책방향을 수립할 책임을 가질 것이다.

- 중소기업을 육성한다.
- 행정개혁을 통해 부가가치형 환경을 조성한다.
- 노동시장을 재건한다.
- 경기를 부양하고 사회안전망을 확충한다.

다섯 번째 주요 정책 분야는 최적의 환율을 유지하는 것으로, 이는 한국은행이 맡아야 할 임무로서 독자적으로 수행할 수 있다.

민간 주도의 중요성

100만 일자리 운동은 개인 창업을 통하여 일자리가 늘어나게 되면 성공하게 된다. 그러기 위해서는 나라 안에 새로운 기업가정신이 싹터서 모든 도시, 마을, 지방에서 지도력을 발휘할

수 있어야 한다. 이것은 연구소가 공공기금이 아니라 민간기금의 지원을 받게 되면 성공적으로 이루어진다. 독자적으로 기금을 마련하게 되면 주도권을 가질 가능성이 커져 정치적 명분에 의하여 왜곡되지 않게 된다.

연구소의 지원

OMJ연구소는 여러 방법으로 민간창업을 지원할 수 있다.
그 몇 가지 예는 다음과 같다.

- 기회자금을 지원할 수 있다.
- 새로운 사업을 창업에 대한 '안내서'인 100만 창업 매뉴얼을 제공할 수 있다.
- 새로운 직업을 만드는 데 있어 도움이 필요한 사람들을 위해 인터넷 웹사이트의 대화방을 개설할 수 있다.
- 사업계획을 세우는 데 도움을 줄 수 있다.
- 새로운 일자리 창출을 지원해주는 인센티브 프로그램을 관리한다.
- 사업을 시작하거나 경영하는 것과 관련된 다른 절차를 지원할 수 있다.
- 그 외 전문적인 도움을 받고 싶을 때 도움을 줄 수 있는 곳을 추천해 준다.

은행 관계

소규모업체에 자금을 빌려주는 것은 훌륭한 사업이 될 수 있다. 은행은 100만 일자리 운동을 지원하는 데 참여해야 한다.

연구소 이후

제2단계 캠페인에서 새로운 아이디어들이 생겨나기를 기대한다.
그러나 OMJ연구소가 결국 새로운 창업을 지원해 줄 수 있는 자금능력을 개발해야 한다는 것은 변함이 없다.
이와 관련된 가장 훌륭한 모델은 아마 세계은행의 산하기관인 IFC에서 찾을 수 있을 것이다.

제 10 장

가능한 결과

예상되는 결과

100만 일자리 만들기 운동으로 해서 예상되는 결과는 다음과 같다.

- 일자리 창출

- GDP에 미치는 단기적 효과

- 한국의 미래 성장 가능성

일자리 창출

〈도표 10-1〉과 〈도표 10-2〉는 각 생산요소에 따라 직업을 창출할 수 있는 가능성들을 보여주고 있다.

〈도표 10-1〉 요소 결합에 따른 일자리 창출 가능성

	자 본	토 지	노 동	기 술	기업가	시스템	정 보	사회간접자본	시 간	기 법	리스크	품질	기 호	총 합
자 본	5,000	10,000	20,000	5,000	10,000	10,000	10,000	5,000	1,000	20,000	5,000	1,000	500	102,500
토 지	50,000	150,000	125,000	5,000	150,000	5,000	10,000	5,000	*	50,000	5,000	5,000	100,000	660,000
노 동	5,000	*	10,000	*	10,000	5,000	10,000	*	*	5,000	*	*	*	45,000
기 술	10,000	*	*	40,000	10,000	5,000	5,000	2,000	*	10,000	*	*	*	82,000
기 업 가	200,000	*	300,000	*	*	5,000	5,000	*	*	20,000	2,500	2,500	5,000	540,000
시 스 템	5,000	*	5,000	5,000	*	5,000	5,000	*	*	5,000	*	*	*	30,000
정 보	5,000	*	5,000	*	1,000	20,000	100,000	2,500	*	5,000	*	1,000	1,000	140,500
사 회 간 접 자 본		5,000	20,000	5,000	2,000	10,000	20,000	*	2,000	5,000	1,000	1,000	*	71,000
시 간	50,000	*	100,000	*	100,000	5,000	5,000	10,000	5,000	1,000	5,000	1,000	*	282,000
기 법	20,000	*	2,000	2,000	20,000	20,000	15,000	*	*	40,000	2,000	2,000	1,000	124,000
리 스 크	1,500	500	500	500	1,000	5,000	5,000	50,000	1,000	3,000	50,000	*	*	118,000
품 질	5,000	*	*	1,000	1,000	5,000	5,000	*	*	5,000	5,000	5,000	2,000	34,000
기 호	10,000	10,000	100,000	1,000	20,000	1,000	15,000	2,500	*	5,000	*	5,000	50,000	219,000
총 합	365,500	175,500	687,500	64,500	325,000	101,000	210,000	77,000	9,000	174,000	75,500	23,500	159,500	2,448,500

출전 : EABC

〈도표 10-2〉 요소결합에 따른 일자리 창출 가능성

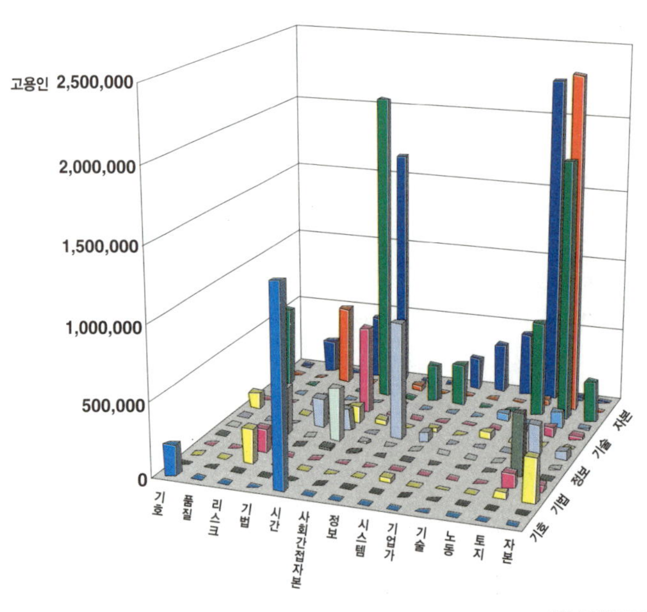

출전 : 통계청 EABC

〈도표 10-3〉과 〈도표 10-4〉는 부가가치형 일자리 창출 가능성을 설명하고 있다.

〈도표 10-3〉 주요 요소에 의한 일자리 창출 가능성

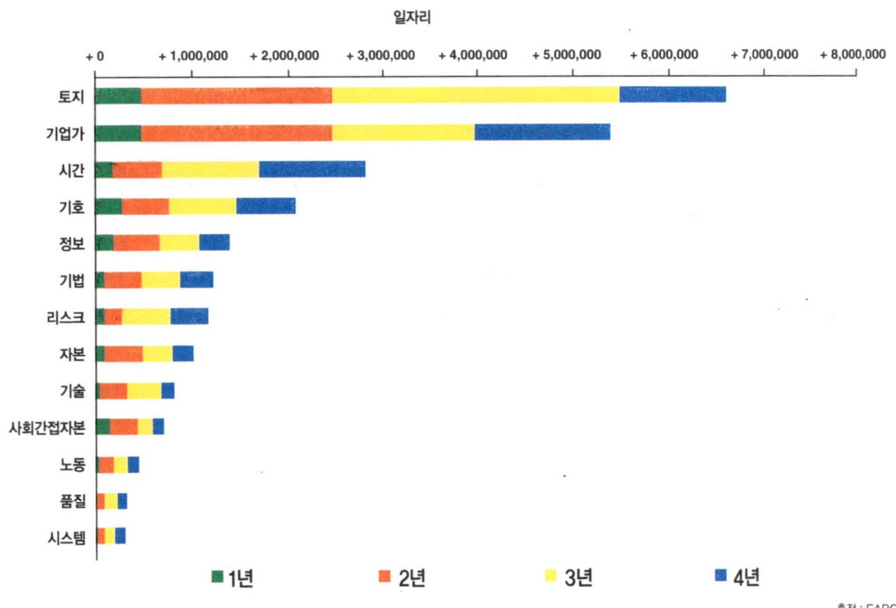

총계 = 부가가치형 일자리 2,438,500개

〈도표 10-4〉 시간외 일자리 창출 가능성

	신규 고용 총합	1년	2년	3년	4년
토 　　　 지	660,000	+50,000	+200,000	+300,000	+110,000
기 　 업 　 가	540,000	+50,000	+200,000	+150,000	+140,000
시 　　　 간	282,000	+22,000	+50,000	+100,000	+110,000
기 　　　 호	209,000	+29,500	+50,000	+70,000	+60,000
정 　　　 보	140,500	+20,000	+50,500	+40,000	+30,000
기 　　　 법	124,000	+10,000	+40,000	+40,000	+34,000
리 　 스 　 크	118,000	+10,000	+20,000	+50,000	+38,000
자 　　　 본	102,500	+10,000	+42,500	+30,000	+20,000
기 　　　 술	82,000	+5,000	+30,000	+35,000	+12,000
사 회 간 접 자 본	71,000	+15,000	+31,000	+15,000	+10,000
노 　　　 동	45,000	+5,000	+17,500	+12,500	+10,000
품 　　　 질	34,000	+2,500	+7,500	+15,000	+9,000
시 　 스 　 템	30,000	+3,000	+8,000	+12,000	+7,000
총 　　　 합 :	2,438,500	+232,000	+747,000	+869,500	+590,000

1. 표는 창출할 수 있는 새로운 부가가치형 일자리의 가능성을 보여준다
   - 경제 내에서 제거돼야 할 기존의 가치파괴적 일자리들은 제외된다.
2. '기업가' 생산요소에는 다른 곳에서 따로 분류되지 않은 일자리들을 포함하고 있다.

　이 수치들은 100만 일자리 만들기 운동을 위해 개발된 방법론에 의해 도출됐다. 이 안에는 제조업과 소매업 같은 서비스업에서의 정상적인 경제성장률에 의해 창출될 일자리들을 포함시키지 않았다.

　다양한 생산요소 간의 상호작용과 중복이 있어서, 생산요소별로 증가한 일자리의 합계가 전체적으로 창출 가능한 일자리의 총합과 일치하지 않는다. 따라서 생산요소별로 할당된 일자리의 수보다는 일자리의 총합이 유용한 수치들이다.

한국경제에서 새로운 일자리가 창출될 수 있는 가능성을 보다 실제적으로 추론할 수 있는 엄격한 방법론을 도입하기 위해 많은 노력이 있었다. 창출된 새로운 일자리 수를 예측하는 문제에 있어서, 중복계산이나 과대평가 혹은 기존의 일자리를 새로운 일자리로 분류했다는 등의 반론이 제기될 수 있다.

연구의 원래 목표가 100만 개의 일자리를 찾아내는 데 있었지만, 도입된 방법론에 의하면 3,4년 후에 240만 개의 새로운 일자리가 생겨날 것으로 예측됐다.

이 안에 포함된 일자리들이 모두 새로운 것인지 혹은 가치개선의 효과로 해서 그 중 일부가 은폐된 일자리(job saved), 즉 실종된 일자리(lost job)로 전락할 것인지에 대해 대답하는 것은 어려운 문제라고 할 수 있다. 그러나 그 결과가 경제의 부가가치를 늘리기만 한다면, 누락된 실업은 확실히 창출된 고용만큼이나 가치가 있는 것이다.

GDP 효과

일찍이 설명된 바와 같이 고용의 창출은 기업, 저축 그리고 금융기관에 부가가치를 축적하는 데서 온 자연스런 귀결이다. 〈도표 10-5〉는 GDP에 미치는 영향을 수치로 나타낸 것이다. 이러한 변화의 효과는 향후 3년 이상 지속될 것이다.

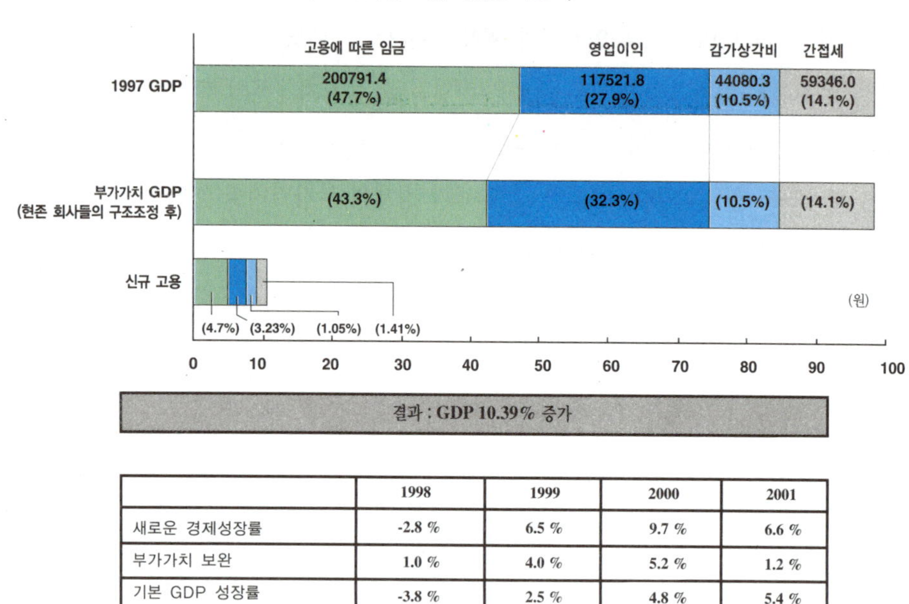

	1998	1999	2000	2001
새로운 경제성장률	-2.8 %	6.5 %	9.7 %	6.6 %
부가가치 보완	1.0 %	4.0 %	5.2 %	1.2 %
기본 GDP 성장률	-3.8 %	2.5 %	4.8 %	5.4 %

가치파괴적인 일자리 제거

〈도표 10-5〉는 고용 중 10% 정도가 가치파괴적인 일자리에 있다고 결론을 내리고 있다. 이는 다른 보고서보다 낮은 수치이지만, 그래도 210만 노동자에 이르고 있다.

본 보고서의 방법론은 이들 10%의 가치파괴적인 일자리를 제거함으로써, 총체적으로는 이윤증가의 형식으로 부가가치를 늘리게 된다는 것을 가정한다. 해고된 근로자를 평균임금을 받는 부가가치형 일자리에 재배치함으로써, 새로운 일자리를 얻은 근로자들이 임금과 이윤의 형태로 경제 전반의 부가가치를 증가시킨다는 것이다.

가치파괴적인 고용인의 평균임금이 경제 전반적인 평균임금과 동일하다고 가정했다.

GDP 성장률은 미약하다

　1998년과 99년 성장에 관한 예보는 점진적으로 비관적인 양상을 보일 것이다. 이것은 1997년 12월의 상황에 근거해 틀이 지어진 정책들을 고수하는 것이 아니라, 총체적인 관점에 근거해서 정책들을 다시 새롭게 평가해야 할 필요성을 고조시킨다.

　〈도표 10-6〉은 미국 달러로 환산한 GDP의 변화추이와 원화로 평가한 실질 성장률의 궤적을 나타내고 있다.

〈도표 10-6〉 원화로 평가한 GDP 실질 성장률

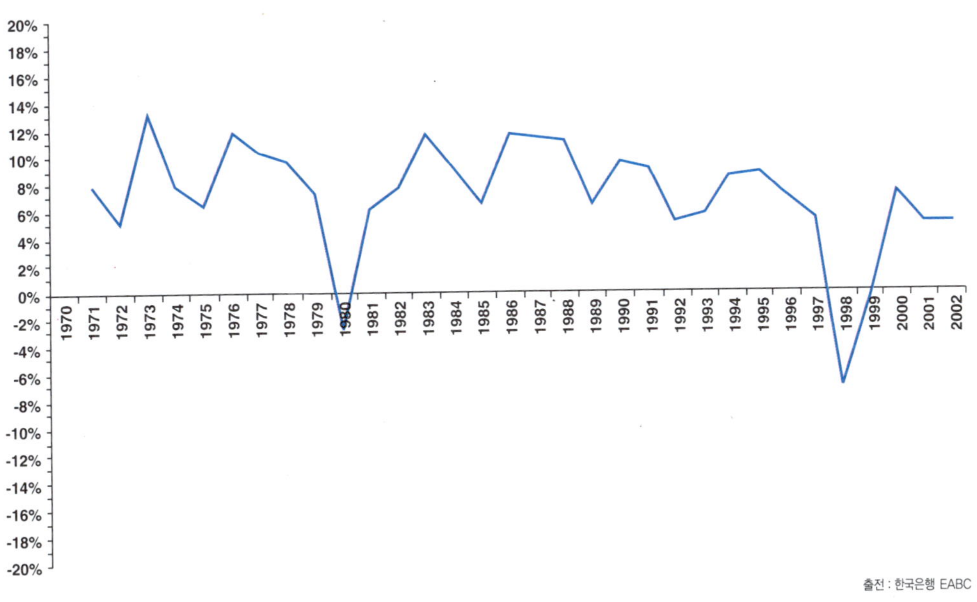

출전 : 한국은행 EABC

미국 달러화 GDP는 심하게 축소되었다

〈도표 10-7〉은 원화 GDP를 미화로 산출했을 때의 GDP 추정치를 나타낸 것이다.

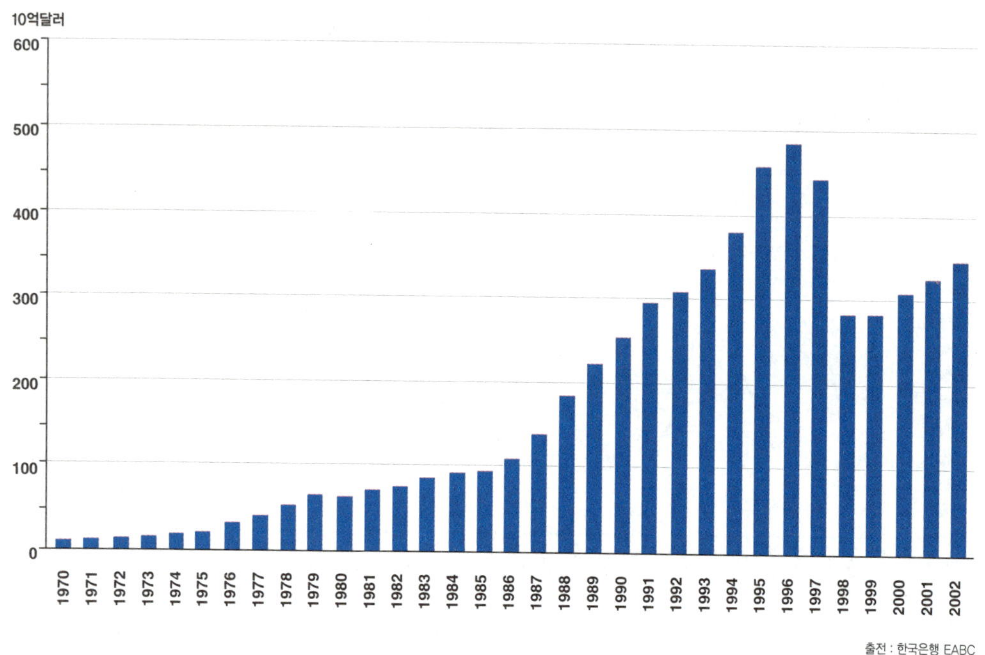

〈도표 10-7〉 달러로 산출된 GDP

미화로 산출한 GDP가 이전 수준으로 돌아가려면 오랜 시간이 걸릴 것이다.

GDP는 추가적으로 10% 성장한다.

새로운 대책으로 발생하는 효과는 GDP를 10~11% 증가시킬 것이다. 새로운 대책이 잠재적으로 GDP에 미치게 될 향후 3년 이상의 영향이 다음 〈도표 10-8〉에 나타나 있다.

〈도표 10-8〉 GDP 성장 가능성

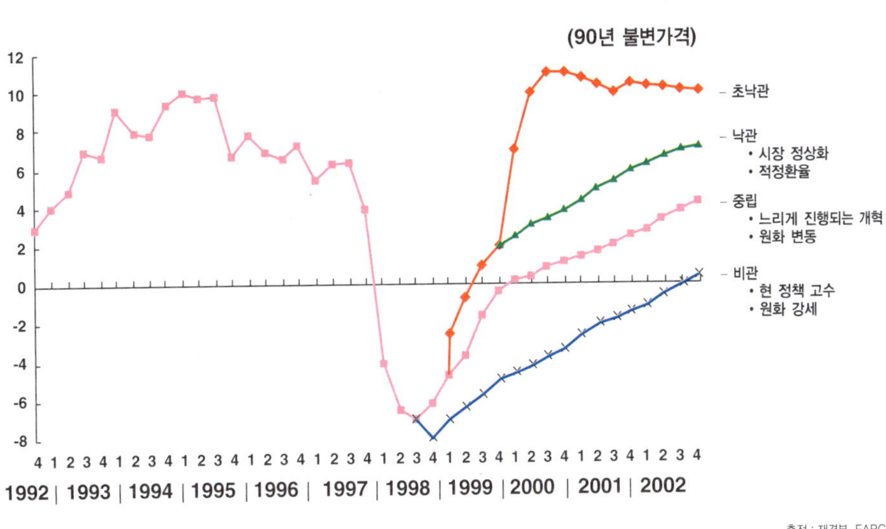

도표에 따르면, 예상 증가율이 최고조에 이르렀을 때 가장 많은 증가가 이뤄질 것이다.

최적환율의 역할

효율적 환율(efficent exchange rate)이 수출을 늘리고 저렴한 수입자재에 대한 의존도를 줄이며, 국내외 투자가들에 의한 국내 투자를 촉진하면 효과는 더욱 빛을 발할 것이다.

그렇게 될 경우, 경제는 〈도표 10-8〉에서 보듯이 '낙관적(Optimistic)' 예상곡선처럼 혹은 '낙관(optimistic)'과 '초낙관(ultra optimistic)' 곡선 사이에서 빠른 회복률에 다다를 수 있는 기회를 갖게 될 것이다.

한국의 미래 성장 가능성

　만약 이들 시장 효율성의 개선이 충분히 전제되지 않을 경우, 한국경제는 과거의 빠른 성장률로 돌아갈 수 없을 뿐만 아니라 과거의 실적에도 미치지 못할 것이다. 과거의 성장은 수많은 장벽들, 규제, 비효율, 이윤 주도 성장에 대한 인식결여 때문에 잠재력을 충분히 발휘하지 못한 상태에서 진행됐다.

　〈도표 10-9〉는, 만약 과거에 보상의 증가와 동일한 선상에서 이윤의 증가가 달성됐다면 한국의 GDP 성장률이 매년 8.1%가 아니라 9.4%에 도달할 수도 있었다는 것을 보여준다.

〈도표 10-9〉 과거의 GDP 성장 가능성?

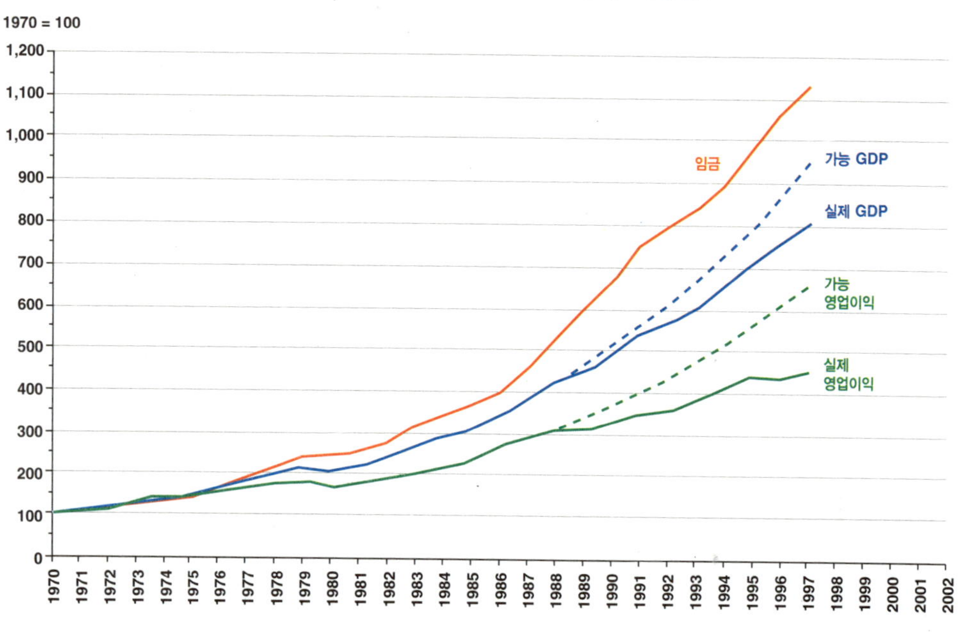

새로운 고용을 위한 정책 실행 비용

산업건설과정과 고용의 증가에 관한 자료에 의하면, 건설 프로젝트에서 3만 5,000개의 일자리를 위해서는 1조 원이 필요하다는 것을 알 수 있다.

이에 따르면, 새로운 일자리를 만들기 위해서 자본이 한 사람당 2,800만 원 규모로 필요하다는 결론이 나온다. 이 비율은 많은 일자리를 포괄했을 때 나오는 수치다. 일부 제조업의 경우, 이 비용은 한 사람 당 3억 원씩이 될 수 있고, 서비스산업의 경우는 한 사람 당 1,000만 원에서 1,500만 원 정도로 낮게 나타날 수도 있다.

이러한 관측에 따라, 100만 개의 새로운 부가가치형 일자리를 창출하기 위해서 드는 비용은 다음과 같다.

500만 개의 일자리, 2,800만 원	=	14조 2,000억 원
500만 개의 일자리, 1,500만 원	=	7조 5,000억 원
합 계	=	21조 7,000억 원

이는 1997년 한국에서 빠져나간 해외자본의 총액과 비슷하다. 그리고 자본시장이 왜곡되지만 않았다면, 이 자금은 국내에 남아서 새로운 일자리 창출에 기여했을 것이다.

작금의 금융부문 구조조정과정에서 곤경에 처한 금융기관들을 구제하기 위해서 필요한 자금은 50조에서 150조 원 이내가 될 것이다.

불필요한 진입장벽을 제거하고 모든 산업의 자본부담을 덜어냄으로써 확실히 이런 자본비용들은 더 줄어들 수 있다.

자금은 어디에서 구할 것인가?

중소기업 투자에 필요한 자금을 마련하기 위해 확실히 정부가 추진해야 할 일들이 있다. 그러나 나머지 부분은 왜곡되지 않은 시장에 기댈 수밖에 없다.

확실한 해답은 자본시장에 있다. 만약 효율적인 요소시장이 창조되고 적절히 운용된다면, 자본은 정확히 경제적 기회를 떠받드는 곳으로 흘러가게 마련이다.

〈도표10-10〉는 본 보고서의 권고사항이 충실히 이행됐을 경우, 주식시장이 어떻게 반응할지 그 가능성을 보여주고 있다.

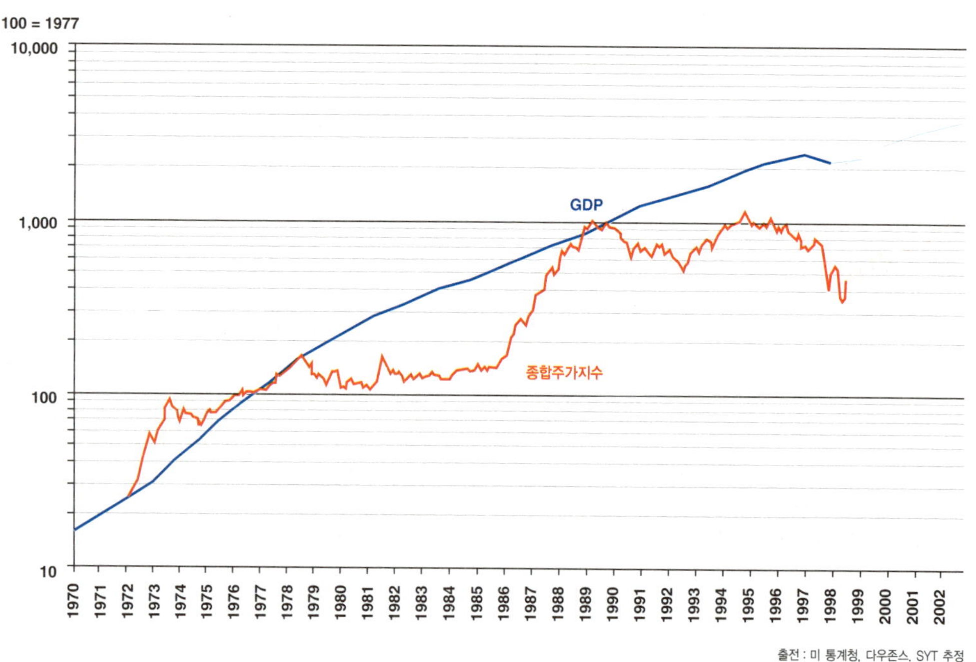

〈도표 10-10〉 자본시장 가능성
한국 주식시장 대 GDP(1972~2002)

출전 : 미 통계청, 다우존스, SYT 추정

국제자본의 유입과 해외자본의 복귀가 더욱 중요할 것이다.

어떻게 기능하는가?

결과는 다음과 같은 도표로 요약할 수 있다.

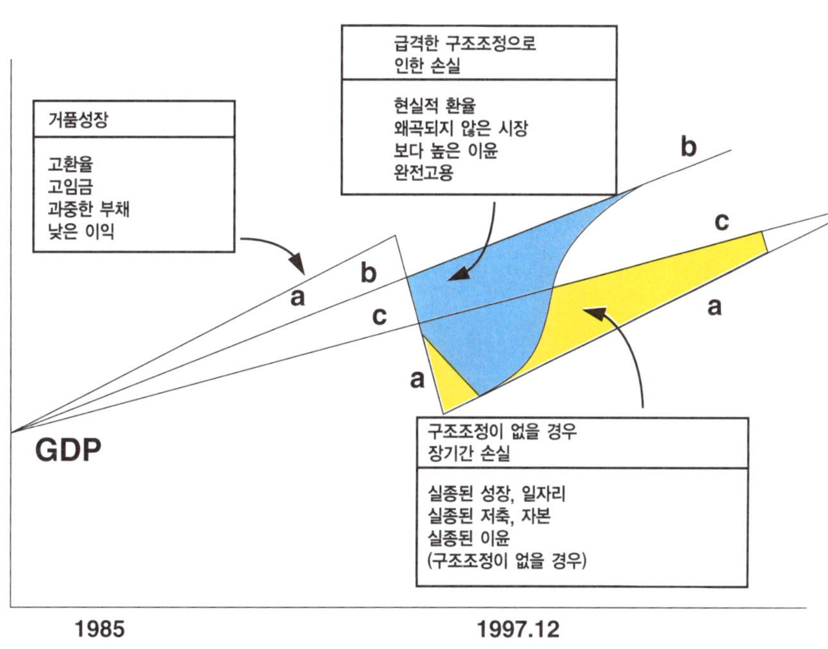

〈도표 10-11〉 GDP 성장 시나리오

〈도표 10-11〉은 100만 일자리 만들기 운동이 시행되면 한국경제에 대한 전체적인 전망과 진단이 어떻게 변화할 것인가를 설명하고 있다.

기본선은 달러로 본 한국 총 GDP이다. a선은 한국 GDP의 역사적 가치를 보여주는데, 1997년 12월에 급격하게 하락하였다. 시장환경이나 새로운 고용을 창출하는 데 큰 변화가 일어나지 않으면 완만한 회복세를 보일 것이다. c선은 1990년대 초에 더 낮은 환율을 적용하였더라면 발생 가능했을 정도의 매우 빠른 회복이 이루어지고 있음을 보여준다. b선은 변동환율을 적용하던 1990년대에 체계적인 규제 폐지가 이루어졌음을 보여주고 있다.

이러한 경우, 달러 GDP는 대만과 싱가포르에서와 같이 덜 감소하였다가 b선으로 빠르게 회복할 수 있다. 100만 일자리 만들기 운동은 적절한 방법에 의하여 b선으로 회복할 수 있는 가능성을 의미한다.

결 론

궁극적인 결론

최종 결론이 다섯 가지 목표와 다섯 가지 필요조건으로 간추려져서 아래에 설명되어 있다.

목 표

이러한 목표들은 역사적으로 한국이 과거에 이루었던 수준이지만, 그 이상으로 새로운 성장 궤도에 진입할 수 있도록 하기 위한 것이다.

- 노동시장의 재건
- 건전한 중소기업 건설
- 효율적인 환율 확보
- 국내와 국외의 경쟁력 회복
- 고용과 이익을 똑같이 중요하게 생각함

필요조건

이와 같은 목표를 달성하기 위해서는 다음의 다섯 가지 필요 조건에 주의를 기울여야 한다.

- 시장장벽을 철폐한다.
- 중소기업에 대한 선입견을 버린다.
- 건전한 금융 하부구조를 재건한다.
- 효율적인 시장 하부구조를 마련한다.
- 제 기능을 발휘할 수 있는 자원을 시장에 제공한다.

제2단계가 필요하다

이와 같은 제1단계 보고서는 100만 개 이상의 새로운 부가가치형 일자리를 창출하고 최소한

100만 개 이상의 가치를 증진시키기 위한 기초작업에 대한 개념과 분석을 제공하였다.

그러나 제1단계는 출발점에 불과하다. 제1단계의 목적은 제2단계로 향하는 길을 제시하기 위한 것이다.

제2단계는 시행 및 계속적인 연구와 관련이 있다

OMJ보고서에 들어 있는 일부 추천사항들은 즉시 시행할 수 있으며 더 많은 연구가 언제가 가능하다.

대부분의 추천사항들은 규제 변화를 필요로 하고 있기 때문에 성문화하는 과정이 다소 필요하다. 상법 개정 같은 사항들은 법령수정이 필요하여 찬반토론이 계속 이어질 것이다.

특별조사단(task force) 구성

만약 한국 정부가 본 보고서의 필자만큼 한국의 실업문제에 대해 심각하게 고민한다면, 특별조사단(task force)을 구성하는 것도 고려할 만하다. 어떤 행정부나 위원회도 그렇게 광범위한 대책들에 대해 완전한 결론을 내릴 수 있을 만큼 충분한 감독능력이나 권위를 갖고 있지 않기 때문이다.

심층적인 연구

전체적으로 봤을 때, 공개적으로 활용할 수 있는 중소기업에 대한 통계 정보가 부족하다.

정부가 중소기업과 관련해서 가장 먼저 활용할 수 있는 정보의 원천은 국세청의 기록들이다. 그러나 이 기록들은 실제적인 정보를 담지 못한 것으로 보인다.

필요한 연구

다음과 같은 연구들도 필요하다.
- **중소기업**의 현재와 미래의 필요 사항에 대한 조사

● 현실적인 **교환율**에 대한 실용적인 안내서를 제공하기 위한 연구, 그리고 자유시장경제에서 평형비율의 달성을 가능하게 하는 시장기능을 지원하는 중앙은행과 다른 기관들에 대한 연구

타이밍(Timing)

시장장벽을 제거함에 있어서, 2~5년간에 걸친 자유화를 향한 신중한 행보를 고집하는 전통적인 접근과 모든 대책들을 한꺼번에 신속하게 실행할 것을 주장하는 '파격적인(big bang)'의 접근 사이에서 많은 논쟁이 있을 것으로 보인다.

현재의 환경에서는 파격적인 접근이 선호되지만, 석 달간의 유예기간을 두고 앞으로 실행할 대책을 먼저 발표하는 등 유연하게 접근하면, 기업들은 이에 맞춰 조정하고 준비할 수 있는 시간을 벌 수 있을 것이다.

이해와 자극

100만 개의 새로운 부가가치형 일자리를 창출하고 기존의 일자리에 부가가치를 고조시키는 것은 단순한 문제가 아니다.

앞으로 이 과제에 대한 이해를 넓히고 실제적인 문제들에 대한 토론의 장을 마련하면서, 한국이 당면한 과제를 해결할 수 있도록 힘을 결집하는 전국민적 운동이 절실히 요구된다.

부 록

저자와 후원자

토니 미쉘 박사(Dr. Authowy Michell)

토니 미쉘 박사는 EABC 아시아 지역의 대표이사이다. EABC와 협력 자문회사들은 사업발전을 위한 구체적인 지식을 다국적기업에 제공한다. EAB는 '아이디어와 실행' 의 회사로 알려져 있다. 이 회사는 포춘 지 500대 기업 중 많은 기업의 동북아시아에 대한 시각을 변화시켰으며, 한국과 중국에서의 사업방식을 혁신했다. 미쉘 박사는 한국과 동북 아시아 경제에 관한 한 저명한 연사이며, 동북아시아 경제의 전개(한국, 일본, 중국의 경제단위로의 통합)에 있어 전문가이다.

한국에서의 EABC는 인재제공 파트너인 코리아 어소시에이츠와 작업하며, EABC와 코리아 어소시에이츠는 경제인 회의(Economist Conference) 활동에도 협력하고 있다.

1978년에 처음 한국에 온 미쉘 박사는 김재익 씨로부터 KDI의 객원 연구원으로 위촉되었다. 2년 후에는 KIST, 그 후에는 KAIST와 KOTI에서 근무했다. 이 기간 동안 세계은행의 한국의 규제와 정책에 관한 연구를 했다.

방글라데시, 네팔, 인도네시아, 파키스탄, 파푸아뉴기니 등에 한국의 해외원조를 개척한 코리아 컨설턴츠 인터내셔널(Korea Consultants International)과도 몇 해 동안 작업했다.

한국 테트라 팩(Tetra Pak)의 대표로 있는 2년 동안 마케팅과 유통을 활성화시키기 위해 한국 기업들과의 작업에 힘썼다.

EABC는 1991년 한국에 설립되었으며, 1993년에는 평양, 1994년에는 북경과 동북아시아에 사무실을 개설했다.

미쉘 박사는 이 보고서를 "단순한 경제교훈이 어떻게 경제정책에 효율적으로 적용되는지를 가르쳐 준 분에 대한 일종의 보답"이라고 묘사하며 "그 분은 경제기획국장 김재익 씨였는데,

그가 1980년 청와대에 승진되기 전까지 1978~79년 동안 나는 EPB에서 그와 함께 작업했다"
라고 회고한다.

그 당시 한국의 대부분 경제 전문가들은 복잡한 수학적 공식이 해결할 수 있는 계량경제학
에 몰두했다. 김재익 씨는 기본 경제이론의 간단한 도구를 사용, 명확한 분석을 이뤄냈다.

토니 미쉘 박사는 자신을 통계학을 역사적 이슈에 적용한 첫 현대 경제학자인 메이냐드 킨
스(Maynard Keynes)와 존 클래팜 경(Sir John Clapham)의 학문적 손자라고 생각한다.

캠브리지에서의 연구활동 중 미쉘 박사의 논문은 위 두 사람의 제자인 찰스 윌슨(Charles
Wilson)의 지도를 받았다. 그는 경제사 개척자 중 한 사람으로서, 유니레버의 역사를 저술했는
데, 이는 비즈니스와 그 경제환경을 연관시키는 새 기준을 마련했다.

미쉘 박사는 1972년에서 1980년 사이 몇 년 간 헐 대학(University of Hull)의 경제사 학부에
서 경제발전을 강의했다. 그의 이론은 북해주변 국가의 경제통합과 지역경제를 결부시켰다.
국제노동위원회에서 출판된 한국의 고용에 관한 저서와 세계은행과 기업고객 앞으로 출판된
여러 저서와 더불어 '캠브리지 유럽 경제사(Cambridge Economic History of Europe)' 에 기고활
동을 해오고 있다.

그는 시애틀의 워싱턴 대학과 피렌체의 유러피언 대학(European University), 벨기에의 루뱅
대학(Leuven University), 에콜 데자페르(Ecole des Affaires)에서 객원교수로 강의를 했다.

제임스 루니(James P. Rooney)

제임스 루니 사장은 미국의 프랭클린 템플턴(Franklin Templeton)의 한국지점인 쌍용템플턴 투자신탁운용회사의 대표이다.

루니 사장은 한국의 첫번째 외국 합작 투자신탁운용회사인 쌍용템플턴의 창업을 담당했다. 이 회사는 개인투자자 및 기관투자자를 대상으로 7,000억 원이 넘는 금융자산을 채권 및 주식에 투자하고 있다.

루니 사장은 미국의 템플턴사의 국제전략의 일환으로 한국에 왔다. 템플턴은 미국에 본사를 둔 선도적 투자신탁회사로서 2,000억 달러의 자산을 운용하고 있으며 뉴욕 증권거래소에 상장되어 있는 프랭클린 템플턴 그룹에 속해 있다.

루니 사장은 1980년대 베인&컴패니(Bain&Company)에서의 근무기간 동안 포춘 지 100대 기업들의 구조조정 및 미국 경제의 구조조정에 깊게 관여했다.

루니 사장은 100만 일자리 만들기 프로젝트의 제1단계의 공동저자 및 편집자로서, 특히 한국경제의 역사적 분석에 많은 기여를 했다. 또한 현재 쌍용템플턴은 100만 일자리 만들기 프로젝트를 후원하고 있다.

제임스 루니 사장은 1983년에 하버드 대학원에서 경영학 석사학위를 받았으며 런던에서 임페리얼 콜리지 오브 사이언스&테크놀러지(Imperial College of Science&Technology)의 토목공학과를 졸업했다.

스코틀랜드에서 태어난 루니 사장은 미국, 아프리카, 영국, 두바이, 사우디 아라비아에 체류했으며 한국에서 1996년부터 생활하고 있다.

EABC(Euro-Asian Business Consultancy)

EABC는 1983년에 세워진 영국계 회사로서, 전 세계에 걸쳐 회원사를 둔 조직의 일원이다. 이 회원사들은 두 가지의 공통된 특성으로서 유통과 인적자원, 마케팅이나 조사에 관련된 것이든 아니든 특정시장 혹은 일부 특정 그룹의 시장들에 관한 아주 정밀한 지식과 전략을 수행할 능력을 지니고 있으며, 필요하다면 완성 후에 인도하는 방식을 기본으로 활동할 수 있다. 이 그룹의 회원사들은 주로 외국의 다국적기업들의 요구에 따라 서비스를 제공하며, 아시아에 이코노미스트 그룹(Economist Group)과도 연계되어 있다. 한국내 EABC는 코리아 어소시에이츠(Korea Associates)라는 자회사를 두고 있다.

한국인들에게 잘 알려진 대부분의 컨설팅 회사들이 한국 회사들에게 서비스를 제공하는 데 주력해온데 비하여, EABC와 코리아 어소시에이츠(Korea Associates)는 다국적기업들을 대상으로 해왔고, 한국내 주요한 다국적기업들 중 적어도 절반을 컨설팅 해준 바 있다. 60개 이상의 다국적기업들이 EABC와 코리아 어소시에이츠에 의해 개최되는 코리아 피어 그룹 포럼(Korea Peer Group Forum)의 회원이다. 이 모임은 정기적으로 주요 안건을 토의하기 위해 마련되는 두뇌집단 유형의 월별 세미나이다.

컨설턴트로서 EABC/코리아 어소시에이츠 그룹은 새로운 시각이 요구되었을 때 현대와 엘지 그룹내 계열사들을 위해서도 일한 바 있지만, 95%의 사업이 다국적기업과 함께 이루어진다. 현재는 성공적인 M&A 상대자를 찾으려는 회사들과의 업무가 상당 부분을 차지한다. EABC/코리아 어소시에이츠는 초기 후보자 선정 작업에서부터 합병 후 통합활동까지 자문역할을 할 수 있는 기술을 보유하고 있다.

쌍용템플턴 ITMC(SYT)

쌍용템플턴 투자신탁운용주식회사(SYT)는 한국 최초의 유일한 외국 합작 투자신탁운용회사로서, 국내외 투자자들의 자산을 한국에 투자하고 있다.

SYT는 7,000억 원이 넘는 금융자산을 채권 및 주식에 투자하고 있다.

SYT는 존 템플턴 경(Sir John Templeton)의 투자철학을 따르고 있으며, 가치 투자가로서 독자적인 분석을 하며 '시장이 아닌, …회사들 자체'에 투자하고 있다.

SYT는 한국에서 세계 수준의 투자운용의 개척자로 알려져 있으며, 국제적인 금융기술 및 관행들을 도입하여 한국 금융부문의 건전한 발전을 적극적으로 지원하고 있다. SYT는 최초로 한국에서 상임 컴플리언스 오피서(Compliance Officer)를 고용한 금융 서비스 회사였다. SYT는 공사채형 수익증권의 가치평가를 위한 '시장평가 프로젝트(Mark To Market project)'를 포함하여 수많은 선구적 작업에 참여해왔다. 'IMF 위기'가 한국의 금융 부분에 대한 많은 도전을 야기시켰지만, 이로 인해 변화를 위한 새로운 기회를 맞이하였으며 더욱 세련된 다각적인 투자 운용의 방법을 도입하게 하였다.

쌍용템플턴은 한국내 최초이며 여전히 유일한 외국 합작 투자신용회사이다. 1996년에 설립되고, 1997년 2월 투자신탁업을 허가받았고, 1997년 5월 최초의 국내 투자신용상품들을 선보였다.

SYT는 미국의 프랭클린 템플턴(Franklin Templeton Group)의 한 계열사다. 프랭클린 템플턴 그룹은 전세계에 2,000억 달러가 넘는 자산을 운용하고 있는 선도적인 뮤추얼 펀드회사로서 BEN이라는 명칭으로 뉴욕 증권거래소에 상장되어 있다.

SYT는 '100만 일자리 만들기 운동'의 후원자로, 이 캠페인의 중요성에 대한 인식을 확산시키기 위한 각종 세미나와 좌담회에 참석할 뿐만 아니라 이 연구의 조사, 분석과정에 중요한 공헌을 하였다.

부록 2

경제범주에 따른 행동방침

논 의

본 보고서는 부가가치형 일자리와 기업의 수익률 증가를 가져오는 정책들에 역점을 두어, 완전고용을 달성해야 한다고 주장한다.

〈일제히 추구해야 할 10가지 권장사항〉

- 왜곡되지 않은 요소시장
- 충분한 요소시장 창출
- 요소의 적절한 공급 촉진
- 부가가치형 일자리 창출의 장애물 제거
- 가치파괴적인 규제 혁파
- 가치파괴적인 일자리 제거
- 부가가치의 장벽 제거
- 새로운 직업의 창출을 촉진하는 촉매와 동기부여
- 구조조정의 후유증에 대한 단기적인 구제작업

다음부터는 각 권고사항에 대해 구체적으로 알아보기로 한다.

왜곡되지 않은 요소시장

왜곡된 시장에 종말을 고한다

시장기능에 장애를 일으키는 모든 규제들을 제거하거나 대체한다. 이것은 경제 전반에 걸친 광범위한 과정에서 각 과정의 관점에 따라 수행돼야 한다. 요소시장은 인위적 혹은 역사적인 필요에 따라 세분화될 것이 아니라, 단지 기능적인 용도에 따라 규제돼야 할 것이다.

자유시장에서는 기능적인 규제(functional regulation)라는 개념을 잘 이해할 수 있다. 자유시장체계 내에서는 금융 빅뱅 이후에 규제에 의한 자원 배분이 없더라도 기업들은 기능적으로 전문화할 수 있다.

핵심! 규제에 의해 협소한 개울의 모습으로 분해된 요소시장을 대양의 모습으로 변화시킨다.

이를 위해서는 대폭적인 사고의 변화를 통해 자유시장에 접근해야 한다. 부정적인 시스템을 분리해내는 것이 필수적이다.

예를 들면 :

● 미국과 영국의 경우, 특별히 금지되거나 규제되지 않는다면 모든 것이 허용된다. 이것은 공무원들의 창의력을 상상할 수 없을 정도로 높이고 시장의 형성을 돕고 있다.

● 한국은 구체적으로 허용되지 않으면 모든 것이 금지된다. 이는 회색지대를 확대하고 지하경제와 공무원의 공갈 협박을 증대시킨다.

규제 사냥

이 과정을 위해서는 다음과 같은 모든 규제들을 체계적으로 가려내야 한다.

    －시장 진입을 가로막는 규제

    －부가가치 창조를 방해하는 규제

    －규모, 시장 외적인 조건에 따라 시장진입을 제한하는 규제

    －인위적으로 시장을 구획하는 규제

    －새로운 시장의 탄생을 가로막는 규제

    －시장의 성장률을 가로막거나 지연시키는 규제

왜곡된 시장 치료방안

〈자 본〉

- 외환시장 개방
- KSE(한국증권거래소) 개혁(뉴욕증권거래소처럼 주식 상장이 용이한 방식으로)
- KOSDAQ(코스닥) 개혁(NASDAQ[나스닥]이 좋은 모델이 될 것이다)
- 새로운 아시아 증권거래소(Asian Stock Exchange) 조직
- 왜곡되지 않는 채권시장
- 손익계산서(P&L)와 대차대조표에 근거한 은행 대출
- 비정상적인 인허가와 면허제도 폐지
- 회계기준 변화
- 자본소득세법안 투명화

〈토 지〉

- 토지개발기업 육성
- 도시계획법 모델 재구성(그린벨트를 보존하면서)
- 자본소득세 및 기타 세법의 투명화

〈노 동〉

- 가치파괴적인 일자리 해소를 위한 노동법 개정
- 직업소개업에 대한 사전허가제 폐지
- 주식회사 설립을 위한 주문형 비자(visa on demand)

〈기 술〉

- 벤처기업의 규모에 대한 자격조건 폐지
- 로열티(royalty)와 특허제도 변화
- 외국인 기술자를 위한 주문형 비자(visa on demand)

〈기업가〉

- 주식회사 창립을 위한 최저자본을 미국이나 영국의 수준으로 낮춤
- 중복 인허가 절차를 일반(간소한) 사업인허가 절차로 대체
- MBO(management by objective: 목표를 설정한 관리)를 방해하는 모든 규제 제거

〈리스크〉

- 선물시장(futures market)의 즉각적 시작

〈시 간〉

- 시간 기반 서비스(time-based services) 허가제 폐지

〈사회간접자본〉

- 모든 규제의 기간 설정(수명이 다한 정책은 갱신)
- 제약의 관행을 제거하기 위한 규제 당국과 산업단체의 검토와 통합
- 생산과 교역에 관한 규제를 검토해서 왜곡의 소지를 제거한다.
- 정규 자본시장 접근의 장애요소 제거(상장조건 완화)
- 민영화

〈정 보〉

- 간소한 사업인허가 절차와 검열

〈기 법〉

- 외국회사에 대한 제약 폐지(특허, 일자리)
- 외국 지원을 위한 모든 주식회사의 주문형 비자

〈기 호〉

- 간소한 사업인허가 절차

〈품 질〉

- 모든 부문에서 '비영리단체' 뿐만 아니라 '영리단체'의 참여 허용

충분한 요소시장 창출

시장 창출

여기서 요구되는 사항은,
  - 소극적 정부 간섭
  - 사업인허가 절차의 간소화
존재하지만 드러나지 않은 많은 요소시장들이 있다.

시장기능을 통해 새로운 요소시장을 창출하라

이를 위해서는 적극적인 정부의 간섭이 소극적인 태도로 변화할 필요가 있다. 공식적으로 금지된 특별한 시장영역을 제외하고 모든 기업들이 모든 시장에 진입할 수 있어야 한다.
　상법의 영역을 넘어선 특정 산업에 대한 규제원칙은 그 고유한 특성에 맞게 조정돼야 한다.

충분한 요소시장 창출

〈자 본〉
  ● 선물시장 강화
  ● 실종된 금융시장 지원
  ● 저당권 시장(mortgage market) 창출
〈토 지〉
  ● 저당권 시장 육성
  ● 저당권 설정 증권(mortgage-backed securities) 시장 육성
〈노 동〉
  ● 노동 중개 기관에 대한 제약 철폐
〈기 술〉
  ● 기술에 대한 정보와 가격 설정 개선(기술협정인허가)

〈기업가〉

- 규모에 대한 제약 폐지
- 제약(limitations)

〈리스크〉

- 모든 보험계약에 대한 제한 폐지
- 파생 금융시장 허용

〈시 간〉

- 공급, 창고, 하청, 제조 및 재취업 등 모든 영역에 걸친 규제 점검

〈사회간접자본〉

- 소극적인 정부 간섭
- 광범위한 사업인허가
- 필요에 의한 새로운 요소시장의 설립과 진입장벽 제거
- 규모 제한 폐지
- 민영화
- 독과점 금지

〈시스템〉

- 정보 증진

〈정 보〉

- 외국인 대상으로 한 영문정보 공급
- 번역, 통역시장 육성

〈기 법〉

- 정보 증진

〈기 호〉

- 정보 교환 촉진

〈품 질〉

- 영리단체의 참여 허용

생산요소의 적절한 공급 촉진

생산요소의 공급 보장

다음과 같은 사항이 요구된다.
- 동등한 원칙에 따라 외국인 참여 허용
- 사회간접자본과 인센티브 확대

한국은 모든 시장에 대한 생산요소의 공급이 충분하지 못하다. 이는 주로 비효율적인 요소 시장이나 규제가 그 원인이 되지만, 기술부족에서 비롯될 수도 있다.

발상의 전환이 필요하다

정책에 대한 교육, 필요한 요소에 대한 미래지향적인 계획 그리고 외국인 투자에 대한 태도 변화가 필요하다.

외국인 투자는 자본의 원천으로 보인다. 그러나 그것은 기술과 경험을 배울 수 있는 소중한 기회라는 점도 잊어서는 안 된다. 시간의 흐름에 따라 경험과 기술은 장기적으로 1,000만에서 2,000만 달러의 투자가 가진 잠재력보다 훨씬 높은 부가가치의 창출 잠재력을 갖고 있는 것으로 평가된다.

요소의 적절한 공급 촉진

〈자 본〉
- 자본시장과 자본 정보시장 진입 장벽 제거
- 특별 대학원에서 MFA과정 설치

〈토 지〉
- 지역적 제한 철폐
- 농지의 용도변경 조건 완화

〈노 동〉

- 외국의 노동인력 수용
- 해외취업 지원

〈기 술〉

- 벤처 캐피탈 시스템 개혁
- 기술시장 진입 지원

〈기업가〉

- 장단기적, 기업가의 공급 개선 촉진

〈사회간접자본〉

- 동등한 원칙에 따른 외국인 참여 허용
- 사회간접자본과 인센티브 확대
- 한국과 외국의 투자에 있어 최소규모 조건 폐지
- 외국인의 주식회사 설립에 관한 제한 폐지
- 부족한 요소공급에 관한 교육증진
- 원격 통신수단의 발전 촉진

〈시스템〉

- 시스템 전문가의 장단기적 공급 개선 촉진

〈정 보〉

- 언어능력 향상
- 한글로의 번역 증대
- 기존의 교육훈련계획을 외국기업 수준으로 확대

〈기 법〉

- 장단기적 기술 공급 촉진

〈기 호 〉

- 기호와 관련된 산업부문 육성

요소시장 진입의 효율성 증진

효율적인 시장 진입

다음과 같은 것이 요구된다.
  - 시스템에 관한 개념상의 변화
  - 자본시장과 은행제도 개혁

한국은 몇몇 기업들에게 시장 진입을 독점적으로 허용하면서 진화했다. 점진적으로 자유화되고 있기 하지만, 아직 많은 제약이 남아 있다. 반면 대부분의 나라에서는 한국과 비교해서 상대적으로 특정한 요소시장에 진입하는 것이 수월하고, 심지어 사업을 개시하는 것도 용이한 편이다.

가장 문제시되는 것은 절차상의 제약이다. 지금은 많은 영역이 외국인들에게 개방돼 있지만, 많은 제약, 예를 들면 최소투자한도와 같은 자격요건들이 여전히 남아 있다.

〈자 본〉
  - 자본시장과 은행시스템의 파격적인 개혁

〈사회간접자본〉
  - 소극적 정부 간섭
  - 간소화된 사업인허가 절차
  - 보고서와 요금체계에 관한 사업단체들 간의 공조
  - 규모와 최소자본에 관한 규제 폐지
  - 외국인에 대한 제약 제거

〈리스크〉
  - 보험업 제약 폐지

〈품 질〉
  - 국내 품질평가 서비스를 유럽국제표준(European international standards) 수준으로 개혁

부가가치형 일자리 창출의 장애물 제거

부가가치형 일자리 창출의 장애물 제거

이 과정을 위해서는,

　－새로운 부가가치형 일자리 창출을 방해하는 모든 규제를 혁파한다.

직업창출의 장벽 제거

〈자 본〉
- 사업계획을 담당하는 은행의 특별부서 설치
- 수호천사 서비스(Guardian angel service) 개설
- 나스닥(NASDAQ) 수준으로, 코스닥(KOSDAQ) 전면 개편
- 인터넷을 통한 카운터 마켓(counter market) 운영
- 채권시장 자유화
- 벤처캐피탈 시장 자유화
- 선물시장 창출(바로 지금)
- 구조조정의 합법화와 금융기법 개선(바로 지금)
- 세법개정을 통한 MBO 지원

〈토 지〉
- 세금 신고(tax registration)를 위한 임대차 요건(lease requirement) 폐지
- 건설회사와 토지개발기업의 분할(split)을 위한 즉각적인 상장 허용
- 새로 상장된 토지개발기업의 허용

〈노 동〉
- (규모에 상관없이) 고용인을 대상으로 한 6개월간의 사회안전보장(social security credits)

〈기 술〉
- 외국인 최소투자한도 폐지

〈기업가〉

- 자립지원기관(Self-help support organization)
- 협동조합에 관한 법률 개정

〈시 간〉

- 인터넷 용량 공유 시스템(Internet spare capacity leasing system)

〈사회간접자본〉

- 상법개정을 통한 특정 사업인허가 절차와 최소규모 요건 폐지
- 신규 기업과 기존 기업 간의 조세 혜택을 조정하기 위한 SMEC
- 새로운 경제활동에 대한 새로운 자금조달 보장
- 노동의 일반 기술수준 제고
- OJT(직업 훈련) 지원
- 신규 기업 지원
- 정보기술 승인(IT grant)
- 조세 혜택와 투명성

〈시스템〉

- 신규 기업의 서류작업을 돕는 공인회계사와 은행의 서비스 지원

〈리스크〉

- 사업활동을 위한 개인모집투자(hedging)와 보험업
- 간소한 기업파산 보호장치(bankruptcy protection)

〈정 보〉

- 번역문화 육성

〈기 법〉

- 대출업무와 은행연계 자문 서비스(bank-linked advisory service) 연결

〈기 호〉

- 조세 혜택

〈품 질〉

- 영리단체의 진입에 대한 제약 폐지

가치파괴적인 규제 혁파

가치파괴는 규제로부터 온다

가치파괴 중 많은 부분이 규제로부터 오는데, 그런 규제는 보통 예상되는 이윤에 과세할 목적으로 마련됐지만 진행과정에서 왜곡되거나 보호받아서는 안 될 사업부문을 보호하게 된다. 다음과 같은 사항이 요구된다.

- 사회적 합의 도출을 위한 방법론 구축
- 가치파괴를 야기하는 모든 규제 철폐
- 과세의 가치파괴적인 측면의 관점에서 조세제도 검토

가치파괴적인 규제 혁파

〈자 본〉

- 기업의 분할, MBO 등을 고무하기 위한 상법과 자본 소득세 개정
- 이윤실적과 무관한 기업의 상장 허용
- 대차대조표 등에 근거한 신용평가와 대출

〈토 지〉

- 지역제한 규제 완화
- 의무구매 프로그램(compulsory purchase program) 제거

〈기업가〉

- 모든 규모제한 철폐

〈사회간접자본〉

- 한국적인 경영시스템(예를 들면, 호봉)의 현대화
- 실종된 시장이 재개하기 위한 시장자유화
- 적절한 과세 대상과 적정세율 확립을 위한 과세절차 검토
- 규제 철폐를 통해 투명성을 촉진할 수 있는 사업가위원회(committee of businessmen)
- (국회에서 갱신되지 않을 경우) 모든 규제의 수명 제한

- 기업가적인 비전
- 기업의 분할(splits)과 MBO 등을 고무하기 위한 회사의 형태 변화에 대한 전적인 자유
- 주주의 소득 지원

〈품 질〉

- 이윤동기 원칙에 따라 검열과 표준화기관의 민영화

가치파괴적인 일자리 제거

시스템 접근

이것은 미시경제 영역으로, 노동재편과정의 개선 뿐만 아니라 시스템시장의 충분한 기능을 요구한다. 이 과정을 위해서는 사회적 합의를 이끌어낼 방법론을 구축해야 한다.

이는 아마도 노사정위원회가 담당해야 할 일일 것이다.

가치파괴적인 일자리 제거

〈노 동〉
- 정리해고에 관한 노동법 규정에 필요한, 직업의 부가가치 기여도 측정시스템
- 가치파괴적인 일자리 제거하는 구조
- 해고된 근로자를 대상으로 한 재교육

〈시 간〉
- 신축적인 노동시간

〈리스크〉
- 헤지 리스크(hedge risk)

〈사회간접자본〉
- 구조조정 지원
- 채무조정을 위한 은행의 지원
- 주주의 소득 지원

〈시스템〉
- 필요 이상의 인력으로 구성된 시스템 조정

〈기 법〉
- 일자리를 평가할 수 있는 회사의 기술 개선

〈품 질〉
- 품질관리시스템 개선

부가가치의 장벽 제거

부가가치의 장벽 제거

기업 내부와 경제 전반적으로 상당히 많은 부가가치의 장벽이 존재하고 있다. 그것은 아마도 규제, 태도의 문제, 경쟁의 부재 혹은 사회문제와도 상관이 있을지 모른다.

〈자 본〉
- 부가가치 개선을 위한 투자지원

〈토 지〉
- 토지개량 승인

〈노 동〉
- 정규 교육을 통한 고용인의 기술력 고취

〈기 술〉
- 시대에 뒤쳐진 기술 철회

〈기업가〉
- 사내기업가정신(intrapreneurship) 고취
- 충분한 가치실현을 위한 MBO

〈시 간〉
- 시간활용 개선

〈사회간접자본〉
- 평가시스템 창안
- 충분한 가치실현을 위한 기업의 정리 허용
- 부실한 사회간접자본으로 인한 가치의 감소 제거

〈시스템〉
- 가치개선에 있어서 핵심이라고 할 수 있다
- 은행 / 회계사 / 컨설턴트의 공조체계
- 투자평가체계 개선

<기 법>

- 이것도 가치개선의 핵심 요소이다
- 컨설팅 서비스 / 재취업 알선

<기 호>

- 디자인 기술 지원

<품 질>

- 품질 관련 기술 증진

<정 보>

- 정보기술(IT)에의 접근 개선
- 정보지각력을 높이는 교육

새로운 일자리 창출을 촉진하는 촉매와 동기부여

새로운 일자리 창출을 촉진하는 촉매와 동기

이 과정을 위해서는,
　－새로운 기업을 육성하기 위해 적절한 자원을 공급한다.
새로운 부가가치형 일자리는 다음과 같은 원천에서 발생한다.

- 새로운 기업
- 새로운 요소시장
- 왜곡되지 않은 시장
- 기업의 성장

새로운 기업

정부는 연구개발(R&D) 기간이 2년 이상 걸리는 특정한 영역을 제외하고는 새로운 기업을 육성하기 위해 자원을 함부로 사용해서는 안 된다. 정부의 개입은 시장을 왜곡하기 때문이다.

대신 정부 차원 이외의 영역을 통해 지원하는 것에 역점을 둬야 한다. 여기서는 이에 필요한 대책들에 대해서 설명하게 될 것이다.

이 대책들 중 일부는 상당히 규모가 크고, 자본시장에서 매우 많은 일자리들을 지원하게 될 것이다.

새로운 일자리 창출을 위한 촉매

〈자 본〉

- 벤처 캐피탈 기금(venture capital funds)
- 민간자산 시장(private equity market)
- 특수은행들이 관리하는 정부출연기금(높은 자기자본비율로)

〈토 지〉

- 사회간접자본 건설 촉진

〈노 동〉

- 직업기술과 관련한 재훈련 계획
- 인적자원 서비스(manpower service) 지원

〈기 술〉

- 대학 입학시험에 컴퓨터 능력시험 추가
- 광섬유 기술과 커뮤니케이션 시스템 발달 촉진

〈기업가〉

- 창업에 필요한 세금 분할(tax on severance pay)에 대한 토론

〈리스크〉

- 관련 사업 영역 확대

〈사회간접자본〉

- 새로운 사회간접자본 확충
- 미래 노동공급을 위한 지도적 계획
- 공공사업을 통한 그 밖의 사회간접자본
- 세금과 사회안전보장
- 주식회사 설립에 필요한 최소자본을 미국이나 영국 수준으로 낮춤(5,400만 원에서 2,000만 원 정도)
- 법원에서 행해지던 사업자등록을 기업청으로 이전하고 업무를 전산화한다.
- 5명 이하의 사업장을 대상으로 고용보험과 사회안전보장 시행
- 창업비용과 관련한 조세·감면
- 공무원의 횡포 근절
- 자본 규모가 5,000억 원 이하인 주식회사의 경우, 도산절차(bankruptcy procedure)를 간소화한다.
- 협동조합에 관한 특별법
- 부가가치형 일자리 창출을 방해하는 모든 규제 철폐

〈시스템〉

- 시스템 훈련(system training)

〈정 보〉

- 성인교육 개선
- 새로운 직업교육

〈기 호〉

- 여행 관련 사업 및 환경 지원

〈품 질〉

- 품질인증기관 민영화

새로운 기업의 장려

〈자 본〉

- 사업계획을 관장하는 특수은행 부서
- 창업 지원 / 세금혜택 / 분할 세금(severance pay tax)의 상환
- 기업가를 위한 수호천사 서비스(guardian angel service)
- 나스닥 수준으로 코스닥 재편
- 사업계획 경쟁의 은행 후원제
- 인터넷을 통한 카운터 시장(Counter Market) 운영
- 채권시장 자유화
- 벤처 자본시장 자유화
- 사회간접자본, 회계업무, 법적인 지원
- 선물시장 창출(바로 지금)
- 시행 중인 모든 구조조정의 합법화와 금융기법 개선(바로 지금)
- 조세규정 변화를 통한 MBO 촉진

사회간접자본

이런 모든 중요한 변화를 위해서는 추가적인 사회간접자본이 필요하다. 추가적으로 필요한 사회간접자본은 일반적으로 다음과 같은 측면에서 살펴볼 수 있다,

- 교육의 변화
- 새로운 교육
- 발전된 통신시스템(광섬유와 기타)에 의한 향상된 정보수집 환경

사회간접자본과 관련된 대책

- 교육제도 변화
- 새로운 교육 형태(직업훈련)
- 광학기술과 통신시스템 발달
- 공공사업을 통한 기타 사회간접자본

실 행

동시다발적인 실행

이제까지 권장한 행동방침들은 동시다발적으로 실행돼야 한다.

〈도표 A 2-1〉에서 묘사된 바와 같이 각 항목은 성격상 중복되고 연결돼 있으며, 어느 것 하나 더 중요하다고 볼 수 없다. 그러나 왜곡되지 않은 시장이 전 과정을 통틀어 가장 중요한 영향을 미칠 것이다.

〈도표 A 2-1〉 중복된 행동방침들

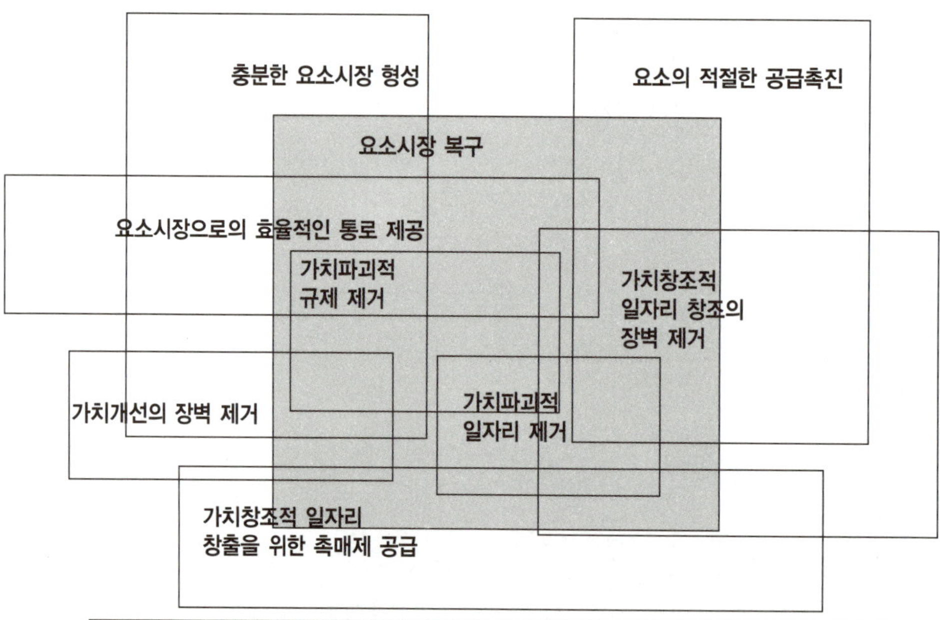

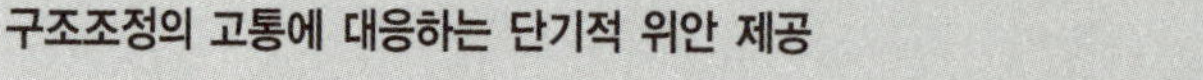

매트릭스 접근방식

〈도표 A 2-2〉는 생산요소와 행동방침들 사이에 복합적인 의존 관계가 있으며, 어떻게 두 가지 방향에서 실행과정이 가장 잘 접근될 수 있는지 보여주고 있다

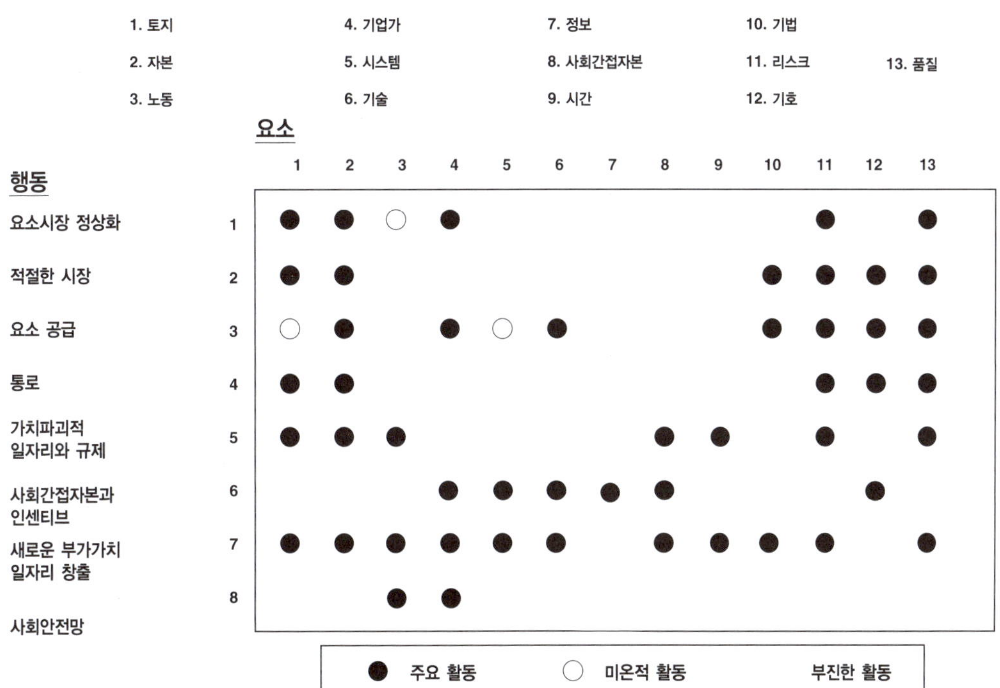

협력과 계획수립이 요구된다

모든 행동방침이 상호 의존적이기 때문에, 특정한 영역에서의 독단적인 행동은 전체적인 정책효과를 줄일 수 있다. 총체적인 협력체를 조직하고 유지하는 것이 무엇보다도 중요하다.

부록 3

요소/노동모형

요소/노동모형의 목적

노동/요소모형은 이 프로젝트를 위하여 EABC에 의하여 개발된 독자적인 분석 시스템이다. 이 시스템은 기존의 것보다 특히 서비스 분야의 노동시장에 대하여 더욱 자세하게 분석하여 그 결과를 전체 경제와 관련지을 수 있게 해준다.

이 시스템은 또한 사라진 시장, 무능해진 시장 그리고 미래의 가능성을 규명하는 데 도움을 주고자 경제에서의 전체적인 경제활동을 분석하는 기구이다.

요소/노동모형의 구성

이 모형은 현실을 단순화시킨 것으로 경제를 169개의 부분으로 나누어 놓았는데, 이 부분들은 두 가지 요소나 때로는 13가지 경제적 요소가 결합할 때 발생하는 일자리를 의미하고 있다.

회사 내부의 고용이 사업과정에 따라 분리된다는 것을 주목하는 것이 중요하다. 회사 내의 경리 담당자는 경영자들과는 다른 부분에 속해 있으며, IT 전문가들도 같은 회사에 소속되어 있지만 R&D 종사자들과는 다른 부류에 속한다. 새로운 진행과정 설계를 경험하였던 독자들은 이러한 것이 업체 내의 진행과정과 일치한다는 사실을 깨닫게 될 것이다.

단순화시킨 이유는 일자리를 창출해내는 경제활동으로 노동 외에 두 개 이상의 요소들이 통합될 수 있기 때문이다. 각 모형은 더욱 세분화될 수 있다.

이러한 모형의 개발로 13개 요소들의 타당성에 대한 계속적인 연구가 가능해졌고, 그 뒤에 숨어 있는 가정들에 대하여 의문을 제기할 수 있게 되었다.

13개 요소

〈도표 A 3-1〉 요소 목록

토 지	— 토지는 여러 가지 방법으로 생산적으로 사용될 수 있다. 토지의 등급은 다양하며, 주로 자본과 노동과 기술 하부구조에 따라 변하게 된다 : 농장, 부동산개발자, 건설 일꾼들
자 본	— 거의 모든 부가가치의 핵심을 이루고 있으며, 21세기 들어 다양한 등급의 자본이 발생하고 있고, 리스크, 시간, 기호와 결합하는 경우가 많고 다양한 소시장을 가지고 있다. 세계경제에서 모든 시장요인들 중 가장 자유롭다 : 은행원, 증권회사들
노 동	— 모든 협력의 핵심을 이루고 있으며, 21세기 들어 적절하게 분배하는 것이 매우 중요하다. 노동의 등급은 다양하지만, 융통성이 없는 것이 일반적이다. 나머지 경제부분에 피드백 효과를 주는 것이 보장되어 있는 핵심요소이다. 기술은 가장 비조직화되어 있을 것 같은 다른 요소시장으로 유입된다 : 기본 공장 노동력, 특별한 기술이 없는 일용 그리고 임시 노동력
기업가정신	— 핵심적인 성장요소이다. 기업 내에서는 관리자로, 기업 외에서는 기업가정신으로 사용이 가능하다. 자본시장의 도움 없이 완전 부가가치를 이룰 수 없다 : 회사 소유주
시스템	— 노동 부가가치 수준을 결정짓는 핵심적인 요소로서 자본 부가가치를 지닌다. 규제, 사회시스템, 그리고 회사장치 등이 포함된다 : 정부 관리, 컨설턴트, IT 시스템, 관리자들
기 술	— 한때는 독립적인 요소로 논의되었으나, 현재는 자본 그리고 노동과 결합하여 부가가치를 높이는 새로운 핵심요소로 부각되고 있다 : 연구 과학자들, 기술자들
정 보	— 평생 동안 그리고 OJT의 모든 교육을 포함하는 독특한 요소. 자본 다음으로 인터넷을 통해 전세계화가 이루어졌다. 완전 부가가치를 이루기 위해서는 자본보다 더 많은 노동과 기술을 필요로 한다 : 학자, 교사, 언론인, 대중매체, 웹사이트 개설
사회간접자본	— 포터에 의해 정의된 생산요소로서 많은 서비스부문 활동을 설명하고 있으며 부가가치를 증진시키기 위하여 모든 자본요소와 경합을 벌이고 있다. 대개의 경우, 증분 자본 아웃풋 비율(ICOR)이 가장 높다. 반드시 형체를 지니고 있어야 한다 : 전기, 가스 근로자, 철도 근로자
시 간	— 다른 요소들과 결합하여 자본, 노동에서 발생하는 부가가치를 결정짓는 핵심요소. 저장할 수 없는 유일한 요소. 자본과 그 외 다른 모든 것과 결합하는 핵심적인 21세기 부가가치 구성요소이다 : 소매, 도매, 분배
리스크와 안전도	— 과거에는 주로 정부에 의하여 공급되었던 다양한 요소시장(군대, 법적 기구)이다. 일반적으로 노동과 결합하지만, 자본과의 결합이 늘어나고 있으며 민간부문에 사용되어 부가가치, 보험, 헤지펀드, 다른 파생체를 증가시키는 사례가 늘고 있다.
기 호	— 가장 간과하기 쉬운 요소이지만 21세기에 들어 가장 중요한 요소이다. 자본, 노동 그리고 정보와 관련된 예술, 여행, 레저 활동에 영향을 미친다. 스웨덴처럼 나라 전체의 부가가치를 상당히 끌어올렸다 : 디자이너, 예술가, 장인, 요리사
기 법	— 노동시장의 하부부문으로 여겨지는 경우가 가끔 있으나, 기술은 그 자체를 요소시장으로 간주하는 것이 가장 바람직하다. 각 기술들이 부가가치를 창출하는 데 상당한 공헌을 한다. 예를 들면, 올바른 마케팅 기술에 의하여 4달러짜리 T셔츠가 60달러짜리로 변하며, 올바른 경영은 회사나 은행을 바꾸어 놓는다 : 광고, 마케팅 경영 간부
품 질	— 독립적인 요소로 생각하는 경우가 많으나, 전체 요소에 포함시키면 바로 상품의 부가가치가 증가하며, 과정에 포함시키면 다른 요소들과 매개체들은 자동적으로 감소되어 높은 아웃풋 가치를 일으킨다 : 제품 감독원, 검사 서비스

요소/노동모형의 이용

이번 연구에서 요소/노동모형은 기존의 노동력을 169개의 부문으로 분류하는 데 사용되었다. 고용, 특히 자가경영에 대한 정보가 부족하여 어려움이 많았다.

상당히 다양한 자료에서 얻어낸 1995/1996년의 데이터를 사용하여 〈도표 A 3-2〉와 〈도표 A 3-3〉과 같은 결과를 얻을 수 있었으나, 출발점은 창업 데이터 센서스였다. 다음 단계로는 누락된 시장과 누락된 일자리에 대한 연구가 이루어질 것이다.

〈도표 A 3-2〉 요소별 고용 : 기존 노동력-1996

	자본	토지	노동	기술	기업가	시스템	정보	사회간접자본	시간	기법	리스크	품질	기호	총합
자본	4,615	*	273,923	10,058	27,625	4,005	55,710	2,000	*	50,291	299,978	*	*	728,205
토지	26,011	2,335,610	1,788,117	103,636	59,761	*	208,511	3,069	417,040	93,390	42,402	*	*	5,077,547
노동	2,251,103	43,352	650,278	*	41,102	*	*	*	*	*	*	*	*	2,985,836
기술	433,875	*	*	50,122	6	48,682	*	*	*	*	*	*	*	532,685
기업가	341,811	2,496	*	*	*	*	*	*	*	*	*	*	*	344,307
시스템	216,759	*	289,190	*	*	23,950	61,345	*	*	*	31,606	*	*	622,850
정보	*	*	262,000	*	*	*	791,144	*	*	*	*	*	*	1,053,144
사회간접자본	*	31,297	*	*	*	42,703	*	15,617	5,348	*	*	*	3,069	98,033
시간	1,644,428	451,679	2,116,530	*	604,920	103,372	149,174	359,418	17,825	*	*	*	1,344,625	6,792,009
기법	433,519	*	*	*	*	*	204,161	*	*	*	*	*	*	637,680
리스크	*	531,179	*	*	*	*	*	324,215	*	163,812	230,331	*	*	1,249,537
품질	216,759	*	*	*	*	*	*	*	*	*	*	*	*	216,759
기호	10,838	*	543,552	*	*	113,430	*	*	*	*	*	*	201,764	869,584
총합	5,579,719	3,395,612	5,923,589	163,817	733,414	336,141	1,470,044	704,359	440,213	307,492	604,317		1,549,458	21,208,176

출전 : 통계청-경제활동인구

〈도표 A 3-3〉 요소별 고용 : 기존 노동력-1996

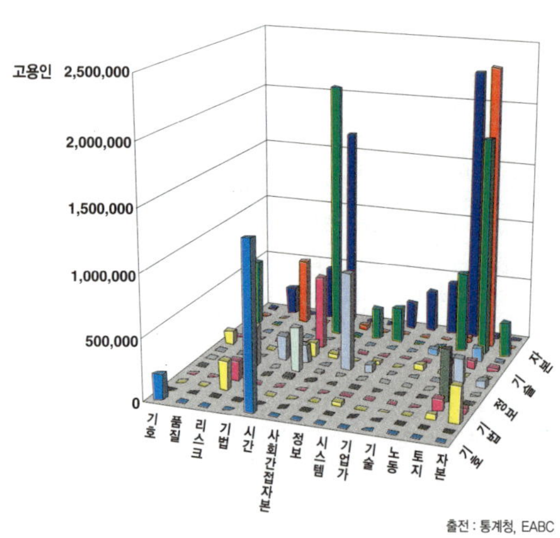

출전 : 통계청, EABC

잠재된 새 일자리

시나리오에 따라 그 결과도 다양하게 변한다. 그 중 가장 강력한 시나리오는 〈도표 A 3-4〉와 〈도표 A 3-5〉에 나와 있는 대로이다.

〈도표 A 3-4〉 요소별 고용 : 미래의 새로운 일자리

	자 본	토 지	노 동	기 술	기업가	시스템	정 보	사회 간접자본	시 간	기 법	리스크	품 질	기 호	총 합
자 본	5,000	10,000	20,000	5,000	10,000	10,000	10,000	5,000	1,000	20,000	5,000	1,000	500	102,500
토 지	50,000	150,000	125,000	5,000	150,000	5,000	10,000	5,000	*	50,000	5,000	5,000	100,000	660,000
노 동	5,000	*	10,000	*	10,000	5,000	10,000	*	*	5,000	*	*	*	45,000
기 술	10,000	*	*	40,000	10,000	5,000	5,000	2,000	*	10,000	*	*	*	82,000
기 업 가	200,000	*	300,000	*	*	5,000	5,000	*	*	20,000	2,500	2,500	5,000	540,000
시 스 템	5,000	*	5,000	5,000	*	5,000	5,000	*	*	5,000	*	*	*	30,000
정 보	5,000	*	5,000	*	1,000	20,000	100,000	2,500	*	5,000	*	1,000	1,000	140,500
사 회 간 접 자 본		5,000	20,000	5,000	2,000	10,000	20,000	*	2,000	5,000	1,000	1,000	*	71,000
시 간	50,000	*	100,000	*	100,000	5,000	5,000	10,000	5,000	1,000	5,000	1,000	*	282,000
기 법	20,000	*	2,000	2,000	20,000	20,000	15,000	*	*	40,000	2,000	2,000	1,000	124,000
리 스 크	1,500	500	500	500	1,000	5,000	5,000	50,000	1,000	3,000	50,000	*	*	118,000
품 질	5,000	*	*	1,000	1,000	5,000	5,000	*	*	5,000	5,000	5,000	2,000	34,000
기 호	10,000	10,000	100,000	1,000	20,000	1,000	15,000	2,500	*	5,000	*	5,000	50,000	219,000
총 합	365.500	175.500	687.500	64.500	325.000	101.000	210.000	77.000	9.000	174.000	75.500	23.500	159.500	2,448,500

출전 : EABC

〈도표 A 3-5〉 요소별 고용 : 미래의 새로운 일자리

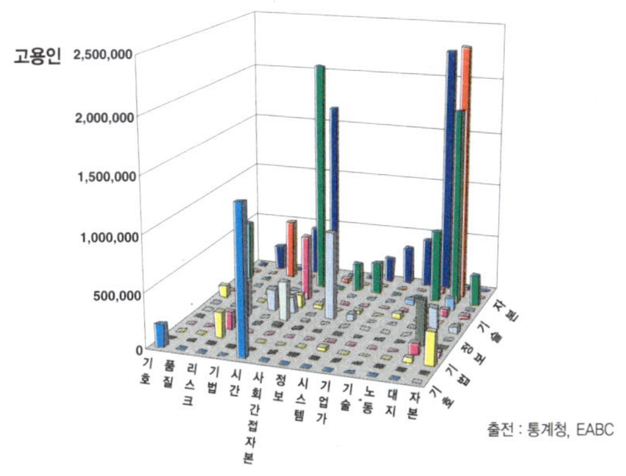

출전 : 통계청, EABC

이러한 정도로 자세한 다른 모든 시나리오와 마찬가지로 이의가 제기될 수 있다. 관련된 모든 일자리 수는 약 240만 개로 추정된다. 이 가운데 우리는 100만 개가 새로운 일자리일 것이며, 140만 개는 부가가치가 증가했거나 구조조정을 통해 만들어진 일자리이므로 진정한 의미의 새로운 일자리로 볼 수 없다는 평가를 내렸다. 연구팀은 이것이 보수적인 성격을 지니고 있다고 생각한다.

연간 일자리 창출

<도표 A 3-6>, <도표 A 3-7>은 새로운 일자리를 연도에 따라 분류하였으며 독창적인 사고에 도움을 주기 위한 것으로 이해되어야 한다. 제3단계 연구에서는 기존의 고용과 미래의 고용에 대하여 이와 같은 방법론을 추구해야 한다. 미래의 고용을 예측할 수는 없지만, 전국 그리고 지방 차원에서 미래의 기술부족이 예견되는 분야를 교육자들에게 제시해야 하며, 기업가들과 금융업자들에게는 미래의 일자리 가능성이 보이는 부분을 알려주어야 한다.

<도표 A 3-6> 일자리 창출 가능성

	신규 고용 총합	1년	2년	3년	4년
토 지	660,000	+50,000	+200,000	+300,000	+110,000
기 업 가	540,000	+50,000	+200,000	+150,000	+140,000
시 간	282,000	+22,000	+50,000	+100,000	+110,000
기 호	209,000	+29,500	+50,000	+70,000	+60,000
정 보	140,500	+20,000	+50,500	+40,000	+30,000
기 법	124,000	+10,000	+40,000	+40,000	+34,000
리 스 크	118,000	+10,000	+20,000	+50,000	+38,000
자 본	102,500	+10,000	+42,500	+30,000	+20,000
기 술	82,000	+5,000	+30,000	+35,000	+12,000
사 회 간 접 자 본	71,000	+15,000	+31,000	+15,000	+10,000
노 동	45,000	+5,000	+17,500	+12,500	+10,000
품 질	34,000	+2,500	+7,500	+15,000	+9,000
시 스 템	30,000	+3,000	+8,000	+12,000	+7,000
총 합 :	2,438,500	+232,000	+747,000	+869,500	+590,000

1. 표는 창출할 수 있는 새로운 부가가치형 일자리의 가능성을 보여준다
   - 경제 내에서 제거돼야 할 기존의 가치파괴적 일자리들은 제외된다.
2. '기업가' 생산요소에는 다른 곳에서 따로 분류되지 않은 일자리들을 포함하고 있다

<도표 A 3-7> 일자리 창출 가능성

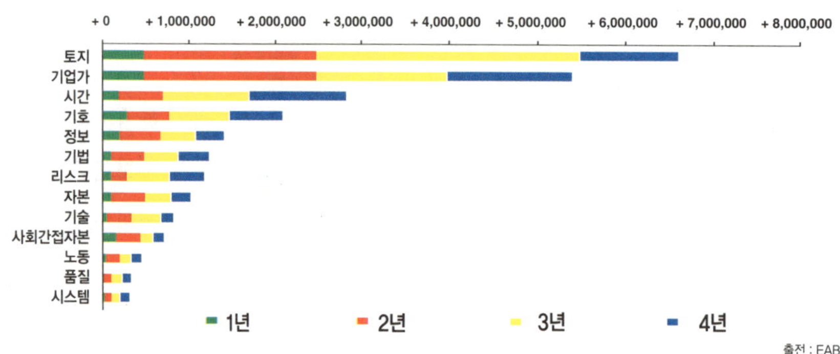

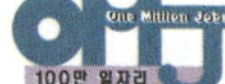

요소시장과 일자리 창출

〈도표 A 3-8〉는 요소시장에 따른 고용창출의 예를 보여준다

〈도표 A 3-8〉 요소시장과 고용창출

요 소	중요 이슈	고용 창출 효과	Employment
토 지	• 부동산 개발회사의 효과적 규제 • 저당 시장의 무형성 • 긴 토지개발계획 시간과 허가시간	• 상장 건설회사의 분리허가 • 경쟁력 있는 장기 저당 시장 창출 • 허가시간 단축	660,000고용
자 본	• 마비된 시장, 실종된 시장, 기법 부족, 가치파괴형 관행 • 부적절한 부도 관행	• 규정 철거 • 장애 제거 • 빅뱅 • 금융기법 교육, 외국 자본가 유치, 기관 제거	102,500고용
노 동	• 가치창조형 부족 • 가치파괴적 노동 특성 • IT 공공 직업소개소 부족 • 평생고용 부족, 노동문제 상담 부족	• 노동법 개편 • IT 공공 직업소개소 형성 • 평생고용 창출 • 노동문제 상담 창출	45,000고용
기업가	• 인식 전무 • 기업 같지 않은 정부 • 규제/세금 관행/은행 관행 • 기업가들의 활동을 제한	• 정부측의 인식 • 정부 관행의 변화 • 기업가를 위한 교육과정 • 창업 대출	540,000고용
시스템	• 1930년대 패러다임의 시스템 • 지나친 규제와 규제단체	• 새로운 가치창조형 패러다임 • 새로운 기법 • 제약 없는 시스템	30,000고용
기 술	• 부적절한 시장 • 부적절한 공급 • 대학교육의 기술 수준 미흡 • 소규모 기술에 대한 무지원	• 기술 수입, 시장 창조 • 대학내 기술관련 과목 확대 • 과학공원, 연구 지원, MBO 재벌 연구	82,000고용
정 보	• 불완전한 교육체계-경쟁 부족 • 언어장애 • 하드웨어의 병목현상	• 수요에 맞는 교육체계 재편성 • 영어 능력 향상의 필요성 • 하드웨어 증대 • 정보제공 장애 제거	140,500고용
사회간접자본	• 사회간접자본 운영 독점과 규제 • 전형적인 (찬반 표결식)에 의해 발행되는 허가 • 사회간접자본 건설에 있어서 정부의 독점	• 허가 철폐 • 운영조직의 민영화 • BOT와 비슷한 조직 독려	71,000고용
시 간	• 허가와 규정 관행이 일반화 • 자원의 매우 비효율적 사용 • 시장 차별화 부족	• 허가와 규제 관행을 삭감 • 개별적이며 혁신적인 것을 독려 • IT 사용과 물류 분야의 개선을 독려	282,000고용
위험과 안전	• 감리가 금융위험 관리를 막음 • 물리적 위험에 있어서 비경쟁적 환경 • 안전에 대한 인식 부족	• 금융 위험 장애 제거 • 경쟁 촉진 • IT위험 관리 활성화 • 하이테크 안전 활성화	11,800고용
기 호	• 기법과 이에 대한 인식 부족 • 독점적 사고 • '관리'가 기호 요소시장의 확대를 가로 막음	• 독점적 사고 철회 • 자원의 방향을 돌리기 위해 경쟁을 부추김 • '기호 숭배'의 제거	209,500고용
기 법	• 기법 도입의 장애 • 기법을 생산하지 못하는 교육 • 실종된 시장	• 신기법에 대한 재정적 지원 • 교육 방향의 전환 • 작업 요건 • 기술 수준	124,000고용
품 질	• 실종된 시장 • 감리 및 비영리조직 • 환경 관련 시장	• 허가 관련 장애를 철폐하고 비영리단체의 독점을 변화시킴 • 환경 관련 시장의 창출	34,000고용

정책 제안

(도표 A 3-9)는 주요 정책 제안을 요약한 것이다.

<도표 A 3-9> 정책 제안

정 책	방 법	영 향	시장 반응
중소기업 활성화	• 중소기업 활성화를 막는 규제 철폐 • 중소기업 활동을 제한하는 세금 관행 철폐 • 모든 중소기업에게 직접 대출 • 중소기업 부도방지	• 중소기업 증가 • 고용 증가 • 창업 촉진 • 중소기업이 대기업과 경쟁할 수 있도록 함	• 서비스 분야의 중소기업 증가 • 창업에 대한 관심 증대 • 전반적인 신뢰 수준 상승 • 중소기업 부문에서의 부가가치 증가
규제개혁을 통한 가치 창조적인 환경 조성	• 가치를 파괴하는 규제 철폐 • 대규모 자본에 대한 금융 원칙 변화 • 민영화와 정부 서비스 부분에 대한 무제약으로 기업환경 창조	• 자원의 효율적 분배 • 새로운 시장창조 • 적절한 평가를 위한 은행들의 재비교 평가 • 시장기회의 증대	• 일부 회사의 다운사이징, 새로운 기회를 위한 투자 • 새 시장을 개발할 새로운 회사의 형성 • 은행의 기법과 전문가 부서를 개발 • 새로운 산업 창조
적정 환율 유지	• 원화가치가 낮은 선에서 균형을 이루도록 함(한국은행의 개입)	• 수출 또는 수출 관련 고용의 증대 • 경상수지의 유지 • 새로운 산업의 창조 • 여행업 진흥	• 신용평가 등급 상승 • 낮은 이자율 • 포트폴리오 및 외국 자본의 증가
노동시장의 재편성	• 전국 규모의 공공 직업소개소(IT에 기반을 둠), 직업교육의 확대 • 비즈니스 스쿨을 위한 대출 • 사업 상담의 시작 • 자격요건의 재구성 • 공정한 파트너로서의 정부	• IT산업 부양 • 직업 훈련 성격의 고용 확대 • MBA 타입의 기술 확대 • 새로운 사업 시작을 도움 • 개개인의 기술 향상	• 소프트웨어 회사 부양 • 창업의 성공요소 증대 • 실업을 가치창조형 직업으로 대체
경기 부양	• 생산적인 적자예산 운영 　- 공공근로사업 　- 지역개발계획에 예산 투자 • 주식시장 부양 • 가치창조형 일자리 추구 • 최후의 보증인	• 단기고용으로 필요한 경제기반시설 건설 • 증권 시장 재건설 • 신규 사업들의 짝짓기 • 대출 확대	• 민간부문의 지지로 건설 경기 회복 • 신뢰 회복 • 가계저축이 증권시장으로 부분적으로 옮겨감
금융 분야 개혁	• 모든 서명요건의 제거 • 잃어버린 시장을 위한 빅뱅 • 새로운 증권시장 육성과 창업사들의 등록을 종용	• 경쟁력을 갖춘 새로운 금융기관 탄생 • 은행들의 제살빼기 • 부채 분리	• 금융분야에 대한 새로운 신뢰 • 금융기법 향상
재벌 구조조정	• 주주회사의 투명성 확보와 상법의 개편 • 재벌들을 은행 대출로부터 채권과 모험자본으로 전환 • MBO독려	• 주요 사업분야를 유지하기 위해 투자를 철회 • 모험자본으로 이동 • 새로운 형태의 분사 • 재벌의 규모 축소	• 새로운 신뢰 회복 • 경기 부양

제2단계 시작

연구를 실행으로…

이 운동의 제1단계를 통해 정부 관리와 사회 지도층 인사가 이 생각의 틀과 일련의 아이디어를 심각하게 고려하는 선까지 발전했다.

100만 일자리 만들기 운동

보고서는 완전히 출판되기 전인 1998년 10월 14일에서 11월 10일까지 한국경제신문에 연재함으로써 이 운동의 주요 특징을 전달했다.

실행에 대한 요구

이 보고서의 저자는 처음에 이 집필을 미래 한국경제에 토론의 장을 마련하는 촉매제로 생각하였다. 또한 구조적 개혁과 행동이 구조조정작업 과정에서 사라진 일자리를 새롭게 창조할 것으로 기대하였다.

이 운동의 성공적 출발과 함께 토론보다는 실행으로의 요구가 더욱 절실한 것으로 나타났다.

정부, 기업, 노동 간의 협력

이 보고서의 기본 취지는 능력 있고 노력하는 정부와 정통한 재계인사, 노동자 대표 그리고

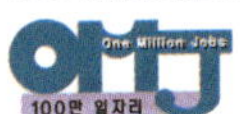

외국계기업의 도움으로 4,000만 한국인의 힘을 고취시키기 위해 자유시장의 힘을 방출하기 위한 것이다.

자유시장체제에서 정부는 민간 주도 활동이 실종되거나 부적절할 때만 나서야 한다. 특히 정부는 민간 주도를 억제하는 규제의 출현과 활동을 방지해야 한다. 100만 일자리 만들기 운동을 실행하기 위해서도 같은 원칙이 필요하다.

현재까지의 진행상태와 제안

가장 강하고 협력적인 반응은 한국 정부와 외국기업으로부터 나왔다. 한국의 민간 분야는 아직 능동적이지 않다.

정부 분야

- 기획예산위원회는 100만 일자리 만들기 운동을 위한 정부계획 준비를 지시했다.
- 기획예산위원회의 진념 위원장은 이 운동이 3P, 즉 적극적이고(Positive) 유망하며(Promising) 실현가능(Possible)을 의미한다고 언급했다.

민간 분야

- OMJ포럼(OMJ 형태의 고용을 촉진시키는 실행방법을 추구하는 컨소시엄)이 형성되었다.
- OMJ기금은 쌍용템플턴에 의해 운용되며 중소기업을 돕는 투자가 될 것이다.
- OMJ과학공원이 EABC의 자회사인 EABDC에 의해 제안되었다.
- OMJ연구소가 제안되었고 자금도 구체화되고 있다.
- 외국은행은 중소기업 부양계획을 세우고 있다.
- 외국기업이 기술적 조언과 세계적인 마케팅 보조로 중소기업 부양을 계획하고 있다.

OMJ 포럼

OMJ 포럼은 다음 기능을 제공할 것이다.
- 민간분야 100만 일자리 만들기 운동 발의의 조화
- 진행과정과 아이디어를 논의하기 위한 회의 개최

- 정부와의 논의 상대
- 후원활동
- 외국 대사관, 기관, 연구원과의 관계 조정
- 가치창조적 일자리에 대한 연구 증진
- 규제 개혁에 중점
- 100만 일자리 운동 웹사이트 관리

왜 이 포럼에 참여하는가?

한국의 모든 사업은 경제의 조기회복과 경제성장을 가로막는 규제 개혁을 통해 도움을 받을 것이다. 이 활동을 통해 많은 기업이 중요한 PR 잠재력과 사업이익을 거둘 것이다. 이 포럼은 EABC와 파트너인 코리아 어소시에이츠가 담당할 것이다.

참여가 결과를 형성한다

보고서 표지에 나타난 이 운동의 상징은 빛이 렌즈를 통해 이동하여 프리즘을 통과해 무지개의 밝은 빛을 내는 모습을 보여준다.

100만 일자리 만들기 운동의 원칙은 이를 수용하는 모든 사람들에게 해당된다. 시장의 힘은 고무적이며 경쟁적이다. 특정 집단이나 사업의 독점형태가 될 수 없다.

제2단계는 이 운동이 한국의 모든 분야에서 수용되고, 100만 개의 부가가치형 일자리를 창조하기 위해 다양한 아이디어가 실행될 때 진정으로 진행될 수 있다.

가치창조형 일자리 창출만이 살 길이다

한국경제신문 연재기사 모음

＊

1998. 10. 15~11. 13에 걸쳐 한국경제신문과 EABC, 쌍용템플턴이 공동으로 벌인 100만 일자리 만들기 운동의 성과물로 OMJ보고서가 발간되었다. 때맞춰 독자들의 이해를 돕고자, 그간 한국경제신문에 연재된 관련 기사들을 추려 소개한다.

이는 본 책인 OMJ보고서의 본래 내용에는 포함되지 않은 것이며, 오로지 한국경제신문에 게재된 기사 및 인터뷰 기록의 모음이다.

OMJ보고서 작성자인 EABC의 전적인 양해 아래 실린 것임을 밝힌다.

＊

1. 100만 일자리 만들기

“100만 개의 일자리를 만들자”

한국경제신문은 창간 34돌을 맞아 ‘100만 일자리 만들기(OMJ, One Million Jobs)운동’ 을 주창한다. ‘OMJ운동’ 은 실업 최소화나 구직알선 등 임시방편적 미봉책과는 차원을 달리한다. 가치창조형 일자리를 만들자는 것이다. 모든 경제정책의 초점을 부가가치가 뛰어난 일자리 창출에 맞춰 경제도 살리고 고용도 극대화하자는 운동이다.

경제체질을 선진국형으로 탈바꿈시키고, 눈앞에 다가온 새로운 천년(밀레니엄)을 능동적으로 맞이하자는 취지다. 한국경제신문은 이를 위해 1차 정책대안을 제시한다. ‘EABC 보고서’ 가 바로 그것이다.

EABC(Euro-Asian Business Consultancy)는 동북아지역 분석에 관한 탁월한 노하우를 가진 세계적 컨설팅회사다. EABC는 작년 12월 한국이 IMF(국제통화기금) 구제금융을 받을 때부터 한국의 대량실업사태를 예견했다.

그 후 쌍용템플턴 투신운용의 재정지원을 바탕으로 한국경제신문 특별취재팀과 9개월 동안 작업한 끝에 미국과 영국의 경험을 토대로 한국적 현실에 걸맞는 고용창출 방안을 최근 완성했다.

보고서가 내린 결론은 획기적이다. 앞으로 3년 3개월 이내에 240만 개의 전혀 새로운 일자리를 창출할 수 있다는 게 그것이다.

이 중 한국경제의 새로운 도약을 부추길 ‘가치창조형 일자리(Value-Added Jobs)’ 만 최소 100만 개에 달할 것으로 확신했다. 이렇게 되면 경제성장률도 3년 동안 10~11% 더 높이는 효과가 있을 것으로 전망했다. 만일 이 대안이 당장 올해부터 시행될 경우, 오는 2000년 경제성장률은 9.69%에 달해 이전의 성장속도로 회복될 것이란 분석이다.

EABC가 제시한 방법론도 현재의 정부정책과는 판이하다. 한국경제의 진로에 대해 ‘선언적 권고’ 에 그쳤던 이전의 보고서들과도 질적으로 다르다. 재도약을 위한 한국경제의 과제에서부터 구체적 실천방안까지 상세하게 담고 있다. 이런 점에서 EABC 보고서는 단순한 ‘실업대책보고서’ 가 아닌 ‘한국경제보고서’ 라고 할 수 있다.

EABC보고서가 가장 강조하는 것은 '가치창조형 일자리 창출'

가치창조형 일자리란 한 마디로 부가가치를 만들어 낼 수 있는 생산과정에 참여하는 직업을 뜻한다. 그래야만 경제회생과 고용확대를 동시에 이룰 수 있다는 분석이다. 이를 위해 제시한 방안은 크게 두 가지다.

하나는 규제혁파고 또 하나는 중소기업 활성화다. EABC는 규제를 경제의 효율성을 가로막고 자본을 파괴하는 한국의 '풍토병'으로 규정한다. 아울러 중소기업은 일자리를 늘리는 핵심이요, 21세기 한국경제 발전의 '엔진'이라고 정의한다. 규제혁파는 수많은 일자리가 숨어 있는 생산요소시장의 활성화를 위해 절대 필요하다는 분석이다. 최근 한국경제의 생산성이 추락하고 가치가 파괴된 것도 바로 규제 때문이라는 지적이다.

중소기업은 한국에서 총 고용의 75~87%를 담당하고 있다. 이런 상황에서 중소기업을 가치창조형으로 탈바꿈시킨다면 수많은 일자리가 만들어질 것은 분명하다.

EABC는 가치창조형 일자리를 만들기 위한 5가지 행동계획도 제시했다. 중소기업 활성화를 비롯·규제혁파를 통한 가치창조적인 환경조성·노동시장의 재편·경기부양과 가치창조적 사회안전망 확충·적정한 환율유지 등이다.

한국경제신문은 EABC보고서가 고용대책의 모든 것을 담았다고는 생각하지 않는다. 그러나 사상 초유의 실업대란을 맞고 있는 우리경제가 나아갈 바를 밝힌 혁신적 보고서임이 분명하다고 확신한다. 이를 구체화시키고 정책에 실현시키는 것은 정부의 몫이다. 한국경제신문은 EABC보고서의 정책 반영을 위해 지속적으로 OMJ운동을 벌여 나갈 계획이다.

〈박영균 경제부장〉

[특별취재팀=하영춘, 김성택 기자(경제부) 이익원 기자(산업1부),

김광현 기자(사회1부), 정한영 기자(산업2부)] (1998.10.15)

[취재여록] EABC의 OMJ보고서

K대학 졸업반인 박종성(27) 씨는 요즘 얼굴이 말이 아니다. 힘겹게 대학 4년을 다녀 졸업이 눈앞에 다가왔는데, 아무리 애써 봐도 일자리를 찾을 수 없기 때문이다. 매일 대학 취업안내소에 들르고 취업박람회를 쫓아다녀 봐도 별 뾰족한 수가 보이지 않는다.

밤잠을 못이루는 사람 중에는 김대중 대통령도 포함돼 있다. 급한 불은 끈 상태이나 완전히 마음을 놓을 상황은 아니다. 김 대통령의 최대 걱정거리도 일자리다.

최근 한국경제신문 창간 34돌 기념 특별회견에서 "일자리 창출에 재정을 집중투입하겠다" 며 "실업대책비를 제대로 써서 일하지 않고 돈을 받아가는 일이 없도록 만들겠다"고 밝힌 것은 김 대통령의 고민의 일단을 보여준다. 사실 그 동안의 실업대책은 최저생계비 보조성격이 강했을 뿐 적극적으로 일자리를 만드는 정책은 부족했다. 아니 시늉은 있었지만 의지가 없었다. 이유는 하나, 청사진과 실천가능 수단을 찾지 못해서다.

본지가 15일 첫 보도한 'EABC의 OMJ보고서'가 관심을 끄는 것은 이런 배경에서다. '100만 일자리 만들기' 캠페인의 일환으로 만들어진 이 보고서는 한국경제 현황과 고용창출을 위한 구체적 전략을 담고 있다.

EABC보고서가 나간 15일 많은 사람들이 전화로, 인터넷 전자우편으로 깊은 관심을 표명해 왔다. 한결같이 "이제라도 이런 보고서가 나와 다행"이라는 반응이었다. 정책 당국자들이 EABC보고서를 참조해 실업문제를 해결할 수 있는 현실적인 정책을 내놓을 수 있기를 기대해 본다.

〈강현철 산업1부 기자〉 (1998.10.16)

2. 실업대책 다시 짜라

한국경제신문사는 '100만 일자리 만들기(OMJ, One Million Jobs)운동'을 시작하면서 먼저 현재의 실업대책을 전면 수정할 것을 제안한다. 그 이유는 "정부의 경제정책이 실업자를 양산하고 실업대책은 오히려 실업을 고착화'(EABC보고서)하기 때문이다.

김대중 대통령이 한국경제신문 창간 34주년 기념 특별회견에서 '실업대책을 조정하겠다'고 말한 것도 이 같은 지적과 맥을 같이하는 것이다. 현재 한국의 실업상태는 실로 심각하다. 200만명이 넘는 실업자 수만을 두고 하는 지적이 아니다.

증가속도가 엄청나다

불과 1년도 안 돼 100만 명이 훨씬 넘는 실업자가 늘어났다. 공식 통계에 잡히지 않는 숫자

까지 합치면 그 이상이다. 이대로 가다가는 경제 뿐만 아니라 사회 전반의 질서마저 흔들릴 위기를 맞게 될지도 모를 일이다.

문제는 실업사태를 단기간에 해결할 수 없다는 데 있다. 한국경제가 현재의 위기를 넘긴다고 해도 실업문제는 자동적으로 해결되지 않는다. 현재의 실업대책으로는 10여 년이 걸려야 작년 수준의 고용상태로 돌아갈수 있다. 더군다나 한국은 위기 이전부터 이미 과잉노동력에 시달리고 있었다. 형식적으로만 실업이 아니었다는 얘기다. 부가가치를 창조하지 못하는 일자리가 많았던 것이다.

EABC(Euro-Asian Business Consultancy)의 OMJ보고서는 그래서 경제정책 전반을 뜯어 고쳐야만 실업을 해결할 수 있다고 주장한다. 정부의 현재 경제정책으로는 실업문제를 풀 수도, 경제를 되살릴 수도 없을 것이라는 게 EABC의 결론이다. 오히려 실업을 고착화시키기만 할 뿐이다.

정부가 추진하고 있는 기업 구조조정과 금융 구조조정은 본질적으로 실업자를 만들어 낼 수 수밖에 없다. 구조조정은 인원과 자산을 줄이는 과정이기 때문이다. 경쟁력을 높이기 위한 구조조정은 바람직하다. 따라서 속도를 늦춰서는 안 된다.

그러나 구조조정만으로는 경제를 다시 세울 수 없다. 기업과 금융기관들이 개혁됐다고 해도 불필요한 규제와 관행으로 인해 왜곡된 시장이 그대로 남아 있다면 이들 기관이 다시 부실해지는 것은 시간문제다. 더욱이 구조조정은 근로자의 80%를 고용하고 있는 중소기업에 더욱 치명적이다. 중소기업들의 어려움은 경제위기를 심화시킨다. 경제회복이 더 지연될 수밖에 없다.

실업대책도 단편적이다. 지금의 실업대책으로는 쏟아져 나오는 실업자들을 감당할 수 없다. 특히 최근의 실업대책은 오로지 돈을 풀기 위한 것일 뿐이다. 공공근로는 아무런 가치를 만들어 내지 못하고 있고 직업훈련을 받은 사람들은 취업할 만한 새로운 일자리를 찾을 수 없다.

EABC가 제시하는 진정한 실업대책이란, 가치창조형의 일자리를 만들 수 있도록 경제정책의 틀을 새로 짜는 것이다. 새로운 산업, 새로운 기업들이 싹틀 수 있도록 해야 한다는 얘기다.

가치창조형의 일자리는 중소기업을 지원하고 시장을 규제에서 해방시킴으로써 만들어질 수 있다. 일자리 창조를 핵심적인 경제정책 목표로 삼아야 한다. 그리고 총력전을 펼쳐야 한다는 주장이다.

EABC는 나아가 현 정부 내에 실업정책 전체를 총괄하는 컨트롤 타워를 만들 것을 제안한

다. 노동부 하나만으로는 경제정책 전체를 포괄할 수 없고 실권 없는 위원회로는 과감한 정책을 추진할 수 없다는 것이다.

EABC 보고서는 단지 임시방편적인 일자리를 만들라는 주문을 하고 있는 게 아니다. 더 강하고 수익성 있는 경제를 만들어 고용을 창출하는 게 근본 목적이다. 이를 위해 EABC는 고용창출을 중심으로 경제정책을 다시 짜야 한다고 주장한다.

〈김성택 경제부 기자〉 (1998.10.16)

3. '창조적 구조조정'

'창조적 구조조정으로 전환하라'

한국경제신문이 '100만 일자리 만들기(OMJ, One Million Jobs)운동'의 일환으로 제안하는 세 번째 화두는 '창조적 구조조정'이다. 구조조정을 원칙대로 실시하되, 가치창조형 일자리를 만들 수 있는 방법으로 전환하라는 것이다.

새 정부 들어 숨가쁘게 추진해 온 구조조정은 산업구조를 뿌리부터 바꾸고 있는 게 사실이다. 그러나 지금까지의 구조조정은 어디까지나 '파괴적'이었다. 그 동안 병들었던 부분을 한꺼번에 도려내고 경쟁력 없는 기업을 과감히 퇴출시키는 작업에 불과했을 뿐이다. 새로운 '창조작업'은 전혀 없었다고 해도 과언이 아니다. 그러다 보니 '대책 없는 실업자'가 양산되고, 이들을 위한 '단기적 실업대책'을 마련해야 했으며, 천문학적인 재원이 투입되고 있지만 효과는 미미한 악순환이 계속되고 있다. 물론 정부의 노력을 평가절하하자는 게 결코 아니다. 단기간에 위기를 탈출하고 국제적 수준의 규범(글로벌 스탠더드)을 도입하기 위해서는 어쩔 수 없었을 것이다. 그러나 언제까지나 '파괴적 구조조정'을 할 수는 없는 노릇이다.

정부가 얘기하는 '구조조정완료→고용확대'라는 이분법적 단계론이 성공할 것이란 확신도 없는 상황이니 더욱 그렇다. 1차적 구조조정이 마무리된 만큼 이제는 가치창조형 일자리를 함께 만드는 구조조정이 필요하다는 게 우리의 생각이다.

EABC(Euro-Asian Business Consultancy)의 보고서도 이 점을 분명히 하고 있다. 보고서는 "한국이 현재와 같은 파괴적인 구조조정을 지속한다면 지난 10년 동안 쌓아 놓은 부의 절반 이

상을 하루아침에 날려 버릴 수 있다"고 경고하고 있다. 실제 지난 97년 8월 이후 152만 5,000 개(제조업 67만 6,000개, 서비스업 85만 3,000개)의 일자리가 사라졌다는 분석이다.

그래서 보고서는 파괴적 구조조정의 대안으로 창조적 구조조정을 제시한다. 한 쪽에서는 낡고 썩은 부분을 지속적으로 도려내되 다른 한 쪽에서는 각종 규제를 혁파, 새롭고 선진적인 일자리를 만들어 낼 수 있는 작업을 병행해야 한다는 지적이다. 그렇게 되면 한국경제의 구조를 지속적으로 탈바꿈시켜 가면서도 고용을 극대화할 수 있게 되는 만큼 구조조정과 고용확대를 동시에 달성할 수 있다는 주장이다.

창조적 구조조정은 우선 숨어 있는 일자리를 발굴하고 새로 만드는 작업에서 시작돼야 한다. 금융부문의 경우가 대표적이다. 지금까지 구조조정과정에서 은행, 종금사 등 금융기관만 줄잡아 100여 개가 퇴출됐다. 이 과정에서 3만여 명이 거리로 내몰렸다. 이달에도 1만여 명의 은행원이 직장을 잃어야 한다. 이만한 규모와 해고가 잘못됐다는 게 아니다. 문제는 새로운 일자리 창출 노력이 전혀 없었다는 점이다.

정부는 금융권별 생산성 향상에만 집착했다. 제1,2금융권의 업무영역 조정 등 금융산업의 질적 향상을 통한 일자리 마련 노력은 도외시했다.

EABC는 최근 성행하고 있는 선물, 스와프, 옵션 등 첨단 금융기법의 경우, 지난 80년대 미국의 위기극복 과정에서 비약적으로 발달했다고 진단했다. 구조조정 과정에서도 그 동안 축적된 부를 최대한 보호하려다 보니 새로운 기법에 관심을 기울일 수밖에 없었으며, 이 과정에서 가치창조형 일자리가 무수히 만들어졌다는 주장이다.

기업 구조조정도 마찬가지다. 경제위기의 원인이 된 기업들의 과잉투자 거품을 걷어내면서 다른 한쪽에서는 새로운 투자를 이룰 수 있는 터전을 마련해 줘야 한다. 예컨대 유통업, 정보통신, 영상산업, 환경산업, 노인복지산업, 여성의 가사노동 대체산업, 건강산업 등 미래산업을 육성시키는 방안을 동시에 추진해야 한다.

외국인 투자유치 방법도 수정돼야 한다. 외환위기도 고비를 넘긴 만큼 '외자유치'가 아닌 '일자리를 만드는 외자유치'에 주력해야 한다. 이를 위해서라면 각종 규제도 과감히 벗어던지는 용기를 가져야 한다.

영국이 외국인 투자유치를 통해 지난 70년대 위기를 극복했다는 것은 이미 널리 알려진 사실이다. 대만이 아시아 금융위기에도 끄떡없이 버틸 수 있는 것도 전체 제조업 생산의 36%와 고용의 11%를 차지하고 있는 외국기업이 한 요인이다. 파괴적 구조조정에서 창조적 구조조정

으로의 전환, 이는 성장과 고용확대를 위한 필수적인 방법론이다.

〈하영춘 경제부 기자〉 (1998.10.17)

3. 자본 등 효율적 활용

"구슬이 서 말이라도 꿰야 보배다"

경제도 마찬가지다. 동일한 자본과 노동을 투입해 누가 더 많은 생산물을 낼 수 있느냐에 따라 경제전쟁의 승패가 가려진다. 더 많은 부가가치를 창출하기 위해서는 자본과 노동력을 효율적으로 활용해야 한다. 그래야 결국 더 많은 일자리를 마련할 수 있는 것이다.

기술적인 의미로 '부가가치(Value added)' 란, GDP(국내총생산)를 구성하는 요소를 말한다. 생산활동에서 창출된 재화와 서비스 중 투입요소를 뺀 가치를 더한 것이다. 그리고 GDP 성장 여부는 그 나라 경제의 체질을 나타내는 중요한 지표가 된다.

물론 GDP가 정확히 어떻게 산출되는지 아는 사람은 많지 않다. 그렇다고 생산과 서비스 활동과정에서 무조건 부가가치가 나오는 것은 아니다. 오히려 아무런 가치를 창조하지 못할 때도 있다. 최근 통화가치 폭락으로 경제위기를 겪고 있는 러시아가 바로 그런 사례다. 가치를 창조하는 게 아니라 파괴한다는 얘기다. 왜냐하면 노동 및 자본비용을 더해 만든 최종생산물의 가격이 투입비용에 미치지 못하기 때문이다. 제품을 실컷 생산해 팔아도 이익을 남길 수 없다는 얘기다. 결과적으로 경제(GDP 성장률)는 후퇴할 수밖에 없다.

지난해 말 이후 외환위기를 겪은 후 마이너스 성장을 기록하고 있는 한국에서도 이런 현상은 나타난다. 지난 89년 이후 한국에서는 동일한 양의 GDP를 생산하는 데 갈수록 더 많은 순자본이 투입되는 경향을 보였다. 자본의 효율성이 떨어지고 있는 것이다.

OMJ보고서는 부가가치를 구성하는 4개의 요소 중 임금과 경상이익 부문을 주된 분석대상으로 삼는다. 눈길을 끄는 것은 임금비용 증가율과 경상이익 증가율이 서로 다른 움직임을 보이는 점이다. 임금비중이 지나치게 높아졌다. 물론 개발도상국가에서는 임금이 이익보다 빠른 속도로 오르게 마련이다. 노동의 가치와 질도 급속히 개선되고 노동의 활용도가 높아지기 때문이다. 그러나 이런 임금인상 속도는 완화될 필요가 있었다. 적어도 선진국처럼 기계보다

두뇌파워가 부가가치를 만드는 지식사회가 올 때까지는 말이다.

80년대 말 이후 한국에서는 두 가지 현상이 동시에 나타나기 시작했다. 먼저 한국의 경영자들은 자금의 효율성을 따지지 않고 대규모 투자를 했다. 노동력도 효율성을 따지지 않고 썼다.

어느 특정 연도의 부가가치가 임금 혹은 경상이익 중 어디에서 나오는지는 중요하지 않다. 그러나 다음해의 경제성장률을 알기 위해서는 전년도의 부가가치가 어떻게 구성됐는지를 분석할 필요가 있다. 중요한 것은 자본과 노동이라는 요소를 효율적으로 활용하는 것이다. 자본은 신산업을 건설하는 데 활용돼야 하고 노동은 더 많은 임금을 벌 수 있는 방향으로 재편돼야 한다.

노동의 경우, 노동법이 유연한 노동활용을 막는 브레이크 역할을 한다. 대기업들은 불필요한 인력을 그냥 고용하는 경우도 잦았다. 국가경제적으로 큰 낭비였던 셈이다. 노동뿐 아니라 자본효율도 크게 떨어졌다. 한국에서는 자본공급 부족현상이 지속되다 보니 기업들이 해외에서 1,600억 달러라는 자금을 들여왔다. 해외금리는 국내금리보다 싸다고 생각하고 경쟁적으로 자금을 끌어다 쓴 것이다.

물론 80년대 후반 한국에도 자본부족 현상을 해소할 수 있는 호기가 있었다. 만약 투자사업과 대출이 신중하게 이뤄졌다면, 한국은 경제성장을 이끄는 데 필요한 자본 정도는 스스로 댈 수 있었을 것이다. 또 지난 88년에서 98년까지 국내외 지급준비금을 충실하게 쌓아 왔다면 주식시장은 지속적으로 상승했을 것이다. 그렇게 되면 빚을 갚기 위한 파이낸싱이 아니라 돈을 벌기 위한 파이낸싱을 하는 국가가 됐을 것이다.

그런데 왜 그렇게 못했을까. 두 가지 이유가 있다. 거미줄 같은 규제가 없어지지 않았고 부적절한 외환정책이 계속됐다. 80년대 후반 이후 모든 규제가 비효율을 가져온 주된 원인으로 지적됐다. 이런 규제 때문에 국내 시장은 외부세계와 경쟁을 피해갈 수 있었다. 경영인 등 경제주체들조차 모든 생산요소가 비효율적으로 쓰인다는 사실에 무관심했다.

규제는 가치를 파괴한다. 자본효율을 파괴하고 경제를 크게 왜곡시킨다. 두 가지 예를 들어 본다.

지주회사 설립금지는 결국 한국 대기업으로 하여금 자본을 낭비케 하는 결과를 초래했다는 지적을 받는다. 만약 이런 제도가 미국에 있었다면, 대부분의 미국기업은 경쟁력을 잃게 됐을 것이다. 세계 최대기업인 제너럴일렉트릭(GE)조차 존재하지 못했을 것이다. 부동산 등 담보가 없으면 대출을 받을 수 없는 풍토도 마찬가지 결과를 가져온다. 정책자금을 제외하고 한국

의 은행들은 부동산 담보가 없으면 대출을 하지 않았다. 저축이나 채권 주식 혹은 미래사업 전망을 보고 대출을 결정하지 않는다. 당연히 기업들은 더 많은 부동산을 보유하려는 경향을 보인다. 돈을 빌리기 위한 불가피한 조치였다. 이 과정에서 다른 많은 기업들은 단기자금을 구하지 못해 자금난을 겪게 된다.

결국 규제로 인해 사업전망이 불투명한 기업에 대출이 이루어지는 관행이 반복됐다. 수천 개의 이런 규제가 서로 작용할 경우, 자본 등 자원의 낭비를 초래할 수밖에 없다.

한국인들은 진수성찬을 차리는 것을 낭비라고 여긴다. 그러나 잔치는 참석자들에게 훌륭한 식사라도 제공할 수 있다.

그러나 한국에서와 같이 규제가 많은 환경에서는 아무런 소득 없이 자본이 파괴될 수밖에 없다. 이렇게 파괴되는 자본으로 우리가 생각지 못할 엄청난 수의 일자리를 만들 수 있다.

〈정리=이익원 산업부 기자〉 (1998.10.17)

4. 중소기업이 '제2건국' 엔진

한국경제신문은 '100만 일자리 만들기' 운동의 실천과제로 중소기업정책을 전면 재편할 것을 제안한다. 중소기업을 일자리를 창출할 수 있는 원천으로 본 때문이다.

EABC의 OMJ보고서의 지적도 그렇다. 경제회생에 꼭 필요한 가치창조형 일자리는 바로 중소기업에 숨어 있다고 해도 과언이 아니다. 중소기업에서 가치창조형 일자리를 만들기 위해서는 먼저 중소기업에 대한 인식을 바꿔야 한다. 경제정책의 핵심과제를 고용창출로 전환해야 하듯 중소기업정책을 고용대책의 중심으로 삼아야 한다. 더 이상 중소기업을 단순한 지원대상으로만 보아서는 안 된다는 말이다. 중소기업을 통한 고용창출은 바로 정부가 추진하는 '제2의 건국운동'과 그 맥을 같이 한다.

정부가 '제2의 건국운동'에서 제시한 국정개혁 과제에는 중소기업의 창조적 역동성을 살리겠다는 의지가 곳곳에 배어 있다. 약자(중소기업)에게도 정상적인 자유경쟁의 기회를 주어 노동의 부가가치를 높이고 고용을 창출하라는 EABC의 OMJ보고서 내용은 김대중 대통령의 구상이기도 하다.

창조적 지식과 정보 중심의 고부가가치 산업으로 전환하겠다는 것도 따지고 보면 OMJ운동

이 가치창조형 일자리 창출을 주창하는 것과 같은 의미다. 한국경제신문이 새 일자리를 중소기업에서 찾겠다는 데는 나름의 이유가 있다.

먼저 중소기업에는 아무도 상상할 수 없는 역동적 힘이 잠재돼 있다. 하루에도 수백 개의 중소기업이 태어나고 또 그만큼이 흔적없이 자취를 감춘다. 생명체(경제)가 신진대사 활동을 하듯 말이다. 승패는 물론 시장에서 경쟁을 통해 가려진다. 신진대사가 활발하면 경제는 생기를 띠게 마련이다.

EABC의 OMJ보고서는 "중소기업이야말로 가치를 창조하는 회사들"이라고 주장한다. 중소기업은 손실을 내고는 살아남지 못한다는 것이다. 경제적 파급효과가 큰 벤처기업도 그렇게 나오는 것이다. 창업자들이 사업에서 실패하지 않기 위해 혁신적인 아이템과 서비스를 발굴하려고 고민할 것이기 때문이다.

우리는 불과 10년 전만 해도 생각지 못한 중소기업형 직업군을 쉽게 발견할 수 있다. IP(정보제공업체), 컴퓨터게임 프로그래머, M&A 부티크, 헤드헌터의 경우 최근 몇 년 새 유망사업으로 떠오른 첨단업종이다. 소비자, 금융업체로 3,4년 전부터 태어나기 시작한 할부금융회사도 금융기관이지만 형태는 중소기업이다. 투입비용(자본)에 비해 높은 수익을 거두는 첨단업종이다. 인력을 지원하는 아웃플레이스먼트 사업도 서서히 싹이 움트고 있다.

다음으로 중소기업은 투하된 자본이나 생산규모에 비해 훨씬 더 많은 인력을 고용할 수 있다. 지난 2월 발표된 통계청 자료에 따르면, 광업 및 제조업 생산액 중 중소기업이 차지한 비중(96년 기준)은 46.9%였다.

그러나 광업 및 제조업의 총 고용 중 중소기업의 고용규모는 69.2%였다. 그만큼 중소기업의 고용기여도가 높다는 얘기다. 서비스업까지 합치면 그 비중은 훨씬 높아진다.

EABC의 OMJ보고서가 중소기업을 일자리의 보고로 분석한 것은 이런 점을 감안해서다. 문제는 잃어버린 기업인의 사기를 살리는 것이다. 실마리는 여기서부터 찾아야 한다. 기업가정신을 손상시킨 요인을 하나씩 찾아내 서둘러 도려내야 한다. 연쇄부도로 억울하게 쓰러지는 기업이 없도록 해야 한다. 사업성이 좋은 기업은 반드시 꽃망울을 터뜨릴 수 있도록 금융권의 여신 관행도 하루빨리 정착돼야 한다. 그래서 일자리가 생기고 경제가 살아야 제2의 건국운동도 결실을 볼 수 있다.

EABC의 OMJ보고서 핵심내용도 마찬가지다. "기업가정신을 되살려 중소기업을 일으킨다면 당장 수십 만 개의 일자리가 창출되고 제2건국도 앞당겨 실현할 수 있다"는 것이다.

◆ 제2건국운동및 OMJ보고서의 실천과제 ◆

《시장경제 완성》
○ 제2건국운동
　－관치경제 해방(규제철폐)
　－기업 자율 구조조정
　－약자(중소기업)에 자유경쟁 기회 보장
○ OMJ보고서
　－가치창조 파괴하는 규제개혁
　－업계 자율의 창조적 구조조정
　－시장에서 완벽한 경쟁 보장

《창조적 지식과 정보중심 국가 지향》
○ 제2건국운동
　－교육혁신(창조적 유연성 중심)
　－벤처 육성
　－문화산업 육성
○ OMJ보고서
　－가치창조를 위한 전국민적 의식개혁
　－요소시장 활성화
　－서비스시장 강화

〈이익원 산업부 기자〉 (1998.10.19)

5. 규제 풀면 '일' 생긴다

"규제혁파에 국가의 명운이 걸려 있다"

EABC의 OMJ(One Million Jobs, 100만 일자리 만들기)보고서는 한국을 풍토병 환자로 진단한다. 병명은 규제공화국이다. 규제를 혁파하지 못하면 소생할 수 없다는 것이다. 규제개혁에 성공해야만 한국경제는 소생할 수 있다. '가치창조형(Value-Added) 일자리'를 만들면서 실업도 극복할 수 있다.

그러나 만일 규제개혁에 실패하면 침체의 늪에서 영원히 헤맬 수도 있다. 이것이 EABC의 OMJ보고서가 던지는 메시지다. OMJ보고서가 말하는 규제혁파는 정부가 지금까지 추진해온 '숫자 줄이기' 식 규제완화와는 차원을 달리한다. 허가가 등록이 되고 등록이 신고가 되는 '생색내기' 여서는 곤란하다.

규제혁파를 지렛대로 경제의 틀을 완전히 새로 짜지 않으면…

그 동안 정부의 규제완화는 선진국 대열에 한번 합류해 보자는 '선언적' 차원을 넘어서지 못했다. 규제를 깨부수지 못하면 한국의 경제가 죽는다는 절박함도 없었다. 이 보고서가 주창하는 규제혁파의 목표점은 분명하다. 절대절명의 시기에 작성된 이 보고서의 분명한 타겟은 '100만 일자리 만들기' 다. 그래서 규제개혁의 실천과제도 명확하다.

규제개혁의 시발점은 '상법을 비롯해 애매한 세법과 기업의 이윤저하를 초래하는 각종 법률들을 전면 재검토' (EABC보고서)하는 데 있다는 것이다. 예컨대 미국이나 영국은 단돈 1달러면 주식회사 창업으로 자금을 끌어모을 수 있다. 반면 한국은 주식회사를 설립하려면 최소 5,000만 원이 필요하다. EABC는 차고에서 공장을 시작한 빌 게이츠가 한국과 같은 규제여건 하에서도 과연 마이크로소프트를 키울 수 있었겠느냐는 의문을 제기한다. EABC는 요소시장의 활기를 막는 대표적 진입규제 사례로 선물시장을 들고 있다.

국내에서 선물시장의 필요성이 제기된 것은 벌써 2년 전의 일. 그러나 아직 선물시장 설립은 첫 삽도 못뜨고 있는 실정이다. 행정관료들은 선물시장을 만들기도 전에 규제할 수단부터 찾고 있었던 게 사실이다. 관료를 질타해야 할 정치권은 서울이냐 부산이냐를 놓고 '싸움박질' 만 했다. 어디에 세우는 것이 선거에 유리할 것인가로 다투며 세월만 허송했다는 얘기다.

선물시장이 생기면 기업들의 경제활동이 원활해지는 것은 물론 선물중개인, 거래소 직원에서 건물관리인에 이르기까지 수많은 고용창출 효과가 있었는데도 말이다. 이렇게 보면 규제혁파는 잠들어 있는 토지, 자본, 노동, 취미, 위험, 기술, 기업가 등 일자리가 숨어 있는 모든 생산요소들을 살아 숨쉬게 할 게 분명하다.

관료들의 규제만능주의적 사고는 외국인 투자유치에도 걸림돌이 됨은 물론이다. 외국인들의 국내 투자는 단순한 자본유입이 아니다. 대량실업시대에는 고용창출의 주요한 축이기도 하다. 그러나 어처구니 없는 정부의 간섭이 투자유치의 발목을 잡고 있다. 몇 년 전 한 창업투자회사는 정부규제로 세계적인 증권회사로부터의 자본유치를 성사 직전에 무산시키는 쓰라린 경험을 해야 했다. 당시 청와대까지 나서 투자유치를 막은 명분은 단순했다. "외국자본이 국내에 들어오면 국내 금융질서에 혼란이 생긴다"는 것이었다. 규제가 한국경제의 '풍토병'이라면 책임지지 않으려는 관료주의는 쉽게 고쳐지지 않는 '고질병'이다.

규제혁파는 돈이 들지 않는다는 이점도 있다. 비용은 거의 않지 않으면서 효과는 극대인 그야말로 '가치창조형' 실업대책이다. 규제혁파만 제대로 되면 그 효과는 장기적으로 보아 올해 총 실업예산 10조 원의 100배 이상 될 것이라는 게 EABC OMJ보고서의 결론이다.

물론 규제혁파로 모든 실업문제가 해결된다고 보지는 않는다. 사회안전망 구축, 공공 근로사업, 직업훈련 등 단기적인 실업대책도 필요하다. 그러나 규제혁파는 한국경제의 체질을 근본적으로 뜯어고치면서 '거품 없는 성장'과 '일자리 창출'이라는 두 마리 토끼를 동시에 잡을 수 있는 유일한 대안임에 틀림없다.

〈김광현 사회1부 기자〉(1998.10.20)

'100만 일자리' 정책에 반영 : 정부부처/국민회의

한국경제신문이 창간 34돌을 맞아 주창한 '100만 일자리 만들기(OMJ, One Million Jobs)' 캠페인이 폭발적인 호응을 얻고 있다. 정부는 OMJ보고서에서 지적된 일자리 창출 아이디어를 실업대책 뿐만 아니라 경제정책에도 적극 반영키로 했다. 특히 서비스산업 등 부가가치가 높고 고용창출 효과가 큰 산업의 경우, 규제완화와 금융 및 세제지원을 통해 단기간내 적극 육성키로 했다.

국민회의와 자민련 등 집권 여당도 OMJ운동을 적극 지원하겠다고 밝혔다. 학계와 업계에서도 "한국경제신문과 EABC가 제시한 OMJ보고서는 기존의 실업대책과는 질적으로 다른 내

용”이라며 “이를 구체화시킬수 있도록 해야 한다”고 입을 모았다.

그런가 하면 현재 실직상태에 있는 사람들과 중소기업들은 규제혁파 사례 등 일자리 창출을 위한 갖가지 아이디어를 제시하고 있다. 한국경제신문은 앞으로 OMJ보고서를 구체화, 정책에 반영토록 노력하는 한편 지속적으로 일자리 창출 및 알선운동을 벌여 나갈 계획이다.

김대중 대통령은 20일 경제대책조정회의에서 “실업대책이 무엇보다 중요하다”며 “강력한 기구가 관장해야 한다”고 말했다. 구체적으로는 “국무조정실장이 위원장인 실업대책기구를 총리가 직접 관장했으면 한다”고 밝혔다.

김 대통령의 이 같은 발언은 OMJ보고서와 맥락을 같이하는 것이다. 정부는 두 가지 방법으로 OMJ보고서를 정책에 적극 반영키로 했다. 단기적으로는 요식업, 숙박업, 관광업 등 일자리 창출 효과가 큰 서비스산업을 적극적으로 육성키로 했다. 중장기적으로는 OMJ보고서 내용을 정부가 마련 중인 ‘신산업정책’과 ‘5개년 중기재정계획’에 반영, 경제회복과 고용창출을 동시에 달성할 방침이다.

강봉균 청와대경제수석은 20일 “일자리 창출을 위해서는 OMJ보고서의 지적대로 지식 중심의 서비스산업에 눈을 돌려야 한다”며 “서비스산업을 본격적으로 육성할 계획”이라고 말했다. 그는 이를 위해 “정부의 규제를 과감히 풀고 서비스산업에 대한 금융지원을 늘릴 방침”이라고 덧붙였다.

이기호 노동부장관도 “한국경제신문의 OMJ 캠페인이 적기에 실시됐다”며 “고부가가치 일자리 창출을 통해 국가경쟁력을 강화하자는 의미까지 담고 있는 만큼 정부정책에 적극 반영토록 하겠다”고 말했다.

정해주 국무조정실장도 “실업대책위원회와 규제개혁위원회에서 OMJ보고서를 면밀히 검토, 정책에 반영토록 하겠다”고 말했다.

박태영 산업자원부장관과 진념 기획예산위원장은 OMJ보고서 내용을 중장기정책 플랜에 반영하겠다는 방침을 분명히 했다. 박 장관은 “보고서가 제안한 내용을 참고로 신소재, 정밀산업, 영상산업, 정보통신 등 첨단 지식산업 분야에서 가치창조형 일자리를 창출할 수 있는 신산업정책을 11월 중순까지 마련하겠다”고 밝혔다.

진 위원장도 “OMJ보고서 중 현실성 있는 대안을 추려 국민의 정부 재정운영의 마스터플랜인 5개년 중장기 재정계획에 포함되도록 하겠다”고 말했다.

국민회의와 자민련 등 집권 여당도 OMJ보고서 내용을 종합적인 실업대책에 반영하고 이에

적극 참여키로 했다. 김원길 국민회의 정책위의장은 "금융기관과 기업의 구조조정이 일단락 되고 있는 시점에서 정부의 경제정책은 산업기반의 붕괴를 막고 성장잠재력을 유지하는 데 초 점이 맞춰져야 한다"며 "이런 관점에서 경기회복과 사회안전망 확충 등 OMJ보고서가 주창한 실천과제들은 정부의 경제정책에 반영하는 것이 당연하다"고 설명했다.

〈하영춘 경제부 기자〉(1998.10.21)

6. 'OMJ' 각계의 반응

OMJ(One Million Jobs, 100만 일자리 만들기) 시리즈가 보도되자, 한국경제신문사에는 각 계 각층의 인사들로부터 '시의적절한 정책 제시'라며 환영하는 전화가 쇄도했다. 특히 중소기 업인이나 자영업자들은 기존 정책의 문제점을 지적하는 등 그 동안의 소외감을 털어놓고 나름 대로의 정책대안을 제시하기도 했다.

반면에 실업자 문제에 골머리를 앓고 있는 정부기관들과 지방자치단체들로부터는 보고서 원본을 구해 달라는 요청이 봇물을 이뤘다.

○ 한국경제신문사에는 OMJ보고서 시리즈가 나가자마자 원본을 구하고 싶다는 전화가 폭 주. 특히 임창열 경기도지사는 시리즈 첫 회가 나간 직후 실무자들을 신문사에 긴급히 보 내는 등 깊은 관심을 보였다. 임 지사의 불호령을 받은 경기도청 실무자들은 "역시 경제 통 도지사"라며 "경기도의 요즘 제일 큰 관심은 일자리 만들기"라고 소개.

○ 청와대, 재경부, 노동부 등 경제부처들은 거의 대부분 보고서를 요청. 자료를 요청한 기 관 중에서는 실업문제 및 경제정책과 직접 연관이 없는 국가안전기획부, 외교통상부 등 도 포함. 또 한국의 구조조정정책을 지원하고 있는 세계은행(IBRD)측에서도 "어떻게 하 면 자료를 구할 수 있느냐"며 관심을 표시. 보고서를 작성한 EABC측은 "배포용 보고서 가 준비되지 않아 자료를 주지 못했다"며 "영문판이 조만간 출판된 뒤 이르면 내달 중에 한글번역판이 나올 예정"이라고 설명.

○ OMJ보고서 시리즈를 본 소기업인은 "소기업에서 일자리가 나온다"라는 기사를 감명 깊
게 읽었다며 정부의 소기업 지원정책을 질타. 그는 "공단분양시 70%를 지원하고 있으나
소기업인들에게는 몇 천만 원의 현금조차 부담된다"며 "영구임대형 아파트공장을 지어서
분양하면 묫돈이 없는 기업인들에게 큰 도움이 될 것"이라고 제안. 그는 또 "산업입지를
담당하는 중앙부처 공무원이 음악을 틀어놓고 잡담이나 하면서 다른 기관으로 떠넘기더
라"며 일부 공무원의 무책임한 태도를 비판.

○ 피아노학원을 경영하는 독자는 "학원 면적이 벽두께 때문에 규정된 평수에 조금 모자라
다며 담당공무원이 허가를 내주지 않아 애를 먹었다"고 소개하고 공무원의 권위주의적
태도가 문제라고 지적했다. 또 철학원을 운영하는 독자는 "결혼중매소를 같이 운영하고
싶은데 사업장이 10평 이상이어야 한다는 법령 때문에 못하고 있다"며 "규제가 빨리 풀려
야 일자리가 생길 것이라는 시리즈 내용에 전적으로 공감"한다고 말했다.

〈김성택 경제부 기자〉(1998.10.21)

6. 인터뷰 - 김원길(정책위의장)

"한국경제신문이 펼치고 있는 OMJ운동은 가장 적절하고 필요한 시점에 시작됐다고 생각합
니다. 당 차원에서 이 운동이 확산될 수 있도록 적극적인 지원을 아끼지 않을 것입니다."

국민회의 김원길 정책위의장은 20일 본지의 '100만 일자리 만들기(OMJ)' 운동이 지금까지
시행된 실업대책의 문제점을 재검토할 수 있는 계기를 마련했다고 평가하면서 이같이 말했다.

김 의장은 또 "금융기관과 기업의 구조조정이 일단락되고 있는 시점에서 정부의 경제정책
은 산업기반의 붕괴를 막고 성장잠재력을 유지하는 데 초점이 맞춰져야 한다"고 강조했다. 이
어 "이런 관점에서 경기회복과 사회안전망 확충 등 OMJ운동이 주창한 실천과제들은 정부가
향후 경제정책을 수립하는 데 큰 영향을 미치게 될 것"이라고 덧붙였다.

김 의장은 OMJ운동의 이론적 토대인 EABC보고서의 실천과제 가운데 특히 '규제혁파'에
대해 높은 관심을 표했다.

김 의장은 "막대한 재정을 사회간접자본 시설 등에 투자해 경기를 부양하는 정책은 적자재

정에 따른 엄청난 부담을 감수해야 하는 만큼 이 같은 방안을 사용할지 여부는 신중히 검토해야 한다"고 지적했다.

김 의장은 "따라서 재정을 투입하지 않고서도 경기부양 효과를 극대화할 수 있는 방안을 모색해야 한다"며 "보고서의 지적대로 각종 규제를 완화하면 자연스럽게 경기활성화를 유도할 수 있을 것"이라고 설명했다.

김 의장은 "토지이용과 관련된 규제를 완화할 경우 60만 개 이상의 일자리를 확보할 수 있다는 보고서의 내용을 면밀히 검토할 계획이고, 당 차원에서도 이 같은 방안을 추진하고 있다"고 말했다. 또 보고서 내용 가운데 상법 개정을 통한 창업기회 확대에 대해서도 긍정적으로 평가했다.

김 의장은 "실업사태가 짧은 시간 안에 해결되기는 어려울 것"이라며 "고실업시대에 대비하기 위해서는 주식회사 설립 규제를 대폭 완화하는 등의 방법을 통해 소규모 창업을 활성화시키는 방안이 마련돼야 한다"고 강조했다. 김 의장은 같은 맥락에서 소기업의 효율화를 추진하자는 보고서의 제안을 적극적으로 수용하겠다는 뜻을 밝혔다.

김 의장은 "소기업을 효율화할 경우 고용창출효과가 크기 때문에 이를 위한 다양한 방안을 강구하겠다"는 입장을 피력했다. 그는 소상공인들에 대한 상담 및 지원활동을 펴기 위해 내년부터 각지역에 '소상공인 지원센터'를 설립키로 했으며 향후 보고서의 내용을 참고로 해 다양한 지원정책을 개발하겠다고 약속했다.

김 의장은 지금까지 정부의 실업대책이 효율적으로 집행되지 못했다는 지적에 대해 "사전준비 미흡 등으로 공공 근로사업과 같이 막대한 재정이 투입된 사업이 현장에서 집행되는 과정에서 적잖은 문제점을 일으켰다"고 자인했다.

그는 "EABC 보고서가 가치창조적 일자리를 만들어야 한다고 지적한 데 대해 전적으로 동감한다"며 "보고서의 내용을 면밀히 검토해 당 차원의 종합적인 실업대책을 마련하는 데 적극 활용하겠다"고 강조했다.

김 의장은 "OMJ운동이 성공을 거두기 위해서는 정부의 노력도 필요하지만 무엇보다 기업과 일반 국민들의 적극적인 협력이 필요하다"며 "경제를 살리기 위한 범국민적 운동으로 OMJ운동이 자리잡기를 기대한다"고 말했다.

〈김남국 기자〉 (1998.10.21)

7. '요소시장' 살면 일자리 저절로 는다

OMJ보고서는 경제를 분석하는 데 두 가지 도구를 사용한다. 하나는 부가가치(value added)요, 다른 하나는 생산요소(factors)다. 생산요소란 부가가치를 결합시키는 수단이다. 생산요소가 어떤 작용을 하는지는 찌개를 끓일 때 사용되는 물, 조미료, 소금, 고춧가루 등 각종 재료의 역할을 생각하면 알기 쉽다. OMJ보고서는 부가가치를 생산하는 요소로 리카르도가 제시한 토지, 노동, 자본 외에 10가지를 더 사용한다.

이 요소를 얼마나 자유롭게 결합시키고, 얼마나 효과적으로 사용하느냐에 따라 100만 개의 일자리를 창출하고 경제를 회생시킬 수 있느냐 여부가 판가름난다. 특히 한국은 각종 규제와 인허가제도 법령및 제도를 통해 13개 요소시장의 활성화를 방해하고 있다. 이에 따라 가치창조형 일자리를 가진 수많은 시장이 실종됐거나 왜곡돼 버렸다.

우선 OMJ보고서가 지적하는 13가지 생산요소를 알아보자.

○ **토지**(Land) : 자본, 노동, 기술, 사회간접자본과 결합, 다양하게 바뀔 수 있다. 농부, 부동산개발자(developer), 건설노동자 등이 관련 일자리다.

○ **자본**(Capital) : 자본은 리스크, 시간, 취미 등의 생산요소와 결합될 때 다양하게 변모한다. 선물시장 등 다양한 형태로 발전하고 있다.

○ **노동**(Labour) : 기술과 정보, 기법 등과 어떻게 결합하느냐에 따라 수많은 형태로 나타난다. 장인으로 추앙받는 숙련공이 있는가 하면 생산직 근로자도 있고, 별다른 기술이 없는 일용노동자도 있다.

○ **기업가**(Enterpreneur) : 갈수록 중요성이 커지는 생산요소다. 회사 안에서는 매니저로서, 회사 밖에서는 기업가로서 그 가치를 발휘한다. 경영자의 판단이 회사의 장래를 가름할 수 있는 상황이고 보면 그 중요성을 쉽게 알 수 있다.

○ **시스템**(System) : 노동을 가치창조형으로 끌어올리고 자본에서 부가가치를 생성하는 핵

심요소다. 각종 규범과 사회를 유지하는 사회체계, 기업 간 합리적 관계 등이 여기에 해당된다. 정부관리, 컨설턴트, IT(정보기술)시스템 종사자, 지자체 관리자 등이 시스템에서 파생된 일자리다.

○ **기술**(Technology) : 한때는 독립된 생산요소로 취급할 수 있느냐에 대한 논란이 있었다. 지금은 부가가치를 끌어올리기 위해 자본과 노동을 결합시키는 주된 생산요소로 취급받고 있다.

○ **정보**(Information) : 생활은 물론 모든 교육과정에 필수적인 요소. 인터넷을 통해 자본의 글로벌화를 추진하기 위한 핵심요소다. 학자, 교수, 기자, 미디어 종사자, 인터넷 관련 종사자 등이 바로 정보를 이용한 직업이다.

○ **사회간접자본**(Infrastructure) : 서비스분야의 생산과정을 지탱해 주는 생산요소. 전기, 가스, 철도 관련 종사자들이 꼽힌다.

○ **시간**(Time) : 다른 요소들과 결합, 자본 및 노동의 부가가치를 극대화시킬 수 있는 요소. 21세기에 자본과 다른 결합요소의 부가가치를 결정짓는 생산요소로 간주된다. 소매업, 도매업, 유통업 등이 바로 이를 활용한 직업이다.

○ **리스크와 안전**(Risk and Safety) : 과거엔 사법권과 군사력을 가진 정부에 의해 주로 공급됐다. 현재는 노동과 결합할 경우 자본의 효율성을 증대시킬 수 있는 요소로 꼽힌다. 특히 개인부문에서 사용되어질 경우에 보험 헤지펀드, 파생상품시장에서 부가가치를 높일 수 있는 요소로 각광받고 있다.

○ **취미**(Taste)* : 지금까지는 무시돼 왔으나 21세기에 특히 중요한 요소. 자본, 노동, 정보와 결합된 예술, 관광, 레저 등을 포괄한다. 스웨덴 같은 나라에서는 국가적인 부가가치를 증대시키는 데 사용돼 왔다. 관광, 디자인, 예술, 요리 관련 종사자들이 이 요소에 속한 일자리다. *보고서 본문에는 '기호' 임.

○ **기법**(Skill Sets) : 때때로 노동시장의 부산물로 분류된다. 그렇지만 가치창조에 막대한 공헌을 하는 그 자체로서 가장 좋은 생산요소다. 예컨대 마케팅기법은 4달러짜리 티셔츠를 60달러짜리로 변모시킬 수 있다. 옳은 마케팅기법은 회사와 은행의 이미지도 바꿀수 있다.

○ **품질**(Quality) : 독립된 요소로 관심을 기울여야 할 분야. 즉각적으로 생산품의 가치를 증대시킬 수 있다. 품질관리사, 감리사 등이 바로 품질을 활용해 만들어진 일자리다.

이 같은 13가지 생산요소들은 여러 개씩 결합, 다양한 가치를 만들어 낸다.

백화점의 경우가 대표적이다. 백화점은 상품에 대한 다양한 정보를 제공한다. 만일 물건에 문제가 발생할 경우 즉시 교환해 준다. 그런가 하면 백화점 카드를 발행, 상품값을 나눠 치를 수 있게 한다. 똑같은 상품이라도 시간, 정보, 품질, 자본이라는 4가지 생산요소를 갖고 새로운 가치를 창조하고 있는 셈이다. 여기에 백화점 특유의 분위기를 연출하기 위해 취미라는 생산요소도 적절히 활용한다.

생산요소의 결합은 경쟁이 심화될수록 필요해진다. 가장 적은 생산요소를 투입, 가장 많은 가치를 얻어야만 견딜 수 있기 때문이다. 인터넷 서적 판매상인 '아마존 북스(Amazon Books)'가 대형서점과 겨룰 수 있는 것도 이런 이유 때문이다.

그러나 불행히도 한국은 모든 요소시장을 지나치게 규제하고 있다. 그 결과 한국에서 많은 생산요소들은 사용되지 않고 있으며 요소들의 결합도 억제되고 있다. 두 가지 주요한 요소시장인 자본과 노동시장은 산산조각 나 있다. 수많은 부가시장은 실종된 상태다. 이를 어떻게 살리느냐가 일자리 창출의 최대과제다.

〈정리=하영춘 경제부 기자〉 (1998.10.22)

《요소시장의 사례》

○ **토 지**
　- 시장의 사례 : 도시 상업용지 개발
　- 미발달된 시장 및 왜곡사례 : 부동산개발업, 정부 인허가에 따른 시장분할

○ **기업가**

　　– 시장의 사례 : 기업체 임원, 벤처 자본가, 창업 기업인

　　– 미발달된 시장 및 왜곡사례 : 주식회사, 최저자본금 제한, 신규 영업인허가

○ **시 간**

　　– 시장의 사례 : 소매, 도매, 택배

　　– 미발달된 시장 및 왜곡사례 : 쇼핑몰 영업구역제한

○ **취 미**

　　– 시장의 사례 : 예술, 관광

　　– 미발달된 시장 및 왜곡사례 : 독점적인 관광기구

○ **정 보**

　　– 시장의 사례 : 교육, 정보기술

　　– 미발달된 시장 및 왜곡사례 : 출판 인허가, 사립학교 규제

○ **기 법**

　　– 시장의 사례 : 경영관리, 광고 마케팅

　　– 미발달된 시장 및 왜곡사례 : 컨설팅업, 소프트웨어 개발기술

○ **위 험**

　　– 시장의 사례 : 보험, 경비회사

　　– 미발달된 시장 및 왜곡사례 : 새로운 보험상품 인허가

○ **자 본**

　　– 시장의 사례 : 주식시장, 장기대출시장, 단기투자시장

　　– 미발달된 시장 및 왜곡사례 : 모기지(부동산 저당권)채권, 선물시장

○ 기 술

　　– 시장의 사례 : 연구개발, 기술회사

　　– 미발달된 시장 및 왜곡사례 : 로열티에 대한 비공식규제, 창업지원 연구기관 부족, 과
　　　학교육 부족

○ 사회간접자본

　　– 시장의 사례 : 육상운송, 정보통신망

　　– 미발달된 시장 및 왜곡사례 : 국유화된 철도 항공운송 인허가제도

○ 노 동

　　– 시장의 사례 : 미숙련 노동시장

　　– 미발달된 시장 및 왜곡사례 : 근로자 교환제도, 직업훈련 시장, 재교육 시장

○ 품 질

　　– 시장의 사례 : 품질관리 검사시장

　　– 미발달된 시장 및 왜곡사례 : 환경개발 시장, 비영리기관의 과잉

○ 시스템 · 프로세스

　　– 시장의 사례 : 경영시스템, 정부규제, 법률제도

　　– 미발달된 시장 및 왜곡사례 : 협회 등에 의한 규제

7. '100만 일자리' 어떻게 계산했나

요소시장분석(Factor/Labor Matrix)은 EABC가 OMJ보고서를 작성하기 위해 독창적으로 개발한 기법에 따라 만들어졌다. 요소시장에서 일자리를 얼마나 창출할 수 있는지를 분석하기 위한 기법으로, 우선 경제 전체를 13개 요소들의 조합으로 분석한다. 전통적인 경제학은 자본, 토지, 노동이라는 3가지 요소로 경제를 분석하지만, 일자리가 늘어나는 분야를 구체적으로 알

기 위해 요소를 확대한 것이다.

EABC는 두 가지 요소들을 조합해 고용을 169개(13×13)로 분류했다. 한 회사도 경영자, 정보통신 전문가, R&D(연구개발) 담당자 등 여러 가지 성격의 종사자들로 나누었다.

169개 항목에서 새로 생길 수 있는 잠재적 일자리는 다음과 같은 과정을 거쳐 계산됐다. 현재의 항목별 일자리 수에다 투입산출표를 기초로 계산한 일자리별 부가가치와 부가가치의 증가, 별도로 산출된 규제계수와 2차고용효과계수, 다른 분야에서의 투입수요 등을 산식에 집어넣어 추산한 것이다. EABC는 244만 개의 일자리 가운데 100만여 개는 새로 생기는 일자리로 보았다. 나머지 140만여 개는 기존 근로자가 새로운 업무로 전환하거나 보다 부가가치가 높은 일을 맡는 등의 방법으로 충당될 것으로 예상했다.

이번 분석을 놓고 "100만 일자리 만들기가 과연 쉽겠느냐"며 의아해 하는 경우도 있다. 그러나 이번 분석결과는 국책연구원인 산업연구원(KIET)이 지난 4월 청와대 및 관계당국에 제출한 보고서의 결론과도 유사하다.

이때 KIET는 문화지식산업 육성에 15조 3,000억 원을 투입할 경우, 1년 안에 32만여 개의 새로운 일자리를 창출, 실업문제와 산업 구조조정 등 두 가지 현안을 동시에 해결할 수 있다는 내용의 보고서를 냈다. OMJ보고서와는 달리 가치를 창조한다든지 정부가 규제를 대대적으로 개혁한다는 가정이 포함되지 않았다. 또 분석대상도 문화지식산업에 한정됐다.

이 같은 사정을 감안하면 100만 일자리 만들기는 전혀 불가능한 것이 아니다. 그러나 이번 보고서는 일자리의 갯수 자체보다는 노력하기에 따라서는 일자리를 늘릴 수 있다는 점을 구체적으로 보였다는 데 더 큰 의미가 있다.

〈김성택 경제부 기자〉 (1998.10.22)

8. '중소기업형' 경기부양책 펴라

한국경제를 다시 회생시키는 방안이 추진되고 있다. 정부뿐만 아니다. 혹독한 긴축과 고금리를 강요했던 IMF(국제통화기금)조차 경기회생에 대해 적극적인 자세를 취하고 있다. 아주 다행스런 일이다. 그렇다면 어떤 방식으로 경기를 부양시킬 것인가. 그저 막대한 예산을 투입, 소비를 진작시키고 산업기반 붕괴를 저지하는 데 초점을 맞춰야 하는 것일까.

OMJ보고서는 경기부양에 대해서도 명확한 기준이 있어야 한다고 생각한다. 그래야만 경기활성화와 고용확대를 동시에 이룰 수 있기 때문이다.

OMJ보고서가 제안하는 기준은,

- 임시적 일자리 제공이 아닌 가치창조적 일자리를 창출할 것
- 새로운 직업을 만들어 낼 수 있도록 사업 마인드를 자극하고 소비를 진작할 것
- 빠르게 시중에 유통될 수 있는 자금을 투입할 것
- 주식시장을 활성화시킬 것

등이다. 정부는 이 4가지의 기준을 충족시키는 방향에서 경기부양책을 모색해야 한다는 게 우리의 판단이다. 그렇지만 최근 정부의 움직임을 보면 불행하게도 이런 원칙과는 다소 거리가 있는 것 같다. 예컨대 정부는 은행에 많은 자금을 투입하는 게 경제활성화를 위해 가장 좋은 방법이라고 생각하고 있다. 은행에 돈을 주면 은행은 다시 기업과 소비자에게 돈을 빌려줘 돈이 돌게 되고, 이에 따라 경기도 밑바닥부터 서서히 살아나지 않겠느냐는 기대에서 비롯된 것 같다. 그렇지만 은행에 막대한 돈을 투입하는 것은 큰 효과를 얻을 수 없다. 은행에 투입된 자금은 그대로 은행에 머물러 있어 경기부양효과를 내지 못하고 있다. 지금이 그런 상황이다. 그렇지 않으면 대기업이나 대형은행의 빚을 탕감하는 데 쓰이는 게 고작이다.

정부와 IMF는 GDP(국내총생산)의 5%에 상당하는 적자예산 편성을 용인함으로써 경기를 활성화하자는 데 동의했다. 문제는 이만한 돈을 어디에 어떤 방법으로 투입할 것인가다.

OMJ보고서는 돈의 투입방법을 제시하고자 한다.

○ **외국의 경험에서 배워라**

경기활성화와 일자리 창출에 대한 교훈은 일본과 유럽에서 배울 수 있다. 대표적인 게 일본의 사례다. 일본은 지난 96년 대규모 공공사업 프로그램을 실시했다. 이 덕분에 4.6% 경제성장을 이룬 게 사실이다. 그러나 지난 97년 4월 정부가 판매세를 3% 올리면서 공공사업은 중단됐다. 결국 공공사업을 통한 성장촉진이라는 일본의 정책은 실패한 셈이다. 일본의 경우는 공공사업에 대한 직접적인 자금투입이 얼마나 일시적이고 불안정한지를 보여주는 단적인 사례라고 할 수 있다.

유럽의 경우에는 일반적으로 다양한 형태의 고용창출에 힘쓰는 기업에 보조금을 주는 형식을 취하고 있다. 그러나 이런 방법도 매우 일시적인 것으로 드러났다.

○ 기초에 충실하라

정부자금을 최소로 투입하면서 최대의 고용을 이루기 위해서는 경제원칙에 충실하는 게 기본이다. 아울러 정부가 투입한 돈이 어떤 경로를 통해 흘러가는지를 면밀히 관찰해야 한다. 공공사업 형태의 건설활동은 기술이 부족하거나 불충분한 많은 수의 노동자를 고용할 수 있다는 장점이 있긴 하다. 이 활동은 원자재가 필요하고 따라서 강력한 중복고용의 효과가 있다. 건설 근로자들은 그 돈을 식당, 가게, 생필품 공급자에게 지출, 제3의 고용을 창출하는 효과도 갖고 있다.

OMJ보고서는 이런 효과를 갖고 있는 지하철, 도로, 상하수도, 가스와 같은 대규모 사업을 벌이는 것에 찬성한다. 그러나 여기에 그쳐서는 안 된다. 대규모 사업과 함께 시.군.구.동 등 기초자치단체 수준에서 다양한 사업을 벌여야 한다. 지역환경개선사업이 대표적이다. 이럴 경우 취미(Taste)요소를 한껏 개발시킬 수 있을 뿐만 아니라 도시환경의 발전에도 도움이 된다. 아울러 기초자치단체에서 자금이 투입되기 때문에 지역 소기업을 육성하는 효과도 상당하다. 여기서 주의할 점은 기초자치단체 수준의 사업은 중소기업이 담당해야 한다는 점이다. 그렇게 되면 지역 중소기업을 육성, 수많은 일자리를 만들 수 있다. 이런 소규모 공공사업에 민간자본이 참여한다면 그 효과는 극대화될 수 있다.

사업을 계획, 시행한 뒤에 이를 자치단체에 이관하는 BOT(Build Operate and Transfer)방식이나 아예 시행자가 사업을 영구히 소유하는 BOO(Build Operate and Own)방식은 한국에서 발달되지 않았다.

이 방법을 도입할 경우, 민간자본을 공공사업에 많이 끌어들일 수 있을 것이다. 공공사업에 외국자본을 쉽게 유치할 수 있는 방법도 모색해야 한다. 예컨대 외국 설비공급자와 건설회사가 모두가 사업발전을 위해 관심을 갖는 밀집지역의 경량철도 시스템(light rail system)을 도입하는 방안도 검토할 만한 대상이다.

○ 새로운 사업을 지원하라

고용을 촉진하는 직접적인 방법은 새로운 사업을 적극 지원하는 것이다. 일반적으로 새로운 사업을 시작하는 데 문제점은 자금부족뿐만이 아니다. 자금보다는 신용부족으로 더욱 애로를 겪게 된다. 정부는 이 점을 풀어주는 데 주력해야 한다. 즉, 직접적으로 자금을 지원하기보다는 새로운 사업이 필요로 하는 신용을 정부가 담보해 주는 게 절실하다.

이를 위해 정부는 '중소기업 신용카드제'를 도입하는 방안을 검토할 수 있다. 예컨대 중소기업당 500~1,000만 원이나 고용인에 따른 액수를 정해 따로 기금을 적립해 놓는 것이다. 이 기금은 창업회사의 신용을 담보하는 지렛대 역할을 할 수 있다. 은행에서 돈 빌리는 것도 수월하게 된다. 이 방법은 전통적인 은행의 대부시스템과는 한 차원 다르다. 정보기술(IT)을 이용한 21세기형이다. 정부와 은행 카드회사는 실시간으로 창업회사의 신용상태를 점검할 수 있다. 미국에서도 은행과 아메리칸 익스프레스카드사에 의해 이 방법이 활용되고 있다.

정부는 이와 함께 창업회사에 사회보장제도(국민보험, 실업보험, 의료보험)을 허가해야 한다. 이렇게 되면 고용을 직접적으로 보조하는 효과도 발휘할 수 있다.

○ **수출보조에 나서라**

수출기업에게 정부는 최종 대부자라기보다는 최종 보증자로서의 역할을 수행할 수 있다. 이렇게 보면 수출보조를 위해 정부의 역할은 막대하다. 예컨대 수출입은행의 역할을 극대화하는 것도 한 방법이다. 이 같은 방법은 경제위기가 증가할 동북아시아에서 한국의 위치를 유지하는 데 특별히 중요하다.

《경기부양책 평가》

○ **정부의 경기부양책** : 금융기관을 통한 통화 확대
○ OMJ보고서 : BIS 등 때문에 은행에 자금이 머물 것

○ **정부의 경기부양책** : 공공 건설사업
○ OMJ보고서 : 일시적이고 불안정

　　　　　지역 중소기업에 자금이 직접 가는 사업 확대,

　　　　　민간자본과 외국자본이 참여할 수 있는 다양한 기법 도입

○ **정부의 경기부양책** : 고용유지 기업에 대한 보조금
○ OMJ보고서 : 일시적 효과

　　　　　새로운 사업 적극 지원

직접 지원보다 신용보증

○ **정부의 경기부양책** : 무역금융 등 수출기업 지원
○ **OMJ보고서** : 수출입은행 역할 극대화

〈정리=하영춘 경제부 기자〉 (1998.10.23)

8. 인터뷰 - 현오석(경제정책국장)

현오석 재정경제부 경제정책국장은 한국경제신문의 OMJ(100만 일자리 만들기)캠페인이 바람직한 방향이라며 "중소기업 제품과 서비스에 대한 수요를 살리는 방향의 경기부양책을 찾고 있다"고 말했다. 그는 또 "중소기업에 대한 지원시스템을 재정비해 고용을 창출하는 방안을 추진해야 할 것"이라고 말했다.

- 한국경제신문이 OMJ 캠페인을 벌이고 있는데 어떻게 평가하나.

"고용창출을 경제정책의 중심에 놓고 중소기업을 키워 일자리를 만들자는 것은 바람직한 제안이다. 경제정책의 기본목표는 고용창출을 비롯해 물가안정과 성장이다. 구조조정은 그 자체가 목적이 아니다. 고용창출과 경기진작을 위한 수단이다"

- 경기부양책이 가시적인 효과를 내지 못하고 있다는 지적이 있는데.

"돈이 돌지 않고 있는 것은 합병과 퇴출은행 인수에 따른 후속작업이 마무리되지 않았기 때문이다. 대출 담당자들이 제대로 일할 수 있는 시스템을 갖추는 게 시급하다. 또 중소기업 제품과 서비스에 대한 수요를 창출해 주는 게 필요하다. 중소기업이 수요가 많은 분야로 진출하도록 할 수도 있다. 새로운 일자리를 만드는 게 경제정책의 목표고 중소기업은 경쟁력과 성장성이 있는 편이기 때문이다. 또 유연하고 모험성도 있다. 이런 중소기업 분야에서 일자리를 만들면서 성장해 가야 한다. 중소기업과 연관돼 있는 대기업들이 경쟁력을 갖추는 것도 중요하다. 이는 대기업의 구조조정과도 관련이 있다. 공급측면에서 보면 중소기업의 신용경색을 해소해 주는 것이다. 지금은 은행들이 중소기업의 리스크

(위험)가 크다고 보고 있다. 신용보증기관에서 보완해 주도록 하겠다"

— OMJ보고서는 중소기업형 경기부양을 권고하고 있는데, 대형 SOC(사회간접자본)사업에만 치중하고 있는 것이 아닌가.

"중소기업의 참여를 높이는 것이 좋을 것이다. 또 대형 SOC 중에서 불요불급한 부분이 있다면 지역의 중소기업들한테 자금이 직접 갈 수 있는 사업부터 하는 것이 바람직하다. 다만 SOC사업의 경우 기본적으로는 경제활동을 지원하고 생산성을 높이는 게 1차적인 목적인 만큼 대형 SOC도 필요하다는 점을 이해해 주기 바란다"

— 중소기업, 특히 소규모기업들이 고용창출의 견인차인데, 정부가 제대로 뒷받침하지 못하고 있다는 지적이 많다. 역대 정권에서부터 자금을 많이 투입했다지만 중소기업들의 기반이 여전히 취약하다.

"우선 워크아웃을 빨리 해야 한다. 자금지원 문제 다음으로는 정보와 판로가 중요하다고 생각한다. 연구기관들과 연계를 강화해 집중적인 지원을 받을 수 있도록 하는 방안을 찾아야 한다. 또 시장의 불완전경쟁을 해소하면 중소기업들의 입지가 넓어질 것이다. 중소기업들이 제대로 판로를 찾지 못하고 있는 것은 계열기업들 간에 내부거래가 남아 있기 때문이다"

— 규제를 과감히 개혁해야 한다는 게 OMJ보고서의 메시지인데.

"규제가 비교적 덜 완화된 분야가 유통, 정보, 여행, 환경, 보건 등이다. 이런 분야가 바로 성장잠재력이 있고 고용을 창출할 수 있는 분야다. 규제가 풀리면 호텔을 짓겠다는 외국인들이 상당히 있다. 사유가 명백하고 사회의 안전이나 경제시스템과 관련되지 않은 사전적 규제는 원칙적으로 없애고 사후규제로 바꿔야 한다. 또 감사도 왜 문제를 일으켰는지보다 왜 할 일을 하지 않았는지를 추궁하는 적극적인 방향으로 전환되면 경제를 살리는 데 도움이 될 것이다. 사정바람이 불면서 복잡한 일은 무조건 기피하려는 것이 더 문제다"

〈김성택 경제부 기자〉 (1998.10.23)

9. '적정환율' 유지돼야 경쟁력 산다

원화 환율은 지금까지 적정한 수준에서 움직여 왔는가. EABC의 OMJ보고서는 단호하게 'No' 라고 대답한다.

OMJ보고서는 지난 70년대 이후 한국의 거시경제 환경을 분석한 결과 20여 년간 원화가치가 실제보다 높게 평가돼 왔다고 진단한다. 이러한 정부의 환율정책은 지난 70~80년, 그리고 89~97년 경제 전반에 심각한 타격을 입혔다. •경상수지 적자누적 •수출산업의 경쟁력 상실 •국내자본 이용 대신 해외차입 조장 •경쟁력 있는 국내기업 육성저해 •외국기업에 대한 진입규제 영구화 •높은 이자율 등이 그것이다. 관료들이 집착한 '원고정책'은 거미줄 같은 규제망과 뒤얽히면서 상승작용을 일으켰다. 우리 경제의 기초체력(Fundamental)을 약화시키고 건전성장의 발목을 잡아버린 것이다.

한국경제는 적정 환율에 접근할 때 가장 빠르게 그리고 가장 건전하게 성장했다. 80년대 초·중반의 환율과 경제 상황이 이를 증명한다. 특히 환율메커니즘이 자유화된 현재 상태에서는 한국은행이 중재자로 즉각 나서야 한다. 그래야 최대의 효율성을 달성할 수 있다. OMJ보고서는 자유시장체제에서도 적정 환율을 유지하는 데 정부의 적극적인 관찰과 대응이 필요하다고 제안한다.

○ 원화환율이 고평가됐는지 어떻게 알 수 있나

한국과 미국의 물가상승률을 GDP(국내총생산)디플레이터를 이용해 지수화해 보면 금방 알 수 있다. 한국과 미국의 물가상승률 차이를 고려한 적정환율(Indexed FX Rate)과 실제환율(Actual FX Rate)의 움직임이 얼마나 동떨어져 있는지 한눈에 들어온다.

지난 82~87년까지 원화는 물가상승률 차이를 반영하기 위해 조정국면에 들어갔다. 정부에서 원화가 어느 정도 자유롭게 움직일수 있도록 환율정책을 완화했던 시기다. 이 기간 동안 한국에서는 무역흑자를 냈다. 이때부터 98년 이전까지 무역흑자는 반도체 붐이 일어난 94년에만 유일하게 발생했다. 만약 환율이 적정 수준으로 변화됐다면 한국경제는 판이하게 달라졌을 것이다.

균형환율은 경상수지가 균형을 이뤘을 때의 환율이다. 따라서 지난 27년 동안 균형환율은 거의 이뤄지지 않았다는 것을 알 수 있다. 적정환율이 뒷받침됐다면 한국도 일본, 대만, 중국

등의 경우처럼 경상수지 흑자가 가능했을 것이다. 이러한 환율은 한국의 생산성이 미국보다 빨리 성장했을 경우에만 정당화 될수 있다.

생산성을 적절하게 측정하는 척도는 근로자 1인당 실질 GDP 성장률이다. 이 수치는 노동부, 한국생산성본부 등 정부기관에서 공식발표한 생산성지표보다 훨씬 느리게 성장했다. 한국은 연간 4.5~5.5%인데 반해 미국은 1~1.5% 수준이다. 한국의 생산성 증가율이 높지만 적정환율과 실제환율 간의 괴리현상에는 큰 변화가 없다. 단지 그 차이가 줄어들 뿐이다.

○ 수출산업의 경쟁력 상실

노동집약적인 수출중심산업은 선진국에서 후진국으로 이전되는 양상을 보인다. 그러나 일본과 이탈리아는 세계 최대의 섬유수출국이지만 동시에 G7회원국이기도 하다. 한국의 경우, 적정 환율을 유지하는 데 실패함에 따라 노동집약적 산업은 초창기부터 경쟁력을 상실했다. 투하된 자본도 손실을 입었다. 기업들은 잃어버린 경쟁력을 신속하게 끌어올릴 밑천마저 날려버린 것이다. 결과적으로 경쟁력이 회복될 경우 새롭게 창출될 수많은 일자리가 사라져 버렸다. 최근의 급속한 원화의 평가절하는 오래된 산업도 수출증대에 기여할 수 있다는 사실을 보여준다. 양돈업처럼 전혀 경쟁력 없는 것으로 여겨진 산업도 유력한 수출산업으로 탈바꿈할 수 있다.

○ 경쟁력 있는 국내기업 육성 저해

무역통계를 보면 일본과의 무역수지 불균형이 심각한 상태다. 한국은 주요 기계장비 생산국이지만 자본투자를 할 때엔 어김없이 대규모의 기계장비를 수입하고 있다. 소비재를 수입할 때 들끓던 비판여론도 자본재 산업의 경쟁력에 대해선 잠잠하다.

이유는 간단하다. 한국의 중소기업들은 더 많은 기술축적과 정부지원을 필요로 한다. 반면 대기업 그룹들은 자동차, 조선, 전자제품 등 최종 소비재산업에 과잉투자하고 있다. 경쟁력 있는 중간재나 부품산업은 절대적으로 부족하다. 중소기업들은 더 많은 기술축적과 정부지원을 필요로 한다. 이러한 상황은 인위적으로 조작된 환율정책에서 기인한다. 낮은 환율은 값싼 외국 자본재를 들여오게 하는 촉매제다.

○ 외국기업에 대한 진입규제 영구화

정부와 산업 관련단체들은 국내 산업에 대한 보호규제를 강화하는 한편 시장개방을 미루어 왔다. 올해로 끝날 예정인 수입다변화정책도 일본으로부터의 수입을 금지하거나 제한하기 위해 만들어진 것이다. 모두 원화가 과대평가되면서 야기된 현상들이다. 정부는 그 동안 규제장벽 뒤에서 비효율적인 산업을 만들어 내는 데 열을 올렸다. 관료들은 그러한 산업이 근로자의 일자리를 보호하는 최선책이라고 믿었을 것이다. 그러나 결과는 정반대였다. 그들이 보호한 일자리는 가치파괴적인 것이었고, 다른 분야에 필요한 자본이 그 기업들로 흘러들어갔다. 우리에게 가치창조적인 일자리를 제공해 줄 외국기업들은 발붙일 틈도 없었다.

○ 높은 이자율

정부는 국제통화기금(IMF)과의 정책협의에 따라 환율을 낮추기 위해 인위적으로 다른 나라들보다 높은 이자율을 유지했다. 그러나 높은 이자율은 무더기 기업도산으로 인한 산업 공동화와 과잉수요로 이어졌다.

○ 해외차입 조장

한국의 은행과 기업들은 국내보다는 해외에서 돈을 빌리는 데 매력을 느껴 왔다. 국내 자본보다 이자율이 싸기 때문이다. 여기에 원화의 지나친 평가절상은 해외차입을 부채질했다. 이로 인해 경상수지 적자가 눈덩이처럼 불어났으며 대규모 해외부채와 이자부담을 안게 됐다.

○ 향후 전망

아직도 원화가 달러당 800원 선으로 되돌아가고 기존의 경제시스템이 유지돼야 한다고 생각하는 사람들이 많다. 만약 원화가치가 그렇게 조작된다면 실업자 양산과 가치파괴적 시스템으로의 회귀만을 조장할 뿐이다. OMJ보고서는 정부가 적정환율 유지를 중대 정책과제로 삼아줄 것을 다시 한 번 강조한다. 이렇게 되면 수출입부문에서 대규모의 가치창조적인 일자리가 창출된다. 또한 외자 유치와 외국기업의 생산거점 이전도 촉진할 수 있다. 이는 궁극적으로 한국이 서비스와 제조업 분야에서 동북아시아의 강대국으로 부상하는 지름길이기도 하다.

〈정리=정한영 산업2부 기자〉 (1998.10.26)

10. '저효율 공공부문은 민간이양을'

'OMJ보고서'는 정부에 색다른 제안을 한다. 정부부문 곳곳을 살펴 민간이 맡는 것보다 효율성이 떨어진다고 판단되는 업무는 무엇이건 민간에 과감히 넘기라는 것이다.

보고서가 주장하는 민영화(Privatization)는 적극적인 의미를 담고 있다. 결코 비효율성을 없애기 위해 108개 공기업의 주인을 찾아주자는 소극적인 취지가 아니다. 공기업뿐 아니라 비영리단체까지도 효율성의 잣대로 조직을 다시 짜야 한다는 주장이다. 정부조직을 민간에 넘기지 않으려면 경쟁원리를 100% 도입하라고 충고한다. 그래야만 인력과 자본의 효율성을 높여 공공부문에서도 가치를 창조할 수 있는 일자리를 많이 만들 수 있기 때문이다.

따라서 공기업뿐 아니라 공공부문 전체가 민영화추진 대상으로 검토돼야 한다. 이는 영국의 개혁전문가 다이애나 골즈워디(53) 여사의 개혁원칙과 궤를 같이 하고 있다. 그는 "공공부문 개혁의 핵심은 경쟁원리를 도입한 민영화"라고 말했다.

이런 점에서 보면 우리 정부의 민영화는 지나치게 외자유치 쪽에 무게가 실려 있다는 게 OMJ보고서의 분석이다. 이에 따라 앞으로 민영화는 매각 자체보다 효율성을 높이는 쪽으로 추진돼야 할 것으로 보인다.

○ 규제를 없애고 정부개혁을 서둘러라

가치창조형 일자리 창출의 당위성은 반드시 민간부문에만 국한되는 것은 아니다. 정부 및 공공부문에도 똑같이 적용된다. 그러나 불행히도 한국에서는 그렇지 못하다. 오히려 가치를 파괴하는 일자리가 훨씬 많은 편이다.

각종 규제나 공무원의 비리는 민간부문의 가치창조에 오히려 걸림돌로 작용하고 있다. 정부는 이를 시정해 공공부문에서 가치를 창조하는 일자리를 제공하기 위해 노력해야 한다. 이를 위한 유일한 방법은 공기업에도 민간의 경쟁원리를 철저히 도입하는 것이다.

그렇다고 당장 모든 공기업을 민영화해야 한다고 주장하는 것은 아니다. 한국에서도 20년 전부터 민영화의 필요성이 꾸준히 제기돼 왔다. 하지만 그 취지가 정치적인 데 있었다. 그래서 개혁으로 제대로 이어지지 못했다.

유럽의 정치가와 경제전문가들은 정부가 일정 기간 기업의 지분 일부를 갖는 것 자체가 잘못된 것은 아니라는 데 의견을 같이 하고 있다. 부채의 출자전환을 통해 정부가 다른 일반주주와 똑같이 주식을 보유해도 좋다고 인정한다. 다만 보유기간은 짧을수록 좋다는 생각이다. 주식보유 여부보다 중요한 것은 규제를 철폐하는 것이다.

정부도 더 많은 가치를 창조할 수 있는 조직체계를 도입하고 쓸데없는 규제는 없애야 한다. 정부가 직접적인 방법으로 시장에 개입하면 이를 막을 방법이 없다. 때문에 결국 정부 지분은 시장에서 처분하는 게 바람직하다.

요즘 같은 환경에서 정부는 시장을 활성화시키고 부가가치를 높일 수 있는 몇 가지 정책대안을 내놓을 수 있다. 공기업이나 국영기업을 과감하게 민간에 매각하고 정부 산하단체의 기능까지도 민간에 넘기는 게 대표적이다. 특히 이익을 창출하지 못하는 업종별 산업단체까지 정리하는 게 바람직하다. 한국에서 1년 정부예산은 국내총생산(GDP)의 19~20%에 달한다. 이는 서방 선진국에 비해 2배 이상 높은 비중이다. 이 같은 정부예산은 세금으로 걷히게 마련이다. 조직을 줄이면 세금을 덜 걷어도 된다.

○ 민영화로 가치창조형 일자리를 만들어라

영국은 80,90년대 민영화를 추진하면서 세 가지 원칙을 따랐다. 먼저 정부지분을 매각해 주주층을 확대했다. 또 자본과 노동력을 보다 효율적으로 활용할 수 있는 조직을 만드는 데 힘썼다. 정부사업으로 전혀 잇점이 없고 사회적으로 도움이 되지 않는 사업은 서둘러 매각했다.

민영화를 추진하고 있는 한국도 이런 원칙을 따를 필요가 있다. 특히 비영리법인이나 공익단체까지도 민영화해야 한다. 비영리법인이 반드시 공공의 이익과 부합하는 것은 아니다. 비영리단체도 다른 민간기업과 똑같이 인력과 자본을 쓰는 만큼 좀더 경쟁적인 환경에서 발전할 수 있도록 해야 한다. 이익을 창출하기 위한 경쟁이 없으면 조직이 비효율적으로 운영되는 것은 어쩌면 당연한 현상이다. 그 결과, 국민들은 비영리단체로부터 서비스를 받는 데 지나치게 많은 대가(비용)을 지불하게 된다.

한국에서는 공익 성격의 서비스가 비영리단체에 의해 제공되는 경우가 많다. 특히 품질관리, 각종 시험, 수사 등과 관련한 서비스가 대표적인 사례이다. 이런 분야에도 경쟁 마인드를 도입해야 한다. 그렇게 하면 국민의 부담을 줄일 수 있고 서비스의 효율성을 높일 수 있다. 물론 정부는 민영화를 추진하는 데 적지 않은 어려움이 있다. 민영화를 스스로 추진하기는 더욱 어렵다.

그러나 민영화를 하는 데 돈이 드는 게 아니다. 오히려 지분이나 자산매각에 따른 수입이

생긴다. 이런 비용으로 벤처기업이나 중소기업의 창업을 지원할 수 있다. 예를 들어, 공기업을 팔아 그 자금으로 펀드를 조성해 기업의 창업을 지원하고 정부가 단기적인 투자자로 나서는 것을 들 수 있다. 이렇게 되면 정부가 '벤처 캐피털리스트'가 된다.

정부가 새 정책을 시행할 때는 면밀히 준비해야 한다. OMJ보고서는 정부가 스스로 부가가치를 창출할 수 있는지 여부를 판가름할 수 있는 기준(매뉴얼)이 필요하다는 점을 강조한다. 정부의 업무가 민간에서 할 때와 마찬가지로 효율적으로 처리되고 있는지를 일일히 따져 봐야 한다. 만약 효율적으로 처리되지 않는다면 그 업무는 과감히 민간에 넘겨야 한다. 정부부문에서 경쟁원리가 도입되면 경기회복과 일자리 창출에 적지 않은 도움을 줄 수 있다.

〈정리=이익원 기자〉 (1998.10.27)

11. '신서비스산업 고용효과 크다'

가치창조형 일자리를 창출하기 위해 서비스산업을 육성해야 한다는 데 점차 의견이 모아지고 있다. 정책 입안자들도 서비스산업 육성의 필요성을 절감하고 있는 듯하다. 그러나 서비스산업은 아직까지도 홀대받고 있다. 제조업 위주의 정책이 여전히 시행되고 있으며, 서비스산업은 그 곁가지나 '립 서비스(lip servic) 차원'에서 강조되고 있다는 인상을 지울 수 없다. 이는 왜 서비스산업이 중요한가를 절실히 깨닫지 못하고 있는 데서 연유하고 있다고 생각된다.

OMJ보고서는 이번 기회에 "신서비스산업을 육성하라"고 분명히 강조한다. 21세기 경쟁력 있는 경제체제로 다시 태어나고 일자리를 창출하기 위해서는 신서비스산업을 육성하는 것이 지름길이라는 게 우리의 판단이다.

○ 서비스업이 확대된다

우리는 전례없는 변화의 시기에 살고 있다. 과거 하드웨어였던 것도 지금은 소프트웨어가 됐다. 과거 제조업이었던 것도 점차 서비스업과 유사해지고 있다. 제조업과 서비스업의 구분이 모호해지고 있는 것이다. 뿐만 아니다. 제조업과 서비스업도 상호보완적인 관계로 변하고 있다.

운전과 소설쓰기는 서비스산업으로 분류될 수 있다. 이에 비해 출판과 버스 제조는 제조업

으로 분류된다. 만일 작가가 없다면 출판은 불가능하다. 버스 기사와 승객이 없으면 버스도 필요없다. 제조업과 서비스업의 기계적이고 이분법적인 구분은 이제 의미가 없어진다는 얘기다. 이런 상황에서 21세기에 업종을 구분하는 유일한 척도는 부가가치(Value added)가 돼야 한다. 따라서 단순히 제조업과 서비스업으로 나누기보다는 생산요소의 기능에 따라 업종을 분석해야 한다. 부가가치를 창조하기 위해 생산재료가 어떻게 활용되고 있는지에 무게중심을 둬야 한다.

이렇게 보면 이미 언급한 13가지 생산요소가 어떤 기능을 하고 있는지를 따져 보는 게 중요하다. 13가지 생산요소는 앞으로 제조업 제품보다는 서비스를 생산하는 데 더 많이 사용될 게 분명하다.

서비스업이 발달될수록 노동 등 12개 생산요소가 더 많이 필요해진다. 반면 자본의 중요성은 점점 떨어진다. 13개 생산요소 중 12개가 주로 서비스 생산에 사용되는 만큼 서비스업의 영역은 갈수록 넓어진다고 할 수 있다.

○ 서비스수요가 늘고 있다

엥겔계수(Engels coefficient)가 무엇을 의미하는지는 이미 알려져 있다. 엥겔계수는 소득이 증가할수록 전체 소득에서 음식물에 대한 지출비중이 낮아진다는 걸 알려준다. 비슷한 계수가 또 있다. 아직 정식으로 이름이 붙여지지는 않았지만 OMJ보고서는 이를 '테일러계수 (Taylor coeffcient)' 라 부르고자 한다. 그것은 다름아닌 제조업의 노동력을 어떻게 배치해야 하는지에 대해 처음으로 규명했던 프레드릭 테일러에 의해 창시된 개념이다.

테일러계수는 경제발전 수준이 어느 정도 단계에 이른 후에는 제조업 제품에 대한 수요는 줄어드는 반면 서비스에 대한 수요는 늘어난다는 걸 보여 준다. 이는 이미 검증되고 있는 사실이다.

경제가 성숙될수록 소비자들이 처음으로 사는 물건은 적어진다. 소비자들이 일단 세탁기, TV, 냉장고, 자동차 등을 구입한 뒤 기존 제품을 대체할 때까지는 수요가 급격히 줄어든다. 예컨대 자동차시장은 처음으로 자동차를 가지는 사람이 많았던 덕분에 아주 빨리 성장했다. 그러나 사람들이 일단 자동차를 구입하면 그들은 몇 년이 지나서야 다시 차를 구입한다.

TV와 냉장고도 마찬가지다. 제조업 생산품은 대체시장 역할만을 하게 된다. 자연 판매는 줄어들고 성장은 둔화된다. 지난 몇 십 년 동안 OECD(경제협력개발기구) 국가에서 그랬다.

비록 한국에서는 그 현상이 약간 늦게 나타나고 있지만 말이다.

모든 생산은 궁극적으로 서비스 수요에 의존한다. 세계경제는 소비자들에게 무엇을 소비하고 어떻게 소비할 것인지에 대해 더 많은 선택수단을 제공하고 있다. 이 수요에 맞는 산업을 발굴하는 것은 당연하다. 기법, 노동, 자본 등 똑같은 생산요소를 사용하더라도 숨어 있는 영역을 지속적으로 개척해야만 살아남을 수 있다.

○ 서비스산업은 일자리도 두 배로 늘린다

엥겔계수와 테일러계수를 보면, 소비자의 가처분소득이 증가할 경우에 소비는 고품질의 물건과 서비스를 사는 데 사용된다는 것을 알 수 있다. 생산성이 높아짐에 따라 그 대가는 임금 상승보다는 레저시간 증대로 나타난다. 지난 80년대 말 이후 한국에서도 그랬다. 주당 35시간 일하는 유럽에서는 말할 것도 없다.

더욱 많아진 레저시간은 자연적으로 서비스에 대한 소비지출을 늘리게 된다. 이 같은 현상은 일자리 창출에서도 아주 중요하다. 사회간접자본 관련 업종을 제외한 대부분 서비스산업은 많은 자본을 필요로 하지 않는다. 그러면서도 제조업까지 영향을 미쳐 다양한 가치창조형 일자리를 만들어 낸다. 예컨대 비디오산업이 발달할수록 비디오 플레이어와 VOD를 만들기 위한 일자리가 늘어난다. 골프가 대중화될수록 골프 코스와 골프 장비를 생산하기 위한 일자리도 증가한다. 일자리 창출을 위해서는 서비스산업의 육성이 필요한 이유다.

○ 서비스를 수출 주력품목으로 육성하라

수출가능한 서비스하면 떠오르는 게 보험, 항공, 해운, 영화 등이다. 한국의 경우, 특히 만화영화도 주된 수출품목이다. 그러나 이것만 수출할 수 있는게 아니다. 소설이나 드라마 등 모든 종류의 예술은 수출이 가능하다. 많은 나라에서 취미와 관련된 서비스도 수출하고 있다. 한국은 지난 몇 년 동안 스포츠 장비를 수출해 왔다. 그렇지만 다른 서비스 활동이 발달되지 않은 탓에 스포츠 장비의 수출도 제한돼 있는 형편이다. 앞으로 이런 부분을 적극 발굴, 수출 주력품목으로 육성해야 한다. 외국인들을 한국에 적극 유치하는 것도 서비스 수출과 똑같은 효과를 낸다. 여행, 국제회의, 국제 페스티발, 스포츠 이벤트 등을 유치하여 외국인을 끌어들이는 게 대표적 예다.

〈정리＝하영춘 경제부 기자〉 (1998.10.29)

12. '이기호 노동장관에게 듣는다'

실업문제가 국가적 과제로 등장했다. 지난 9월 말 기준 전국의 실업자 수는 157만 7,000명. 1월 말의 93만 4,000명보다 64만 명이 증가했다. 이런 추세로 가면 실업자 200만 명 돌파는 시간문제다. 1개월에 10만 명 정도의 실업자들이 생기는 꼴이다. 특히 고졸 및 대졸자가 쏟아지는 내년 1.4분기에는 실업률이 최고에 달할 것이라는 우울한 전망까지 나오고 있다.

정부도 이 같은 문제의 심각성을 인식, 7조 6,000억 원의 실업예산을 편성했다. 김대중 대통령이 매주 실업현황을 챙기고 대책을 지시하는 실정이다. 실업대책의 사령탑으로 눈코뜰새 없이 바쁜 이기호 노동장관을 만나 관심사를 들어봤다.

이 장관은 이 자리에서 "부가가치가 높은 일자리를 창출해 실업문제를 해결하자는 EABC의 OMJ보고서는 시의적절한 것"이라며 "정부의 실업대책도 일자리 창출에 중점을 두고 있다" 고 밝혔다.

《만난사람=김형철(사회1부장)》

― 실업문제가 날로 심각해지고 있습니다. 학교를 졸업하면 바로 실업이 기다리고 있다는 소리까지 나도는 실정입니다. 한국경제신문이 100만 일자리 창출을 위해 벌이고 있는 OMJ 캠페인도 국가적인 과제인 실업문제를 해결하기 위한 것입니다. 장관께서는 현재의 실업문제를 어떻게 평가하시는지요.

"우리 경제가 저성장기에 있는 상황에서 외환위기가 닥쳐 2~3%대에 있던 실업률이 6~7%선으로 치솟아 고통이 큽니다. 지금과 같은 대규모 실업사태를 해소하기 위해서는 외환·금융위기가 극복돼야만 합니다. 정부는 실업문제를 국가적인 과제로 인식해 일자리 창출과 사회안전망 확충을 위해 최선을 다하고 있습니다. 10조 1,700억 원의 실업예산을 마련한 것은 정부의 의지를 보여주는 것입니다. 한국경제신문이 OMJ캠페인을 전개한 것은 매우 시의적절했다고 봅니다. 노동부도 이 캠페인에 적극 협조할 생각입니다."

― OMJ보고서는 정부의 실업대책이 각 부처 간, 중앙정부와 지자체 간 긴밀한 연계성이 없이 추진되고 있다고 지적하고 있습니다. 실업대책의 기획·집행을 총괄하는 '콘트롤 타워' 가 필요하다고 주장도 제기되고 있습니다.

"정부의 모든 정책은 실업정책과 연관돼 있어요. 따라서 단순히 실업문제만으로 콘트롤 타워를 만들기보다는 경제정책을 전반적으로 조율해 나가는 게 실업문제 해결의 열쇠라고 봅니다. 다만 단기적으로 실업대책을 효율적으로 집행하기 위해 중앙·지방 간의 연계기능을 높이는 방안이 필요해요. 국무총리가 실업대책추진위원회를 주재하도록 하는 방안도 이런 차원에서 나온 것입니다."

– OMJ보고서는 일자리 창출을 위해서는 규제개혁과 중소기업 살리기를 핵심과제로 추진되어야 한다고 주장하고 있는데요.

"규제개혁이야말로 시장경제를 활성화시키는 기본여건이자 일자리 창출 수단입니다. 자유롭게 창업할 수 있도록 각종 규제를 푸는 것이 절실해요. 이 같은 차원에서 정부는 연말까지 1만 1,000여 개의 규제개혁 과제 중 50%인 5,000개 이상의 규제를 풀 생각입니다. 규제개혁이야말로 민주주의와 함께 국가 사회발전의 철학인 시장경제를 활성화하는 기본여건이 되는 정책수단이라고 생각합니다. 또 중소기업은 대기업보다 고용흡수력이 높기 때문에 중소기업을 살려야만 합니다. 정부도 신용보증기금 확충 등을 통해 중소기업의 경영난을 덜어주려고 애쓰고 있습니다. 지난 1월 3,300개에 달하던 월간 부도기업체 수가 9월에 1,100개로 줄어든 것은 이 같은 실업대책의 효과가 나타나고 있는 게 아니겠습니까."

– OMJ보고서는 실업대책, 나아가 경제정책의 방향이 바뀌어야 한다고 지적하고 있습니다만.

"보고서는 일자리 100만 개 창출 방법으로 규제개혁, 중소기업 활성화, 노동시장 재편, 경기부양과 사회안전망 구축, 적정환율 유지 등 5가지 실천과제를 제시하고 있습니다. 이것은 정부가 실업대책이나 경제정책을 수립하는 데 많은 참고가 되고 있습니다. 상당 부분은 이미 정부의 정책에 반영되기 시작했어요. 다만 OECD 선진국들이 고용안정 인프라(구인·구직시스템 등 취업알선망)를 최우선 정책과제로 삼고 있는 데 반해, OMJ보고서는 이 부분이 미흡한 것 같습니다. 정부는 금년 말까지 직업안정기관을 83개에서 128개로 늘리고 담당인력도 1,800여 명에서 3,000명으로 늘릴 계획입니다. 또 2개년의 중기계획을 세워 직업안정기관을 더 확충할 계획도 세워두고 있습니다."

– 이번 실업사태를 계기로 부가가치가 높은 일자리를 만드는 한편 고학력 실업자를 위한
대책도 필요하다는 OMJ보고서의 제안에 대해서는 어떻게 생각하십니까.

"부가가치가 높은 일자리를 만들어 실업문제를 해결하자는 OMJ보고서의 의견은 타당하
다고 생각합니다. 정부에서도 실업대책의 일환으로 고부가가치 일자리를 창출하는 데 전
력을 다해 나가고 있어요. 산출액 10억 원당 취업되는 사람 수를 나타내는 취업계수를 비
교하면 고부가가치 일자리 창출의 중요성을 쉽게 알 수 있죠. 취업계수의 경우 서비스산
업이 31.8인데 비해 제조업은 10.3에 불과합니다. 이 같은 점을 감안해 문화/관광산업,
영상산업, 보건의료산업, 정보화산업 등 주요 서비스산업을 활성화해 나가는 계획을 추
진하고 있습니다. 아울러 정부는 대졸 예정자를 포함한 청소년 취업대책에 큰 관심을 갖
고 있습니다. 이에 따라 내년에 발생할 신규 실업자 34만 명 중 20만 명에 대해 현장경험
습득, 취업능력 제고 등 다양한 프로그램을 마련 중입니다. 먼저 기업, 각종 협회, NGO
등에서 6개월과정의 현장훈련 프로그램인 인턴사원제를 운영하도록 유도해 5만~6만 명
의 신규 졸업자가 참여할 수 있도록 하겠습니다. 또 부동산 등기, 전자도서관, 건축물대
장 데이터베이스화 등 공공부문 정보화사업을 6개월 과정으로 운영해 1만 4,000명에 대
해 1인당 월평균 50만 원을 지원할 예정입니다. 3만 명 정도가 고용효과를 볼 수 있는 정
보처리사, 물류관리사, 선물거래사 등 미래 유망직종에 대한 전문직 자격취득 지원·교
육과정도 운용할 계획입니다. 대학의 연구조교, 각급 학교 보조교사로 1만 1,000명이 참
여할 수 있도록 하겠습니다."

– 한국노동연구원 등 각종 연구소들이 앞으로 3~4년간은 고실업이 불가피할 것으로 전망
하고 있는데 어떻게 보십니까.

"경기가 회복된다 하더라도 산업구조 변화로 고용흡수력이 크게 낮아졌기 때문에 당분간
고실업이 불가피한 것은 사실입니다. 그러나 내년 3.4분기부터는 실업률이 떨어지고 실
업자 수도 150만 명대 이하의 안정추세로 접어들 것으로 예상하고 있습니다. 정부는 무엇
보다 구조조정을 조속히 매듭짓고 경제를 활성화시켜 빠른 속도로 일자리를 늘린다는 데
사업대책의 초점을 맞추고 있습니다. 이 과정에서 실업자 보호를 위한 사회안전망 구축
도 게을리해서는 안 됩니다."

— 8월에 이어 9월에도 실업률이 하락했다는 통계가 잘 믿겨지지 않습니다만.

"지난 9월 실업률이 떨어진 것은 공공 근로사업 등의 효과가 나타난 결과라고 할 수 있어요. 공공 근로사업에 27만 명, 직업훈련에 23만 명이 흡수됐습니다. 중소기업 신용보증 확충 등의 영향을 받았고요. 그러나 11월부터 내년 3월까지 5개월간은 건설현장의 일감이 떨어지는데다 대학 졸업생들이 쏟아져 나오기 때문에 실업률이 증가할 것으로 예상됩니다. 정부는 따라서 이 기간 중에 청소년 취업대책과 저소득 실업자의 월동대책에 비중을 둘 방침입니다."

— 실업률 산출방식이나 기준이 잘못됐다는 지적도 많은 것 같은데요.

"정부에서는 실업통계를 더욱 다양하고 신속하게 작성할 수 있도록 여러 가지 대책을 마련 중입니다. 기존 조사항목 46가지에 구직방법, 전직 사유 등 34개를 추가해 80개로 확대했어요. 앞으로도 실업통계를 계속 개선해 나갈 계획입니다."

— 정부가 각종 공공근로사업으로 아까운 돈만 낭비한다는 지적도 만만치 않습니다.

"우리나라는 저소득층에 대한 사회안전망이 부족합니다. 또 단기간에 많은 일자리를 창출하기도 어렵구요. 공공 근로사업은 저소득 실직자들에 대한 생활보호 차원에서 추진되는 것입니다. 모든 실업대책을 생산성의 잣대로만 평가하는 것은 잘못입니다. 1조 원을 투입했을 때 SOC사업은 3만 4,000명의 고용효과밖에 못 가져오는 반면 공공 근로사업은 27만 명에게 일자리를 줄 수 있어요. IBRD, IMF, 영국 등 외국기관이나 정부에서도 우리나라의 공공근로사업에 대해 매우 긍정적으로 평가하고 있습니다."

— 정부가 직업훈련에 막대한 예산을 투입하고 있으나 효과가 별로 없다는 지적은 일리가 있는 게 아닐까요.

"직업훈련은 실업기간 동안 실업자가 할 일 없이 노는 것을 예방합니다. 나아가 21세기 지식·정보화사회에 대비한 교육으로 국가경쟁력을 높이는 역할도 있습니다. 이에 따라 정부는 올해 직업훈련 인원을 당초 계획한 6만 5,000명보다 크게 늘려 32만 명까지 확대했습니다. 일부에서는 직업훈련이 취업과 연결되지 않는다는 지적도 있습니다. 그러나 대기업의 신규사원 채용계획이 200명밖에 안 되는 현실에서 직업훈련이 바로 취업으로 연결되기는 어려운 일입니다. 직업훈련은 경기회복 후에 취업을 쉽게 할 수 있도록 자기 능력을 개발하는 데 목적이 있습니다.”

— 정부가 해외취업 알선에는 인색한다는 지적이 있습니다.

“지난 7월부터 민간기관의 국외 유료 직업소개사업 허가를 재개해 지금까지 8개 기관에서 307명을 해외로 취업시켰습니다. 반면 한국국제협력단과 산업인력공단의 경우에 실적이 40명선에 그치고 있어요. 정부의 해외취업 알선이 제대로 되지 않는 것은 절차가 너무 까다롭기 때문이라는 지적이 있습니다. 현재 외국업체가 한국인력을 채용하려면 외국의 한국대사관이나 영사관에 구인요청서를 제출하도록 돼 있습니다. 외국기업이 직접 한국의 취업알선기관과 접촉할 수 있도록 규제를 없애고 절차도 간소화할 생각입니다. 해외취업 희망자에게는 어학 교육비, 현지 숙박비 등을 지원할 계획입니다. 이 시범 프로그램으로 2만 명 정도가 내년에 해외에서 일자리를 얻을 것으로 보입니다.”

〈정리=김광현 사회부 기자〉 (1998.10.30)

‘100만 일자리’ 전국에 확산 · 김대중 대통령

김대중 대통령은 OMJ(One Million Jobs, 100만 일자리 만들기) 캠페인을 전국적으로 알리고 확산시켜 실질적인 직장구하기운동으로 발전시켜야 한다고 말했다.

김 대통령은 30일 이기호 노동부장관으로부터 주례 업무보고를 받는 자리에서 “적극적인 고용창출로 실업을 극복하자는 방안은 올바른 방향”이라며 한국경제신문이 추진하고 있는 OMJ캠페인에 높은 관심을 보였다.

김 대통령은 “TV와 신문이 함께 손잡고 이러한 운동을 전국적으로 알리고 확산되도록 하는 게 좋겠다”며 “사전에 정지작업을 벌여 알맹이 있는 행사가 되도록 하라”고 지시했다.

김 대통령은 “실업자들이 취직된다는 확신을 갖도록 만드는 것이 중요하다”며 “운동을 통해 단 1,000명이라도 직장을 구한 사례가 있으면 좋을 것”이라고 덧붙였다.

김 대통령은 또 “직장을 알선해 준 측과 직장을 구한 사람이 사례를 발표하면서 모두가 손잡고 우리 모두 잘해 보자는 행사를 만들어 보라”고 지시했다.

이 장관은 이날 “일자리 창출의 일환으로 내년에 2만 명을 해외에 취업시키겠다”고 보고했

다. 이를 위해 이 장관은 "정보통신, 금융 등 전문직종 1만 명에게 어학교육비를 지원하고 해외취업 관련 규제를 과감히 철폐하는 방안을 추진 중이다"고 설명했다.

이 장관은 최근 사회문제화되고 있는 고학력 미취업자들의 실업해소를 위해 인턴훈련, 고학력자용 공공근로사업, 공공부문 정보화, 대학및 연구원의 연구조교 등 다양한 프로그램을 마련하겠다"고 보고했다.

(1998.10.31)

13. '취미시장 발굴' 고용창출 새 활로

"취미(Taste)시장을 발굴하라. 수없이 많은 가치창조형 일자리를 만들수 있다"

EABC의 OMJ보고서는 취미시장을 적극 개척할 것을 제안한다. 취미는 가치창조적인 13가지 생산요소 중 하나. 자본, 노동, 정보 등 다른 생산요소들과 결합, 예술, 관광, 디자인, 레저, 요식업 등의 분야에서 수많은 일자리를 만들어 낸다. 특히 최근 전반적인 소득수준 향상과 개인주의적인 생활문화가 확산되고 있어 취미시장의 급속한 성장은 이미 예고된 상태다.

그러나 불행히도 취미시장은 한국에서 홀대받고 있다. OMJ보고서는 한국에서 100만 개의 가치창조형 일자리를 만들기 위해서 취미시장을 적극 개발해야 한다고 거듭 강조한다. 정부와 관련업계는 전향적인 자세로 전환, 집중적으로 지원하고 투자해야 한다. 아울러 독점적인 관광기구 등 시장성장을 가로막고 있는 왜곡된 규제도 철폐할 것을 제안한다.

○ **취미는 가치창조의 원천이다**

생산요소로서 취미는 국가나 문화집단 등이 가진 독특한 특성을 활용, 부가가치를 창출하는 요소를 뜻한다.

취미는 개발하기에 따라 얼마든지 수출도 할 수 있다. 미국 버지니아주가 대표적인 사례. 버지니아주는 닭고기 생산이 주요 산업 가운데 하나다. 하지만 미국에서 '닭발'은 대부분 쓰레기처럼 버려졌다. 80년대 후반 버지니아 주지사는 우연히 중국인이 닭발을 즐겨 먹는다는 사실을 알게 됐다. 얼마 후 버지니아주는 닭발을 중국에 수출해 엄청난 수익을 올리기 시작했

다. 중국의 취미시장을 발굴해 거대한 부가가치를 창출한 것이다.

취미는 크게 두 가지 의미로 사용된다. 우선 음식이 맛있다고 말할 때의 '맛(Flavor)'이다. 다른 하나는 '기호(Preferences)'다. 즉, 다른 것보다 뛰어나고 미학적인 즐거움을 주는 대상을 선택하는 능력이다.

이러한 이중적인 의미는 취미시장이 얼마나 확대될 수 있는지를 보여준다. 첫번째 의미로 볼 때 한식집의 요리사는 가치를 창조한다. 한국만의 고유한 방식으로 음식을 조리하기 때문이다. 이는 한국인에게 최고의 요리다. 한국 음식에 매력을 느끼는 외국인에게도 마찬가지다.

일본에서는 요리사가 참치회를 만드는 것이 공장에서 참치캔을 생산하는 것보다 훨씬 많은 부가가치를 낳는다. 참치공장에서는 많은 자본과 반숙련(Semi-skilled) 근로자를 투입해야 하는 반면 일식집에는 소자본과 숙련된 요리사만 있으면 된다. 물론 수요가 제한돼 있다는 한계가 있지만 말이다.

○ **다양한 문화 · 레저산업도 주요 취미시장이다**

취미는 음식에만 한정되는 게 아니다. 문화 · 레저산업도 다양한 취미시장의 영역이다. 한글 소설은 한국내에서 가장 큰 가치를 지닌다. 외국의 문학작품도 한국에서 부가가치를 창출할 수 있다. 번역을 통해서다. 한국 가정에서는 대부분 세계 100대 명작선을 소장하려고 한다. 이러한 걸작들이 번역되는 과정에서 한국인들은 가치를 창조하게 된다. 동시에 다른 나라의 판권 소유자들에게도 부가가치가 발생한다.

레저도 마찬가지다. 생계유지에 바쁜 후진국은 레저를 즐길 여유가 거의 없다. 한국과 같은 개발도상국에서는 폭넓은 레저와 취미활동이 이뤄진다. 하지만 독일, 미국, 영국 등 선진국에 비하면 단편적인 수준이다. 선진국의 레저산업은 앞으로 수많은 일자리와 부가가치를 창출할 수 있는 새로운 분야가 무엇인가를 여실히 보여준다.

○ **한국의 관광산업은 기본도 갖추지 못했다**

가장 큰 취미시장 중 하나가 관광산업이다. 그러나 한국에서는 부가가치를 거의 만들어 내지 못하고 있다. 관광산업 구조가 너무 단순하기 때문이다. 예를 들면 지방자치단체들은 관광객을 유치하는 가장 좋은 방법을 카지노 산업이라고 생각하는 듯하다. 그러나 카지노는 기본적으로 갖춰야 할 시설 중 하나일 뿐이다. 중요한 것은 카지노를 어떻게 흥미롭게 만들고 사람

들을 끌어모으느냐 하는 것이다. 미국 라스베이거스에서 카지노가 번성하는 것은 다양한 레저 활동과 쇼(눈요깃거리), 온갖 설비들을 갖추고 있기 때문이다. 취미시장이 발전하려면 우선 독특한 하드웨어가 필요하다. 그러나 더 중요한 것은 관광객을 유인하는 소프트웨어다.

속리산 법주사를 보자. 관광산업의 기본요건을 전혀 갖추지 못하고 있다. 속리산을 알리는 유료 안내책자가 없다. 해외 관광객에게 명소들을 소개하는 외국어 가이드 북도 물론 없다. 또 설악산을 가나 해운대를 가나 똑같은 기념품만 팔고 있다. 단지 관광지 이름만 다를 뿐이다. 개발이 본격화된 지난 70년대 이후 한국의 관광지들은 고유의 특성을 상실한 채 동일한 형태로 획일화됐다. 조그만 사찰에 가더라도 다양한 우편엽서와 안내책자가 준비돼 있는 일본과 대조적이다.

○ 취미시장을 어떻게 육성할 것인가

취미를 생산요소로 보면 엄청난 일자리가 눈앞에 보인다. 요리사, 전문음식점 주인, 한국음식 생산자, 소설가, 무용가, 시인, 미술가, 관광지 관리인 등. 이 밖에도 레저관광산업과 관련된 직장은 물론 우표, 테니스 라켓, 스포츠 의류 등을 생산하는 업종들도 취미시장에서 가치 창조적인 일자리를 만들어 낼 수 있다.

취미시장의 거대한 잠재력은 업종 자체가 자영업자나 개인기업 중소기업 등에 적당하다는 데 있다. 한국은 이처럼 제대로 활용되지 못하는 생산요소(취미)를 어떻게 개발할 것인가. 취미시장은 개인의 기호와 취향이 원천이지만, 여기에서 또 다른 시장을 발견한 기업가들에 의해 급속하게 성장한다. 따라서 이러한 시장을 다른 나라에 부각시킬 수 있는 광범위한 연구활동이 선행돼야 한다.

지자체와 관광지 인근 주민들은 더 많은 교육을 받아야 한다. 또 문화관광부에서도 한국문화에 대한 새롭고 창의적인 접근이 필요하다. 무엇보다도 이 분야에 기업 마인드를 불어넣고 자영업자와 중소기업을 적극 지원하는 방안이 마련돼야 한다.

〈정리=정한영 산업2부 기자〉 (1998.11.02)

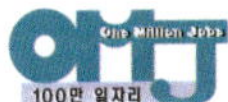

14. '관광 가이드/관광산업 문제점'

OMJ보고서가 지적한 대로 관광 통역안내원(관광 가이드)들은 사회적인 인식과 지원의 부족으로 인한 어려움을 호소하고 있다. 또 관광산업 발전을 위해서는 과도한 규제도 시급히 풀려야 한다는 것이 이들의 주장이다. 관광 일선에서 활동하는 안내원들이 제기한 안내원제도 및 관광산업의 문제점을 정리한다.

○ **사회적 인식부족**

다른 나라들은 국가가 관광산업을 전략산업으로 육성하고 있다. 따라서 관광 통역안내원은 대부분 고학력자들이고 고급인력으로 인정받는다. 따라서 위상도 높고 수입도 안정적이다. 우리의 경우도 안내원은 거의 대학을 나온 고학력자들이다. 또 외국어도 능숙하고 문화와 문화재에 대해서도 상당한 지식을 갖춰야 한다. 그러나 그만한 대우를 받지 못하고 있다. 경력을 아무리 쌓아도 8~9년 이상의 경력은 무시된다. 다른 자유계약 업종에 비해서도 수입이 낮은 편이다. 외국의 안내원들은 대부분 1년 단위로 여행사와 계약하거나 시즌별로 계약을 한다. 그러나 우리의 경우 이 같은 제도가 발달돼 있지 않다. 경력 1~2년차의 전속 안내원을 제외하면 대부분 프리랜서다. 프리랜서 안내원은 여행사가 요청할 때마다 관광안내를 담당한다. 당연히 선진국의 경우에 비해 지위도 불안정하고 권한도 제한돼 있다.

안내원에 대한 인식부족은 여러 군데서 나타난다. 과거에는 국제회의에 참석하는 여행단에 대한 안내를 무자격자가 맡는다는 것은 상상도 할 수 없었다. 그러나 지금은 여행사들이 비용이 적게 든다는 이유로 무자격자들을 많이 쓰고 있다. 중국여행단 안내는 화교들이 많이 맡는데 대부분이 무자격자이다. 물론 불법이다. 무자격자들은 언어소통은 원활할지 몰라도 한국문화에 대한 이해가 부족하다. 해외에서는 시팅 가이드(seating guide)라는 제도가 있다. 무자격자가 특정 분야에 대해 안내를 하는 경우에도 정식 안내원이 시팅 가이드로서 안내를 책임지게 돼있다.

○ **지원제도 부족**

관광 통역안내원들은 대부분 프리랜서이기 때문에 고용보험과 국민연금 등의 혜택을 받지 못한다. 더욱이 보험업계에서도 안내원들은 거부대상이다. 여행을 자주하는 만큼 위험이 높

다며 상해보험 가입을 거부하는 보험회사가 많다. 보험회사들이 안내원에 맞는 상품을 개발할 정도로 기법을 발전시키지 못하고 있는 셈이다. 일본으로부터 본따온 '팁금지(No Tipping)제도' 도 경직적인 관광행정의 결과로서 안내원들에게 피해를 주고 있다. 팁을 둘러싼 시비가 생길 경우 외국인에게 부정적인 이미지를 준다고 하여 안내원들이 팁을 받지 못하도록 했던 것이다.

그러나 이 제도는 일본과 한국에만 있는 제도다. 선진국의 관광객들은 모두 팁을 당연한 것으로 알고 여행 온다. 모든 비용도 팁을 전제로 하여 계산된 것이다. 우리는 해외에 나갈 때 팁을 주면서 팁을 받지는 못하는 것은 경상수지에도 도움이 안 된다. 또 안내원과 기사 등이 독립적으로 관광안내를 해줄 수 있는 체제도 허용돼야 한다. 지금은 안내원을 직접 찾아온 관광객도 여행회사에 소개해 줘야 한다. 안내원은 여행업허가가 없어 호텔요금조차 직접 계산할 수 없기 때문이다.

○ 관광자원 개발 미흡

제주도에 왔다간 외국인이 한국에도 이렇게 좋은 관광지가 있었느냐며 감탄한 적이 있다. 그러나 이 외국인은 친구들에게 소개하기 위해 인터넷을 뒤져보니 찾을 수 없었다고 한다. 기본적으로 한국에 대한 인식이 부족하고 외국인들이 갈 만한 곳을 만들어 놓지 않았다.

음식을 개발하고 화장실을 정비하는 것도 급하다. 외국인들이 갈 만한 곳은 경주, 부산, 제주 정도다. 국내 관광객들이 찾는 단양의 경우를 보면 외국인에겐 볼거리에 비해 시간만 걸리는 관광지다.

〈정리＝김성택 경제부 기자〉 (1998.11.03)

15. 'OMJ보고서 중간점검… 높이 평가'

OMJ보고서가 큰 호응을 얻고 있다

한국경제신문이 지난 10월 15일 이 보고서를 처음 소개한 이후 정부, 경제계 등에서 경제위기를 극복할 수 있는 대안으로 평가받고 있다. 정부는 이 보고서가 제시하는 아이디어를 정책

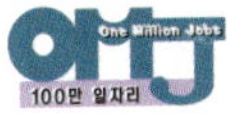

에 적극 반영하기로 했다. 이미 국책연구소에 구체적인 액션 플랜을 만들도록 지시했다.

김대중 대통령도 각별한 관심을 나타냈다. 김 대통령은 노동부로부터 OMJ보고서에 관해 설명을 받고 실질적인 효과를 낼 수 있도록 추진하라고 당부했다.

경제 전문가들도 이 보고서가 실업대책의 중요성을 일깨웠다는 점에서 높이 평가하고 있다. "일자리 창출이 경제정책의 최우선 목표가 되어야 한다"는 명제를 제때에 제시했다는 것이다. 일자리 창출이 경제정책의 근본목적이라는 지적은 시의적절하다는 평가다. 나아가 이제는 단순한 실업대책이 아니라 고용을 창출하는 경제정책이 절실하다는 게 경제전문가들의 일치된 견해다. 돈 퍼주기식의 공공 근로사업, 일자리로 연결되지 않은 직업훈련 등으로는 구조조정 과정에서 쏟아져 나오는 실업자 문제를 해결할 수가 없다는 것이다. 또 현재의 구조조정과 경기부양책만으로는 우리 경제가 예전과 같은 성장률을 회복할지도 불투명하다는 시각이 우세하다.

전문가들은 특히 이 보고서가 요소시장 분석을 통해 100만 개 이상의 일자리를 창출할 수 있다는 점을 입증한 것에 깊은 관심을 보였다.

전문가들의 견해를 요약한다.

○ **엄봉성(KDI, 한국개발연구원 선임연구위원)**

EABC 보고서는 기본적으로 KDI가 주창해 온 경제정책 방향과 부합하는 내용이다. 다섯 가지 실천과제 중에서 중소기업을 육성하고 규제를 완화하며 사회안전망을 확충해야 한다는 것은 KDI의 주장과 일맥상통한다. 노동시장을 재편하고 환율을 적정하게 유지해야 한다는 것도 현재 상황에 맞는 주장이다.

1단계 구조조정이 마무리된 지금 시점에서 고용창출이라는 가장 중요한 문제에 대해 관심을 집중하도록 이슈화하는 것은 적절한 것 같다. 개별 주제들은 익히 알려져 있었던 것이지만, 고용창출이라는 새로운 시각으로 재조명한 것이다.

문제는 방법론이다. 예를 들어, 중소기업 지원정책만 해도 정부가 수십 년 동안 막대한 돈을 들여 가며 추진해 왔으나 중소기업은 아직도 제자리를 잡지 못하고 있다. 규제완화의 경우도 정부는 지속적으로 해 오고 있지만 국민이나 외국인들은 미흡하다고 한다. 이 같은 과제를 어떻게 풀지에 대한 구체적인 방법이 나오기를 기대한다.

특히 눈에 띄는 것은 요소별로 분석해서 고부가가치 일자리를 창출할 수 있다는 주장을 내

놓은 점이다. 구체적인 분석과정을 살펴봐야겠지만 관심이 가는 대목이다. 일자리 창출이라는 정책목표가 다소 막연하게 들릴 수도 있지만, 구체적인 숫자를 통해 일자리를 만들 수 있다는 비전을 보여줬다는 점에서 의미가 있는 것 같다.

○ **정순원 (현대경제연구원 전무)**

이 보고서의 특징은 기업의 부가가치 창출과정과 생산요소시장의 분석을 통해 경제회복 및 고용증대를 위한 정책대안을 제시한 데 있다.

생산성의 증대에 기여하는 요소들을 포괄적으로 동원하여 정보, 기술, 사회간접자본 등을 포함하는 13개로 정의했다. 각 요소시장의 형성 및 원활한 작동을 가로막는 규제개혁을 통해 경제를 회복시키는 것은 물론 가치창조적인 고용을 늘릴 수 있다는 주장은 분명히 새로운 시각이다. 또 기업활동에서 노동력의 가치창조 필요성을 인식한 것은 다른 분석기관과의 차별적인 접근이다. 다만 경제성장 정체의 원인으로 정부규제를 지나치게 강조함으로써 하부구조 자체가 지니고 있는 비효율성을 간과하는 측면이 있다.

노동시장 등을 둘러싼 정부의 규제가 야기한 비효율성에 대한 연구의 깊이를 좀더 깊게 해야 정부정책의 개선을 촉구하는 효과를 더 높 일수 있을 것이다. 가치창조의 방법에 있어서는 기술진보 등을 통한 대외경쟁력 제고를 고려하였더라면 좋았을 것이다.

규제된 생산요소시장을 풀어야 한다고 보았는데, 선물시장 등 분석대상이 된 시장들은 선진 외국업체들에게 상실될 우려가 큰 금융시장에 국한되고 있다. 국내 유치산업이 외국인에게 선점됨으로써 파생되는 효과까지 감안할 경우 진정으로 국내총생산 증가에 보탬이 될지는 미지수다.

○ **최강식 (한국노동연구원 동향분석실장)**

EABC 보고서의 주된 내용이 단순한 일자리 창출이 아닌 부가가치를 높이는 일자리 창출이어서 주목된다. 다시 말하면, 일자리 나누기 등의 대책과는 달리 성장과 실업감소를 동시에 이루겠다는 것이다.

일자리 창출의 방법에 있어 이 보고서는 규제완화와 중소기업 살리기를 주요한 정책으로 꼽고 있다. 그 중에서도 특히 관련법의 개정 내지는 관련 제도의 개선을 통해 돈이 적게 드는 방법을 제시하고 있다. 이 같은 방법들은 단기적으로 큰 효과를 보기는 힘들겠지만 중장기적으

로 볼 때 고용창출에 큰 기여를 할 것임은 분명하다. 중소기업 살리기 역시 그 동안 많은 논의가 있어 왔지만 아직 우리나라에서는 그 중요성을 실감하지 못하고 있는 것 같다. 대부분 선진국에서 새로운 일자리 창출은 대기업보다 중소기업에 의해 이루어져 왔다.

우리나라의 경우도 중소기업이 전체 고용의 대부분을 차지하고 있다. 이런 점에서 그 동안 간과되어 왔던 중소기업의 고용창출 능력이 이 보고서를 통해 다시 한 번 지적되고 있다고 하겠다. 이 보고서의 또 다른 특징은 왜곡된 요소시장을 바로잡고 우리나라에 존재하지 않는 새로운 요소시장을 창출함으로써 일자리 창출을 기해야 한다는 주장이다. 이러한 시장의 예로 왜곡된 부동산시장, 주식시장과 실종된 선물시장, 부동산 저당권(morgage) 시장 등을 꼽고 있다.

이 보고서에서 제시하고 있는 일자리 창출의 방향은 경제를 살리면서 실업은 줄이고 또 그 방법에 있어서는 비용을 적게 들이면서 중장기적 효과가 큰 것이다. 앞으로 이 보고서가 제시한 큰 틀 속에서 보다 구체적인 정책대안들이 제시됐으면 하는 바램이다.

○ 김태기(단국대교수)

OMJ보고서가 관심을 불러일으키면서 실업문제에 대한 시각을 바로잡는 데 크게 기여하고 있다.

우리나라의 실업은 구조적인 문제다. 따라서 정부의 실업대책이 실업자 고통완화라는 단기적이고 대중적인 처방으로 흐르면 실업은 장기화, 고질화된다. OMJ보고서는 다행히 실업정책의 큰 줄기를 가치창조적(value added) 일자리 창출로 잡고 있다. 이 같이 적극적인 정책을 주장하는 OMJ보고서의 내용은 반드시 관철돼야 한다.

우리나라에서 일자리 창출의 가장 큰 걸림돌이 행정규제라는 EABC의 지적은 의심할 여지가 없다. 기존의 제조업이나 서비스업에 대한 정책 마인드를 갖고는 전혀 새로운 분야, 새로운 개념을 갖고 생겨나는 새로운 직종의 창의력을 도저히 뒷받침할 수 없기 때문이다.

경제정책 전체가 일자리 창출에 목표를 둬야 한다. 생활안정 지원사업도 실업자가 일자리를 찾을 수 있는 여유를 주는 데 한정돼야 한다. 일자리 창출형 실업정책의 핵심은 고용창출 효과가 큰 산업을 육성하는 데 있다.

이 보고서는 또 제조업, 농업, 서비스업 등 부문 구별 없이 가치창조형 일자리라면 적극 지원해야 한다고 강조하고 있다. 이 가운데서 지식 및 기술집약에 바탕을 둔 정보, 통신, 영상문화, 관광, 교육, 인력개발, 환경산업 등 소위 신서비스산업에서 대부분의 일자리가 생겨날

것이다. 또 이 부문은 OMJ의 분석처럼 창의력을 바탕으로 한 중소기업이 담당할 것이다. 이런 신서비스산업을 육성하기 위해 가장 먼저 추진해야 할 과제는 관련 규제를 획기적으로 완화하거나 폐지하는 것이다.

무엇보다도 이제는 지방자치단체장들이 일자리를 만들기 위해 뛰어야 할 때다. 그래야만 정보통신부, 문화관광부 등 중앙부처들이 움직일 것이다. 단기적 수치에 집착하지 않는 것도 중요하다. 실업대책이나 경제정책을 담당하는 부처의 장관과 공무원들이 실업률의 미미한 증감에 일희일비해서는 안 된다. 고용창출에 총력을 기울이되 공공 근로사업 등의 단기적인 대책으로는 실업문제를 해결할 수 없다는 점을 명확히 인식해야 한다.

〈정리=김성택 경제부 기자, 김광현 사회1부 기자〉 (1998.11.04)

15. 인터뷰 – 토니 미쉘 박사

OMJ보고서를 만든 EABC의 토니 미쉘 박사는 "OMJ보고서는 시작일 뿐"이라며 "실제 정책 집행과정에서 어떻게 구체화하느냐가 관건"이라고 지적했다.

– OMJ보고서에 대한 반응이 좋은데.

"모두들 긍정적이고 적극적으로 평가한다. 적절한 시기에 나온 보고서라는 견해가 많다. 씨티은행 등 외국은행들도 보고서를 지지하면서 후원하겠다고 했다. 영어판이 며칠내에 인쇄돼 나오면 더 많은 반응이 있을 것이다."

– 정부측 관계자들의 반응도 들어봤나.

"지난달 22일에는 김원기 위원장 등 노사정위원들 앞에서 보고서에 대한 설명회를 가졌다. 김태동 청와대 정책기획수석과도 만나 보고서를 설명했다. 대체로 긍정적인 반응들이었다."

– 보고서 작성과정은.

"지난해 12월에 연구를 시작해서 올해 3월 집필에 착수했다. 분명히 대량 실업사태가 발

생할 텐데 어떻게 일자리가 만들어질 것인가에 대한 의문이 연구의 출발점이었다. 공공근로와 같이 짧은 기간 동안 종사하는 일자리는 만들기 쉽겠지만 장기간 동안 지속될 많은 수의 일자리를 만들기는 쉽지 않다. 그래서 직업만이 아니라 경제구조를 보면서 새로운 일자리 창출 방안을 연구했다.

보고서를 만드는 과정에서는 영국에 있는 많은 동료및 선배 학자들로부터 도움을 받았다. 영국을 비롯해서 실업문제가 최대의 현안인 유럽 각국이 어떻게 해결하고 있는지도 많이 조사했다. 집필단계에서부터는 쌍용템플턴 투신운용회사 루니 사장의 협조받았다."

– 100만 개 이상의 가치창조형 일자리를 만들 수 있다는 점이 관심을 끌고 있다. 일자리를 추정한 기초가 된 요소시장 분석표(Labour/Factor Matrix)는 어떻게 구상했나.

"요소시장 분석표의 기본개념은 투입산출표(In-Put/Out-Put Table)에서 빌려온 것이다. 투입산출표는 여러 분야에서 응용될 수 있다. 일자리 창출과 관련해 독자들이 궁금해 하는 점을 지면에 별도로 설명하는 기회를 가질 것이다."

– 연구작업 중 어려웠던 것은.

"믿을 만한 통계가 없었던 점이다. 통계상 직업분류도 구체적으로 돼 있지 않았다. 통계청의 사업체 통계에는 1,300여 만 명의 근로자밖에 파악되지 않았다. 또 노동부 통계는 600여 만 명의 근로자가 대상이다. 나머지 사람들에 대한 통계가 부족했다. 특히 개인사업자 관련 통계가 많지 않았다."

– OMJ보고서를 어떤 식으로 발전시킬 것인가.

"OMJ보고서는 그 자체가 중요한 게 아니라 실제 정책에 적용되도록 노력하는 게 중요하다. 이를 위해 구체적인 리스트를 만들고 있다. 그 중 하나는 노사정위에 제출했던 것 같은 요소시장별 직업목록이다. 보고서는 시작일 뿐이다. 앞으로 계속 발전시켜야 한다."

– 한국과 인연을 맺게 된 계기는.

"한국개발연구원(KDI) 원장과 일해재단 이사장을 역임한 김기환 씨를 통해 78년 김재익 씨를 소개받았다. 김재익 경제기획원 기획국장의 자문관을 맡고 있는 동안 한국을 직접

관찰하게 됐는데 매우 흥미로운 시장이라고 생각했다. 영국에서는 3~4년 동안 벌어질 일들이 한국에서는 1년만에 벌어지곤 했다. 그만큼 역동적이었다. 그래서 86년 이후 아예 한국에 정착했다.”

– EABC의 향후 컨설팅사업계획은.

“각 요소시장에 대해 전문적인 컨설팅을 하고 싶다. 문화관광부의 5개년 계획과 같은 정책 관련 컨설팅에도 관심이 있다.”

– M&A(기업인수합병)를 컨설팅했던 경험으로 볼 때, 한국의 기업들을 어떻게 평가하나.

“많은 기업들이 경험하고 배우는 과정이다. M&A뿐 아니라 회사경영 등 모든 과정에서 부채가 문제다. 현대의 기아자동차 인수 경우도 마찬가지다. 기아는 가치를 파괴했다. 빚만으로도 같은 공장을 3개 정도 지을 수 있었을 것이다. 진로쿠어스의 경우도 부채 때문에 투자가 진척되지 않았다.”

〈김성택 경제부 기자〉 (1998.11.04)

16. ‘고용안정제도’ 심포지엄 : 발표 1

한국노동연구원과 독일 프리드리히 에버트재단이 공동주최하고 한국경제신문이 후원하는 ‘고용안정제도에 관한 한·독 심포지엄’이 4일 서울 여의도 CCMM빌딩에서 열렸다.

OMJ캠페인의 일환으로 열린 이날 행사에서는 독일의 일자리 창출, 고용보험, 직업훈련, 취업알선체계 등 실업대책 경험이 상세히 소개됐다.

만프레드 레베 독일연방고용청 직업교육정책실장은 “구동독지역의 고실업이 장기화되고 있는 근본원인은 경제체제가 세계적 추세와 맞지 않기 때문”이라며 “한국에서의 고용창출 정책도 경제구조를 글로벌 스탠더드에 맞추는 데서 출발해야 할 것”이라고 강조했다.

이날 행사에는 이기호 노동부장관, 클라우스 폴러스 주한 독일대사, 박훤구 한국노동연구원장, 페터 마이어 프리드리히 에버트재단 소장 등이 참석했다.

《독일 연방고용청의 역할》

―만프레드 레베(연방고용청 실장)

한국에서 갑자기 실업이 증가한 것은 통독 당시 동독지역의 갑작스런 실업증가와 비교될 수 있다. 동서독이 통일될 당시 동독의 경제인구는 990만 명 정도였다. 통독 이후 경제인구가 600만 명으로 줄었을 정도로 실업문제는 매우 심각했다. 이처럼 동독지역의 실업상태가 심각해진 것은 무엇보다 동독의 경제구조가 국제적 기준에서 벗어나 있었다는 점이다.

또 당시 동독의 고용상태가 과포화였던 것도 큰 이유다. 이 밖에 동독지역의 많은 공장이 문을 닫을 수 밖에 없었던 것은 구동독권의 구매력이 떨어졌기 때문이다. 서독은 동독지역에 투자를 하지 않고 판매하는 데 주력했다. 이것이 실업증가의 한 원인으로 작용했다.

연방고용청은 막대한 예산을 투입해 동독지역에 고용창출을 위한 특별기구를 만들어 직업훈련, 공공 근로사업 등을 실시했다. 또 기업은 시설을 현대화하고 불필요한 인원도 삭감했다. 유능한 매니저를 동독지역에 파견하기도 했다.

그러나 이 지역의 경제는 아직 세계 규범에 맞지 않는 부분이 많고 실업률은 여전히 구서독지역의 두 배에 가깝다. 통일 당시 정치가들을 비롯해 국민 대다수는 구동독지역의 실업사태가 이처럼 오래갈지 예상하지 못했다. 이는 경기불황이 하나의 이유일 수도 있겠으나, 기본적으로는 동독지역의 경제구조가 세계적 기준을 따라가지 못했기 때문이다

한국도 통일이 된다면 국제적 기준을 따라가지 못하는 북한에서도 대량실업이 생기지 않을까 우려된다. 한국이 규제개혁 등을 통해 경제구조를 세계적 기준으로 끌어올리는 데 초점을 맞춰 일자리를 만들려고 한다면, 이는 최근의 세계적 추세와 부합하는 것으로 높이 평가할 만하다. 지금 세계 경제구조는 혼자서만 살아갈 수 없도록 돼 있다. 상호협력·상호의존적이기 때문이다.

한편 독일의 실업대책은 미국 등과는 차이점을 갖고 있다. 독일은 미국과는 다른 사회적 배경을 갖고 있기 때문이다. 독일 등 유럽이 실업자를 과보호한다는 지적이 미국내에 있다는 것을 알고 있다. 또 영국에서는 전직보다 하위직이라도 가능한 한 빠른 시간내에 취직하려는 분위기가 형성돼 있다.

그러나 독일 등 유럽에서는 실업자에 대한 사회적 연대의식이 강하다는 점을 간과해서는 안된다. 실직자들이 일자리가 없다고 해서 자기 수준보다 떨어지는 일자리에 간다는 것에 대해

찬성할 수 없다. 단지 일자리를 얻기 위해 자질에도 맞지 않는 직장에 들어가는 것은 기업을 위해서도 바람직하지 못하다. 실직자에게 새로운 일자리를 찾아갈 수 있는 시간과 기회를 줘야 한다.

공공 근로사업도 1~2년의 중단기적으로 시행되고 있다. 실업자들이 산보나 하는 것보다는 낫기 때문이다. 그러나 이 기간 중에도 20% 정도의 시간을 직무향상을 위해 할당하고 있다

《IMF 경제 실업대책》
　　　─정병석(노동부 고용총괄심의관)

외환위기 발생 이후 월평균 10만명씩 증가하던 실업자 수가 8월 7만 3,000명 (0.2%p)이 감소한데 이어 9월에도 6,000명(0.1%p)이 줄어 들었다. 특히 9월에는 실업률 하락과 함께 취업자 수가 전월대비 18만 6,000명 증가했다.

실업률 하락의 주요 원인을 보면 첫째, 공공 근로사업 확충을 꼽을 수 있다. 또 대규모 직업훈련 실시에 따른 실업자 흡수, 정부의 고용유지 기업에 대한 지원확대, 그리고 기업의 근로시간 단축(Work Sharing), 휴업, 직업훈련 등을 통한 고용유지 노력 등으로 실업발생이 억제된 것으로 보인다. 이와 함께 중소기업 신용보증제도 확충 및 창업지원 효과의 가시화, 중소기업 창업지원 등도 고용창출에 기여, 취업률을 하락시킨 것으로 분석된다. 이 밖에 구직활동이 줄어드는 계절적 요인도 실업률을 감소시킨 한 요인으로 풀이된다.

향후 전망을 보면 10월 중에도 실업대책의 효과가 부분적으로 나타나기 시작해 노동시장이 8,9월처럼 안정세를 지속할 것으로 전망되고 있다. 그러나 11월부터 내년 3월까지 향후 5개월간은 대학 등 졸업예정자의 노동시장 진입 ·동절기 공사물량의 감소에 따른 일용직 실업증가 ·구조조정에 따른 인력감축 등 세 가지 요인으로 실업자가 증가할 것으로 예상된다.

그 동안 정부의 실업대책은 SOC사업 확대, 일자리 제공 및 고용안정사업 확충에 1차적 역점을 두어 왔다. 또 실업자의 생활안정을 위해 고용보험 적용 사업장을 확대하고 공공근로의 확대, 저소득 실직자 보호대책 등 사회안전망 확충에 주력해 왔다.

지난 3월 26일부터 약 7개월간 범정부적으로 종합적인 실업대책을 추진해 왔으며, 금년 말까지 집행예정액 10조 707억 원 중 71.6%인 7조 2,076억 원을 집행해 실업자 198만 명에게 혜택을 주었다. 노동부는 향후의 실업대책으로 대졸자 등 청소년 취업대책과 동절기 저소득 실

업자 생계안정대책을 우선적으로 마련하고 있다. 물론 그 동안 노동부가 추진하여 왔던 사업들을 지속적으로 유지·확대해 나갈 계획이다. 예컨대, SOC 투자를 올해 11조 5,000억 원에서 내년에는 12조 1,000억 원으로 확대할 생각이다.

공공근로사업 투자는 98년 1조 원에서 내년에는 2조 원으로 확대, 향후 6개월간 모두 45만 명의 실업자들에게 생계비를 지원할 예정이다. 이 밖에 실업자의 능력개발과 재취업 촉진을 위해 총 8,107억 원을 투입해 32만명에게 직업훈련을 실시하고 생활보호대상자 확대 및 생계비 지원 등 사회안전망을 구축할 방침이다. 이 같은 정부지원대책이 추진되면 내년에도 실업률은 계속해서 하락, 노동시장은 다소 안정세를 찾을 것으로 보인다

《노동시장 정보시스템》
　　　－금재호(한국노동연구원 연구위원)

노동시장의 각종 정보를 수집·정리하고, 분석한 결과를 구직자 등에게 제공하는 일련의 과정 또는 시스템을 노동시장 정보시스템이라고 한다. 구인·구직자가 필요한 모든 정보와 서비스를 한 장소에서 제공받는 원스톱 서비스의 개념에 바탕을 둔 노동시장 정보시스템은 구직자들이 알맞는 직장을 찾을 수 있도록 도와준다. 또 직장 내에서의 효율적 인적 관리를 통하여 불필요한 이직을 최소화하는 데 기여한다. 구직자, 학생, 청소년 등 경제활동 참가자들이 자신의 적성과 경력에 적합한 진로를 결정할 수 있도록 필요한 정보를 제공한다.

또 정책수립 및 노동시장 연구의 기초자료를 정책 당국과 관련 연구자들에게 공급한다. 이밖에도 노동시장 정보시스템은 인력수급계획의 작성, 직업연구, 직업훈련 프로그램의 개발, 직업 및 고용전망 등 고용에 관련된 모든 분야에 걸쳐 필요한 정보를 제공한다.

우리나라는 다양한 기관에서 노동시장 정보를 제공하고 있지만 구인·구직정보를 중심으로 한 단편적인 정보서비스에 편중되어 있다. 노동시장에 관련된 자료들을 분석하고 제공하는 정보 전달체계가 부족하여 많은 자료들이 제대로 활용되지 못하고 있다. 관련 기관들 사이의 업무연계나 자료의 공유도 활발하게 이루어지지 못하는 실정이다.

노동시장 정보시스템의 구축에는 상당 기간 동안의 지속적 투자가 요구된다. 이러한 투자는 장기적인 전략에 바탕을 두고 이루어져야 한다. 미국의 경우, 클린턴 행정부가 들어서면서 의회에 제출한 94년의 '미국 노동시장 정보시스템의 발전계획'을 바탕으로 꾸준한 노력을 기

울인 결과, 지금은 노동시장 인프라 구축에서 주도권을 잡고 있다.

노동시장 정보시스템의 장기적 전략은 외부 환경조성, 정보시스템의 설계, 정보시스템 구축을 위한 조직 구성의 세 분야로 구분되어진다. 외부 환경조성에는 우선 통계청, 노동부, 국민연금관리공단 등 노동시장의 기초통계를 생성하는 기관들 사이의 업무 연계를 통하여 노동시장 동향, 근로자들의 활동, 실업자들의 구직활동 등과 같이 필요한 통계를 구할 수 있도록 하여야 한다. 정보시스템의 효율적 설계를 위해서는 수요자가 어떤 정보를 원하는지의 요구를 정확하게 파악하는 것이 우선되어야 하며, 언제 어디에서나 정보망에 접속할 수 있도록 인터넷, 천리안, 키오스크, 전화서비스, 인트라넷 등 다양한 방식으로 정보가 제공되어야 한다.

구직자의 경력과 적성을 고려한 종합적인 상담 및 지도서비스를 통해 생애 전반에 걸쳐 적합한 진로를 제시하여 주는 종합적 원-스톱 서비스가 제공될 필요가 있다. 이를 위해 파트너쉽을 통한 공공 및 민간 직업안정기관들 사이의 연계강화와 더불어 취업알선 및 직업상담 업무에 종사하는 전문인력의 충원 및 이들에 대한 지속적 교육이 요구된다.

(1998.11.05)

17. 벤처/분사 활용 '기업가' 키워라

"분사제도와 벤처자본을 활용, 기업가를 길러라. 그들은 아이디어와 기업가 정신으로 무장, 무궁무진한 일자리를 만들어 낸다."

OMJ보고서는 기업가(Entrepreneur)라는 생산요소를 적극 발굴할 것을 제안한다. 기업가는 본질적으로 경영자(Manager)하곤 다르다. 그들은 스스로 사업을 소유, 경영하는 사람들이다. 그들의 창의력과 아이디어가 발휘될 환경만 조성된다면 수많은 일자리가 창출될 수 있다는 게 OMJ보고서의 확신이다. 그렇지만 불행히도 한국에서는 기업가라는 생산요소가 아예 망가뜨려진 상태다.

각종 규제, 후진적 교육제도, 정부와 대기업들의 인식 부족 등이 겹쳐 기업가적 자질을 가진 사람도 그저 월급쟁이에만 만족하고 있다. 이들이 월급쟁이로 근무한다면 고작 1개의 일자리밖에 만들지 못한다.

그러나 벤처기업 창업이나 분사제도를 이용, 이들을 기업가로 육성한다면 수십 개에서 수

백 개의 일자리를 창출하게 된다. 고부가가치를 창출, 나라경제에 기여하는 건 물론이다. 따라서 100만 개의 일자리를 만들기 위해서는 기업가적 자질이 제대로 발휘될 수 있는 환경을 조성하는 게 필수적이다.

○ 기업가라는 생산요소가 왜 중요한가

현대적 의미의 기업가라는 용어는 지난 1800년 경에 프랑스 경제학자인 J. B. 세이라는 사람에 의해 처음 사용됐다.

그는 "기업가는 낮은 수준의 생산성과 저수익의 경제적 재료를 높은 수준의 생산성과 고수익으로 변화시킨다"고 정의했다. 이 말은 기업가가 가치를 창조하기 위해서 얼마나 중요한지를 그대로 나타내고 있다. 기업가는 자본이나 기술적 지식을 필요로 하지 않는다. 기업가에게 필요한 것은 사업 아이디어와 각종 생산요소를 최대로 활용하고 조직할 수 있는 능력이다.

기업가는 경영자와는 아주 다르다. 경영자는 기존 시스템을 유지하는 데 만족한다. 패러다임을 바꾸는 것은 꿈도 꾸지 못한다. 그저 자신의 자리를 유지할 수 있는 적당한 역할만 고수한다. 반면 기업가는 시스템을 완전히 뜯어 고치거나 새로 만들어 낸다. 부가가치와 생산성도 전혀 새로운 수준으로 향상시킬 수 있다. 한국의 미래를 위해 각종 생산요소 중 기업가가 가장 중요한 생산요소라고 강조하는 것도 이런 이유에서다.

○ 한국에서 기업가라는 생산요소는 전혀 활용되지 않고 있다

그러나 불행히도 기업가적 요소는 한국에서 유용하게 사용되지 못하고 있다. 우선 각종 규제가 주된 요인이다. 한국에서 각종 규제는 특정한 기준과 규격화된 생산품만을 요구하고 있다. 혁신(innovation)이라는 단어가 끼어들 여지가 없도록 각종 장벽을 치고 있다.

한국의 교육시스템도 문제다. 교육제도는 개인의 창의력 생성을 억제한다. 그저 집단에 대한 복종만 요구한다. 이런 이유로 기업가적 자질을 가진 사람마저 그들의 능력과 자질을 발휘하지 못한다. 경영자의 역할에만 안주하게 된다.

각종 지원제도의 부재도 주된 원인이다. 독립할 수 있는 지원제도가 미비돼 있다 보니 기업가적 기질 발휘는 제한될 수밖에 없다. 섣불리 패러다임 전체를 바꿀려고 시도했다가는 낭패를 당하기 십상이다.

이 밖에 '사업 사기꾼'의 존재도 기업가 양성을 가로막고 있다. 한국의 수많은 사업 사기꾼

들은 순수한 사업가와 투자자를 속여 한몫 챙기려 한다. 이들의 존재가 두려워 아무래도 독립을 꺼리게 된다.

○ MBO를 활성화하라

기업가라는 생산요소를 잘 활용하기 위해서는 우선 '경영자 사업 분할방식(MBO)'을 발전시킬 필요가 있다. MBO는 경영자들이 특정 사업부분을 떼어서 전혀 새로운 기업으로 만드는 것을 말한다. 미국과 유럽에서는 이미 일반화돼 있다.

그러나 한국에서는 아직 걸음마단계에 불과하다. MBO의 성공사례는 무수히 많다. 그 중 IBM에서 분사된 렉스마크(Lexmark)가 대표적 예다. 렉스마크는 뿌리는 IBM의 타자기 생산부서다. 지난 60년대와 70년대에 전자타자기는 날개돋친 듯 팔려 나갔다. 그러나 컴퓨터가 일반화된 80년대 들어 판매가 급감했다. IBM은 수지타산이 맞지 않는 타자기 부서를 없애려 했다. 그러나 타자기 담당 책임자는 프린트 헤드의 생산기술은 타자기 뿐만 아니라 프린터와 팩시밀리에서도 필요하다는 점을 깨달았다. 그래서 MBO를 추진했고 렉스마크는 현재 프린트 헤드의 3분의 1 이상을 만들어 낼 정도의 회사로 성장했다.

한국정부는 현재 재벌을 개혁하기 위해 매진하고 있다. 이 과정에서 정부가 범할 수 있는 위험 중의 하나가 가치를 재생시키거나 창조할 수 있는 분야에서조차 가치를 파괴할 수 있다는 점이다. 따라서 가치를 파괴하지 않고 재벌개혁을 진행하기 위해서는 MBO의 활성화가 필수적이다. 이를 위해서는 MBO를 어렵게 하는 규제를 혁파하는 게 필요하다. 예컨대 설립 후 3년 이상 이익을 내야만 상장할 수 있는 조항을 미국과 영국에서처럼 즉시 상장이 가능토록 고쳐야 한다.

○ 벤처기업을 길러라

한국은 기본적으로 벤처자본을 활성화하기 위한 하부구조는 갖고 있다. 그러나 아직 그 효용을 발휘하지 못하고 있다. 새로운 기술개발부터가 그렇다. 한국에서는 새로운 기술이 개발되는 과정도 어렵기짝이 없다. 대학은 실질적인 교육을 시키지 않는다. 기업과 연구소들도 연구개발(R&D)에 대한 역사가 일천하기만 하다. 벤처자본가들도 기술개발보다는 자본동원에만 열을 올리고 있다. 이는 한국의 벤처자본과 서구의 벤처자본 사이에 상당한 차이가 있음을 뜻한다.

벤처자본은 서구에서 기업가에 의해 시작됐다. 그들은 J.B. 세이가 규명했던 비즈니스 기술, 자본, 기술로 무장했다. 이는 미국의 벤처 지원자금과 맞아떨어져 벤처 르네상스를 만들어 냈다. 한국에서 이상적인 기업형태로 채택해야 하는 것도 바로 이런 모델이다.

○ 가상조직을 활용하라

가상조직(Virtual Organization)은 여러 가지로 유용하다. 가상조직이란 다른 게 아니다. 조직체계를 갖추되 이를 상설화하지 않고 필요할 때 사용하는 것이다. 이를 활용하면 자본의 투입을 줄일 수 있다. 현재 존재하는 투자만으로 생산을 극대화할 수 있는 장점이 있다. 사업을 새로 시작하려면 항상 금융장벽에 부닥치기 마련이다. 그러나 가상조직을 활용하면 제한된 자본을 갖고 얼마든지 새사업을 할 수 있다. 필요할 경우 다른 부분에서 도움을 받으면 소기의 목적을 달성할 수 있다. 이를 위해서는 한국에 현존하는 각종 규제, 즉 ·최소규모 제한 ·생산허가제도 ·불투명한 세법 ·회사설립 제한 등의 규제가 철폐돼야 한다.

〈정리=하영춘 경제부 기자〉

17. 임직원이 분리사업 인수… 'MBO란?'

OMJ보고서가 기업가의 양성방안으로 제시한 MBO란 무엇인가. MBO는 'Management Buy Out'의 영문 약자다. 사업부나 계열사의 현임직원이 중심이 돼 기업에서 분리되는 사업을 인수하는 것을 말한다. 말하자면 계열사 분리나 분사방법의 일종이다. 계열사나 사업부를 합쳐 덩치를 키우는 M&A(인수합병)와 대조적이다. 현 경영진이 사업부를 인수하는 MBO와 임직원이 인수하는 EBO(Employment Buy Out)로 나누기도 한다. 둘다 현재의 임직원이 인수한다는 점은 같다.

기업으로서는 한계사업을 큰 문제없이 정리하는 동시에 인원정리도 할 수 있다는 잇점이 있다. 해당 부서 임직원의 경우도 명예퇴직이나 실업의 공포에서 벗어나 새로운 도전의 기회와 회사의 주인이 될 수 있다는 게 장점이다. 국가 전체로서도 국부를 해외에 유출하지 않아도 된다.

정리대상 사업부의 임직원들은 우리사주 담보대출이나 회사의 도움을 받아 보통 사업을 인수하게 된다. 종종 퇴직금도 인수자금으로 활용된다. 미국이나 영국의 경우 금융기관들이 고

수익을 노리고 이들 임직원에게 MBO 자금을 빌려주고 있다. 미국이나 영국 등에서는 80년대 초반부터 MBO 방법이 광범위하게 사용되고 있다.

영국은 80년대 초 MBO를 도입한 후, 90년대 이후엔 연 600건이 성사될 정도로 붐이다. 미국에서도 수없이 일어나는 사업부나 계열사 분리의 20% 정도가 MBO 방식이다. 국내에서는 지난해까지만 해도 MBO에 대한 관심이 거의 없었다. 올 들어서야 기업 구조조정이 진행되면서 관심권에 들어왔다. 특히 정부가 MBO를 통해 5대그룹의 구조조정을 실시하겠다는 방침을 설명하면서 주목을 끌고 있다.

실제 현대와 삼성 등 대기업을 중심으로 MBO가 이미 진행되고 있다. 현대전자는 올들어 PC사업부와 멀티미디어 사업부를 MBO 방식으로 분리시켰다. 노트북, 데스크톱 PC 등을 생산하는 PC사업부는 (주)멀티캡이란 이름으로 독립시켰다. 세트톱박스와 비디오CD 디스플레이어 등을 개발 판매하는 멀티미디어 사업부는 (주)HDT라는 이름으로 분리했다.

삼성전자도 물류사업부를 토로스라는 회사로, 대우전자도 디지털 피아노 사업부를 (주)벨로체라는 회사로 각각 독립시켰다. 삼성물산은 지난달 총무·복리후생업무를 담당하는 서비스센터를 '편리한 세상'이란 별도법인으로 분리시켰다.

이 밖에 나래이동통신은 고객상담업무를 담당하는 고객지원실을 '나래텔레 서비스'로 독립시켰으며 기지국 관리 등을 담당하는 부서도 '나래통신기술'로 분리했다.

〈하영춘 경제부 기자〉 (1998.11.06)

《외국의 주요 MBO사례》

－LG경제연구원 자료

〈메트섹(영국)〉

- 시기 : 1981년
- MBO 주도자 : 현 경영진
- 자금조달기관 : 3i, ECI
- 성과(매출액 영업이익률, 기업가치) : 16.5%…22.0%

〈MKA그룹(영국)〉

- • 시기 : 1984

- • MBO 주도자 : 현 경영진

- • 자금조달기관 : 모회사의 지원

- • 성과(매출액 영업이익률, 기업가치) : 4.7%···▸12.0%

〈볼딩&맨셀(영국)〉

- • 시기 : 1982

- • MBO 주도자 : 모기업이 현 경영진에 매각

- • 자금조달기관 : 내셔널 웨스트민스터은행

- • 성과(매출액 영업이익률, 기업가치) : 7.0%···▸3.1%

〈페더레이티드(미국)〉

- • 시기 : 1988

- • MBO 주도자 : 모기업이 현 경영진에 매각

- • 자금조달기관 : 시티은행

- • 성과(매출액 영업이익률, 기업가치) : 42.5억달러···▸60.8억달러

〈RJR 나비스코〉

- • 시기 : 1988

- • MBO 주도자 : 현 경영진이 인수를 시도했으나 실패함

- • 자금조달기관 : 메릴린치, 체이스은행

- • 성과(매출액 영업이익률, 기업가치) : 18.5%···▸13.2%

《삼성물산의 MBO사례》

- • 인사 일부 부서···▸(주)편리한 세상 − 사장 박순임

                                    − 직원 15명

                                    − 자본금 5,000만 원

• 물류부서…▶(주)로지텍 – 사장 신동우
                 – 직원 17명
                 – 자본금 5,000만 원
• 컴퓨터그래픽부서…▶(주)삼건 베리클 – 사장 이태철
                 – 직원 12명
                 – 자본금 8,000만 원

* 3개사 모두 임직원이 100% 출자한 종업원 지주회사임.

(1998.11.06)

18. 노동시장 '정보 서비스' 강화를

한국의 노동시장은 매우 불완전하다. 상호관계가 거의 없는 두 개의 시장으로 분리돼 있다.

하나는 현대적인 기업부문에 있는 매우 작은 시장이다. 여기에서는 임금은 높고 근로자들이 원하기만 하면 평생고용이 보장돼 있다. 노동법이 대체로 준수된다. 두 번째 시장에서는 임금은 낮고 노동법이 제대로 지켜지지 않으며 고용의 안정성이 훨씬 떨어진다. 최하층에는 보수도 낮고 아무도 가려고 하지 않는 3D업종이 있다.

이들과 별도로 자영업부문이 있다. 3개의 시스템을 효율적으로 결합하는 것은 시장의 힘이다. 경제가 빠르게 성장하면 새로운 일자리가 만들어진다. 70년대에는 그 결과 완전고용이 한 번 달성되면 임금이 상승하고 대기업의 고임금부문은 사회 전 부문의 임금을 끌어올린다. 최하층의 임금도 상승한다

고실업의 시기에는 소기업과 대기업 간 임금격차가 벌어질 위험이 있다. 한국에서는 대부분의 대기업들이 낮은 부가가치를 창출하는 일자리에도 매우 높은 임금을 지불하고 있기 때문에 이 같은 현상이 즉시 나타나지는 않을 것이다. 사실은 정반대의 현상이 나타날 가능성이 매우 높다. 대기업들은 수익성을 회복하기 위해 임금을 깎고 일자리를 떨어버리려 할 것이다.

○ 21세기가 원하는 고용형태

경제가 성숙할수록 근로자들은 노동의 과실을 누릴 수 있는 레저시간을 더 많이 원하게 된

다. 또 보다 만족도가 높은 일을 찾게 된다. 미래에는 인터넷 ,정보통신기술이 발전하고 통신
망으로 전세계가 연결됨으로써 이 같은 일이 점점 쉬워질 것이다.

　OMJ보고서가 만들려고 하는 고용은 어떤 종류의 것인가. 개인적인 차원에서는 진취적이고
만족도가 높고 생활수준을 높일 수 있는 일자리가 될 것이다. 기업활동의 부가가치를 증진시
키고 임금을 제대로 받는 일자리다. 또한 가치창조를 통해 평균임금보다 높은 보수와 투하된
자본에 대한 보상까지 감안해서 이익을 남기는 자영업일 수도 있다. 국가적인 차원에서는 모
든 일자리가 부가가치를 높이는 일자리여야 한다.

○ 미래의 노동시장 메커니즘

　시장이란 사고 파는 행위가 일어나는 장소와 정보, 정보중개자, 공급자, 수요자, 투기자들
이 있는 곳이라고 OMJ보고서는 정의한다. 노동은 13가지 요소 중 독특한 요소다. 왜냐하면
공급자들이 고유한 동기를 가진 개인들이기 때문이다.

　토지와 자본 자체는 동기가 있을 수 없다. 그것은 토지와 자본의 소유자들이 갖고 있는 것
이다. 그러나 노동은 노동을 공급하는 바로 그 사람 자신으로 간주된다. 노동시장은 어느 나
라에서나 분리돼 있다. 불완전한 정보를 갖고 일자리를 찾는 수많은 개인들이 있기 때문이다.
또한 노동력을 구하는 대부분의 기업에서는 특정한 형태의 사람을 원하기 때문이다. 예를 들
면 나이, 성별, 교육 정도, 숙련도 등의 조건이 있는 것이다. 미래의 노동시장은 더 많은 정보
를 원한다. 정보에 대한 수요는 또한 일자리에 대한 수요를 만든다.

　채용과 관련한 회사로는 고용자를 위해 일하는 헤드헌터회사, 근로자 혹은 고용자와 근로
자 양쪽 모두에 서비스를 제공하는 채용 대행회사나 취업 알선회사가 있다. 정부도 고용정보
를 제공하는 사무소를 운용하고 있다. 이는 모두 가치창조적인 일자리들이다. 미래에는 이런
모든 일들이 정보통신을 통해 일어날 것이다. 기술적인 잠재력으로 보면 증권거래소 같은 온
라인 노동거래소가 생길 수 있다. 그곳에서는 노동이 수요와 공급가격에 따라 리얼타임으로
거래될 수 있을 것이다. 이는 우선 실업자, 임시직이나 단기계약직 종사자, 아르바이트자리를
찾는 사람들에게 큰 도움을 줄 것이다.

　OMJ보고서는 한국이 세계에서 처음으로 이 시스템을 발전시키는 나라가 될 것을 권고한
다. 노동시장에서 일하는 사람들뿐만 아니라 특히 정부 공무원들에게 많은 정보를 줄 것이다.
그러면 노동시장에서의 투기자들은 누구인가. 인력회사들이 여기에 포함된다. 다양한 분야에

대해 계약으로 노동력을 공급하는 회사들이 많이 있다. 이 같은 인력회사들이 미래에는 중요한 역할을 할 것이다. 이들 회사는 최근에 26개업종에 대해 노동력을 공급할 수 있도록 합법화됐다. 이는 한국이 요소시장을 왜곡하는 대표적인 사례 중 하나다.

대부분의 나라는 인력회사에 대해 어떠한 형태의 제한도 가하지 않는다. 노동시장이 잘 작동하도록 하기 위해서는 노동법을 더 다듬어야 한다. 한국의 노동법은 외국인들과 경영자단체들로부터 많은 공격을 받고 있다. 그것은 한 가지 원칙적인 결점이 있다. 기업이 가치를 증진하기 위해 자체적으로 구조조정하려는 노력을 제한하고 있는 것이다. 대기업의 경우, 이 문제는 부가가치에 대한 매뉴얼을 만들고 대화를 함으로써 가장 잘 해결할 수 있을 것이다. 이 같은 합의된 절차를 통해서 노동력에 대한 다운사이징이 필요한지가 드러나게 될 것이다. 또 현 노동법상 불명확한 규제를 명확하게 해주고 절차도 투명하게 할 것이다.

○ 미래의 노동력 수요

미래에는 대체로 장년, 고령 노동자들이 더욱 늘어날 것이다. 아주 젊은 근로자들은 줄어들 것이다. 여성근로자들이 노동시장에 더 많이 진입할 것이고 경제활동인구는 급증할 것이다. 파트타임이나 유연한 형태의 일자리를 더 많이 찾을 것이다. 지금 노동시장 구조로 보면 한국은 이 같은 21세기의 새로운 수요에 적응하기 어렵다. 3D업종과 저임금으로 생존했던 공장들을 현대화하지 못하고 있기 때문이다.

나이 많은 근로자들을 자영업으로 포용하지도 못했다. 또 숙련노동자들이 원하는 종류의 훈련프로그램을 공급하지 못하고 교육시스템을 개혁하는 데 실패하고 있다. 이 같은 영역에는 모두 정부의 정책이 필요하다. 동시에 가치창조형의 일자리가 만들어질 수 있는 분야이기도 하다.

OMJ보고서의 목적은 단지 일자리를 만드는 것이 아니라 모든 일자리의 부가가치를 높이는 것이다. 불황기라 하더라도 가치를 전혀 창조하지 못하는 일자리는 보전할 가치가 없다. 경기가 하락세로 돌아선 까닭에 3D분야에서 저임금 직업의 개선이 지연될 우려가 있다. 그런 일자리는 21세기의 모든 기술을 활용해 나아져야 한다.

실업률이 높은 상황에서도 3D업종 일자리는 여전히 비어 있는 점을 감안, 이들 사업이 발전하도록 정부가 자금을 조성해야 한다. 보다 나은 설비나 기술을 갖추도록 하거나 발전된 경영기법을 도입하도록 하는 것이다. 이렇게 되면 해당 분야에서는 지속적으로 가치를 창출할 것

이고 사라지지 않는 일자리가 생길 것이다. 뿐만 아니라 관련업체들의 기술발전도 자극할 것이다.

미국에서는 가장 빠르게 성장하는 기업군 가운데 하나가 예전의 고루한 기술 대신에 하이테크 기술을 활용해서 쓰레기를 관리하는 회사들이다. OMJ보고서는 교육제도를 개편하는 것을 포함해서 노동시장을 발전시키면 4만 5,000여 개의 새로운 일자리가 만들어질 것이라고 추산한다.

기존 교육분야에서 부가가치를 높이는 수천 여 개의 일자리와 회사내의 인력관리부문 같은 관련 분야 일자리는 포함되지 않았다. 김대중 대통령이 강조하였듯이 교육개혁에는 정보통신 교육이 포함돼야 한다. 얼마 전 삼보컴퓨터 사장이 대학입학시험에 컴퓨터 과목을 포함시킬 것을 제안했었다. 그것은 학생들을 모두 컴퓨터 문명인으로 만드는 동시에 시장에서 수요를 확산시켜 컴퓨터업계도 지원하는 방안이다.

〈정리=김성택 경제부 기자〉 (1998.11.09)

18. 기고 – '인프라 구축' 서둘러야

《 정책형성/전달 원활하게 '인프라 구축' 서둘러야 》

－강순희(노동연구원 연구위원)

미증유의 실업사태를 맞이하여 다양한 실업대책이 마련되고 있다. 최근에는 근본적이며 생산적인 대책으로서 일자리 창출이 더욱 강조되고 있다. 시행과정에서 나타난 문제점을 수정·보완하는 과정에서 정부의 실업대책에서도 일자리 제공이 고용안정을 제치고 최우선 순위로 자리잡게 되었다.

그러나 정부의 일자리 제공 대책은 현 경제상황에서 민간부문 주도의 총체적인 일자리 창출은 어렵다는 전제에서 출발한다. 공공부문 주도에 의한 수요창출책으로서 일시적인 일자리 마련에 주안점을 두고 있기 때문에, 근본적 의미의 일자리 창출로서는 한계가 있다. 그런 의미에서 이른바 OMJ 프로젝트는 중요성을 더한다.

OMJ는 단순히 일자리를 만드는 것을 넘어 그러한 일자리가 부가가치 높은 일자리여야 한다

는 의미를 함축하고 있기 때문이다. 그래야만 일자리 창출이 국가경쟁력을 제고하고 근본적인 고용창출로서도 의미를 가진다는 것이다.

그런데 이러한 OMJ 프로젝트 성패의 상당 부분은 노동시장 인프라의 확충 여부에 달려 있다. 노동시장 인프라는 노동시장의 기능이 원활하게 작동하도록 하는 노동시장 정보의 형성, 전달, 환류(feedback)의 전 과정에 걸친 하드웨어와 소프트웨어를 포함한 이른바 하부구조로서 근본적인 일자리 창출의 근간을 이루는 동시에 인프라 구축 자체가 또 다른 고용을 창출하기 때문이다. 정확한 정보를 바탕으로 노동시장 정책이 형성되도록 하는 노동시장 정책형성 인프라, 노동력의 수요와 공급을 원활하게 중개해주는 고용안정 인프라, 필요한 기능·기술을 갖춘 노동력을 원활히 공급하도록 하는 교육훈련 인프라, 노동시장 정책 등 제반 노동시장 프로그램의 전달과 관련한 전달 인프라, 노동시장 정책의 성과를 평가하고 다시 정책에 반영하도록 하는 환류 인프라 등이 그것이다.

실업사태 이전까지 우리나라에서는 이와 같은 총체적 의미의 노동시장 인프라 구축은 별로 주목을 받지 못했다. 고도성장 하에서 노동수요가 항시 공급을 초과했기 때문에 최소한의 고용안정 및 교육훈련 인프라만으로도 노동시장은 원활히 기능할 수 있었다. 그나마 이들 인프라 투자도 하드웨어에 치중하여 그 효율적인 작동을 가능케 하는 소프트웨어 개발부문은 등한시되었다.

최근 들어 실업대책의 일환으로 노동시장 인프라 구축의 중요성이 새삼스럽게 강조되고 있다. 그런데 이러한 인프라의 확충은 노동시장에서의 정보·정책의 형성, 전달, 환류라는 유기적 연계에 대한 고려 위에서 이루어져야 한다.

예를 들면, 고용안정 인프라는 정보 및 정책의 형성과정, 그리고 평가 등 피드백 과정과 연계돼야만 충분한 효과를 거둘 수 있다. 이러한 의미에서 지방자치단체, 시민단체, 노사단체 등이 실업대책의 입안 시행 및 평가의 각 과정에 능동적으로 참여할 수 있도록 하는 열린 정보망과 상설 회의체 등을 구축하는 것이 중요하다. 이는 기본적으로 가능한 한 많은 정보의 공개와 공유를 전제로 한다.

고용안정센터를 대폭 확충해 직업알선, 교육훈련 및 실업자 보호 등을 총괄한 원스톱 종합 서비스체제를 구축하는 게 중요하다. 직업훈련 및 취업알선 담당 전문 상담원의 확충, 고용안정 전산망의 개선도 필요하다. 또한 교육훈련 프로그램 및 훈련실시 소프트웨어의 개발, 교육훈련 직종 및 과정별 평가기준 마련, 직업분류체계 개선 및 직업 가이드 북의 발간 등은 기존

의 하드웨어 중심에서 벗어나 새로 강조돼야 할 교육훈련 인프라다.

실업대책 정보의 전달체계 강화를 위한 정보망 확충, 민간기구와의 연계, 정책의 전달자들을 대상으로 한 교육강화 등도 노동시장 정보 및 정책전달 인프라로서 중요한 의미를 지닌다. 실업자 개인정보를 축적해 어려운 순서대로 집중지원하는 실업자 관리방식의 효율화는 실업대책을 내실화하기 위한 인프라다. 또 효과적인 실업대책 수립을 위한 실업실태 및 근로자 복지욕구에 대한 조사·연구도 강화돼야 한다. 한국노동연구원의 '실업대책 모니터링센터'와 같은 모니터링 기구는 실업대책의 환류인프라로서 중요한 기능을 할 것이다.

(1998.11.09)

19. 끝없는 혁신 – '3M의 성공사례'

OMJ보고서는 구조조정이 반드시 축소지향적일 필요는 없으며 확대지향적 구조조정도 있다는 결론을 내리면서 대표적인 사례로 초우량기업인 3M을 꼽았다. 3M의 구조조정 방향은 리비오 데지머니 회장의 말에서 엿볼 수 있다.

그는 이렇게 말했다.

"마이클 해머 교수(하버드대 교수로 리엔지니어링이란 용어를 유행병처럼 확산시킨 장본인)는 한 신문기사에서 이런 말을 한 적이 있습니다. '리엔지니어링은 옳은 것이었지만 사원들의 입장은 고려하지 못한 것 같다' 라고. 나는 이제야 거기에 생각이 닿았구나라고 느꼈습니다."

이 말에서 알 수 있듯이 3M은 끝없는 창의와 혁신으로 가치창조형 일자리를 만들어 오고 있다. 3M은 매년 500개 이상의 신상품을 내놓고 있다. 하루 평균 1.5개의 신상품을 쏟아내는 셈이다. 현재까지 취급한 상품이 학용품에서 우주선까지 6만 6,000가지에 이르고 있다.

"매출액의 30% 이상은 최근 4년 동안 개발한 신상품에서 거둔다"는 것이 이 회사의 모토다. 신상품 개발 촉진을 이를 위해 3M은 전 직원에게 15%룰을 적용하고 있다. 업무시간의 15% 정도인 1시간쯤은 빈둥거리던 사적인 일을 하던 무엇을 해도 좋다는 것이다.

연구개발에 투자하는 비용은 연 54억 달러, 전체 매출의 7% 정도로 미국기업 가운데서도 가장 높은 수준이다. 그 결과 1902년 5명으로 출발한 3M은 이제 7만 5,000명의 직원을 보유하

고 있다.

지난 96년 3M이 데이터 기록매체 및 영상처리사업을 분할하고 오디오 및 비디오 테이프 사업에서 철수하는 구조조정을 단행했다. 이들 부문의 매출이 회사 전체 매출의 15%나 차지했음에도 불구하고 순이익은 5% 이하였기 때문이다. 그러나 여전히 이익을 남기고 있는데다 매출 외형에 막대한 부분을 차지하고 있는 사업을 잘라 버린 결단은 우리나라 기업풍토에서는 상상하기 힘든 일이다.

3M에서 분리된 이메이션사는 독자적인 성공을 거두기 위해 전 사원을 상대로 스톡옵션제를 실시하는 등 다양한 생존노력을 기울이고 있다.

〈김광현 사회1부 기자〉(1998.11.10)

"거미줄 규제가 기업 망쳤다" : OMJ 정책토론회

극심한 실업난을 근본적으로 해결하기 위해서는 더욱 과감한 규제혁파와 적극적인 중소기업살리기 대책이 추진돼야 할 것으로 지적됐다. 또 바람직한 실업대책으로 국민적 컨센선스가 이뤄진 OMJ 캠페인을 구체적으로 정책에 반영해야 한다는 견해가 제시됐다.

한국경제신문과 EABC, 한국노동연구원의 공동주최로 10일 한국경제신문사 18층 다산홀에서 열린 OMJ 정책 토론회에서 참가자들은 실업난 해소를 위해서는 적극적인 일자리 창출 정책이 필요하다고 입을 모았다.

이날 주제발표자로 나선 EABC사의 토니 미쉘 사장은 "한국경제의 비효율은 거미줄망 같은 규제와 부적절한 외환정책에서 비롯됐다"고 전제, "지주회사 설립금지, 부동산 담보대출 등 수많은 규제가 얽혀 기업의 가치를 파괴했다"고 지적했다. 그는 이에 따라 "한국이 경제위기를 타개하고 3년내 100만 개의 일자리를 만들기는 규제혁파에서 출발해야 한다"고 주장했다.

쌍용템플턴 투신운용의 제임스 루니 사장은 "현재 한국경제에 있어 가장 중요한 문제는 가치창조적 고용창출이다"며 "부가가치형 일자리를 만들기 위해서는 일자리 창출의 엔진인 중소기업을 살리는 정책이 필요하다"고 밝혔다.

주제발표자들은 한국경제 재건과 일자리 창출을 위한 5대 핵심과제로 • 중소기업활성화 • 규제혁파 • 노동시장 재편 • 경기회생과 사회안전망 구축 • 적정환율 유지를 제시했다.

한편 토론 참가자들은 OMJ보고서가 실업대책의 큰 틀을 제시한 만큼 산업별로 구체화하는 작업들이 절실하다고 지적했다. 현오석 재정경제부 정책국장은 "경기활성화를 통한 실업문제 해결을 위해 통화, 재정 등 거시경제 정책을 적극적으로 운용할 필요가 있다"며 "특히 서비스 산업, 지식산업 중심으로 고용확대 전략을 펼쳐야 한다"고 밝혔다.

〈김광현 사회1부 기자〉(1998.11.11)

20. 'OMJ보고서 정책토론' : 요지

10일 한국경제신문사 다산홀에서 열린 OMJ에 관한 정책토론회에서 참석자들은 일자리 창출 방안을 놓고 열띤 토론을 벌였다.

이날 토론회에서 주제발표자로 나선 EABC의 토니 미셸 사장은 "한국의 실업난 해소를 위해서는 철저한 규제개혁과 중소기업살리기가 핵심"이라며 "보다 근본적이고 장기적인 관점에서 실업대책이 재검토될 필요가 있다"고 지적했다.

쌍용템플턴 투신운용의 제임스 루니 사장은 '한국경제의 위기 실상과 대응전략' 이라는 주제발표를 통해 "적정한 환율정책 등 건실한 거시경제 운용이 한국경제의 체질강화를 위해서는 물론 실업해소를 위해서도 절실히 필요하다"고 강조했다.

이날 토론 참가자들은 "OMJ보고서가 제시한 내용들이 시의적절했다"며 "구체적인 정책방안으로 연결되기를 기대한다"고 입을 모았다.

[토론자]

    김석민(규제개혁위 부이사관)

    김수배(한국경제신문 논설위원)

    김유배(성균관대 경제학 교수)

    송장준(중소기업연구원 연구위원)

    이재우(한국경제연구원 산업실장)

    최강식(한국노동연구원 분석실장)

    현오석(재경부 정책국장)

박훤구(노동연구원장)(사회)

◆ **사회**: 한국경제신문의 OMJ캠페인이 시작되면서 고용창출에 대한 시각도 바뀌어 가고 있다. OMJ보고서를 어떻게 봐야 하는지 또 어떻게 발전시켜 나가야 하는지를 논의해야 할 때다.

◆ **이재우**(한국경제연구원 산업연구실장): 한국경제의 회복과 성장을 위해 과감한 규제개혁이 요체라는 OMJ보고서 주장에 전적으로 공감한다. 자본비용 이하의 이윤을 내는 이른바 '가치파괴형 경영'의 원인은 부실경영도 있겠지만, 기본적으로는 과도한 규제, 자본, 노동이동의 경직성 등 비효율적인 자원배분의 결과가 아닌가 싶다. 고비용 저효율의 원인에 대해서도 기업과 정부가 공동으로 책임을 분담해야 할 것이다.

한국경제에서 구조조정이 늦어지고 있는 주요한 이유는 구조조정이 제도 정비에 앞서 진행돼 곳곳에 걸림돌이 있기 때문이다. 정부가 규제완화, 세금인하, 각종 절차 간소화 등 이른바 구조조정 친화적 환경조성에 나서야 한다. 과거 소외받던 오락, 만화, 영상, 정보통신, 미디어산업이 21세기산업으로 각광받고 있다. 정부가 첨단산업, 사양산업을 구분하는 산업정책적 접근은 이제 버려야 한다. 이런 점에서 OMJ보고서 내용 중 "농업, 제조업 혹은 서비스업이든 가치창조적 고용창출 행위가 될 수 있다"는 데 적극 공감한다.

◆ **김유배**(성균관대 경제학과 교수): 최근 우리나라의 실업은 복합적 실업 양상을 보이고 있다. 실업대책의 가장 어려운 대목은 대책의 핵심을 고용안정에 두느냐, 실업구제에 두느냐는 문제 중 무엇을 선택할지 여부다. 정부 대책은 이 두 가지 과제를 함께 해결하려는 자세를 보이고 있다. 따라서 자원배분과 정책 조합과정에 어려움이 생기고 있는 게 사실이다.

그러나 IMF 관리체제와 산업구조 개편이 진행 중인 현실에 비추어 본다면, EABC의 OMJ보고서는 고용안정과 새로운 일자리 창출이라는 장기적인 노동시장 기반의 안정 쪽에 더 비중을 두고 있다는 점이 매우 의미 있는 분석이다. 장기실업이 예상되는 시점에서 단순히 실업자를 과보호할 경우 장기실업을 심화시킬 수 있다. 또 공공투자로 인한 인력의 배분이 저해되어 생산부분이 위축되거나 재정지출의 구축효과가 일어날 수도 있다. 이와 함께 새로 창출된 일자리에 전직 실업자와 신규 실업자 중 누구를 우선 고용할 것인지에 대한 문제도 고려해야 한다.

◆ **송장준**(중소기업연구원 연구위원): 최근 경제위기의 큰 원인으로 흔히 기업의 과다차입과 과잉투자를 꼽는다. 기업의 과다차입과 과잉투자의 결과는 기업의 투자에 대한 수익성의

저하로 나타난다.

그러면 왜 과다차입및 과잉투자가 발생했을까. 그 원인은 외환위기 발생 전까지 지속된 저환율정책, 금리의 이중구조, 부동산 가격의 상승에 대한 기대감과 담보대출의 관행으로 인한 부동산 등 고정자산에 대한 수요 등으로 압축될 수 있다. 고부가가치형 일자리 창출을 규제개혁과 중소기업의 육성으로 성취하겠다는 방향 설정은 대단히 잘한 일이라고 생각한다. 중소기업의 육성을 위해서는 무엇보다도 먼저 사회 전반에 중소기업에 대한 인식의 전환이 있어야 한다. 또 공정 경쟁질서가 경제에 뿌리를 내리는 것도 중소기업 육성을 위해서는 필수과제다. 사법제도의 선진화는 공정경쟁 질서의 조성 및 규제개혁을 위한 중요한 방안 중의 하나라고 생각한다.

◆ **최강식**(한국노동연구원 동향분석실장): OMJ보고서는 여러 가지 과감한 내용들을 담고 있다. 규제개혁 철폐 주장이나 중소기업살리기에 관한 주장이 대표적이다. 이 두 가지 문제는 그 동안 여러 차례 지적돼 오던 사안들이기는 하지만, 이번 보고서를 계기로 실업문제 해결을 위해서도 반드시 필요하다는 점이 부각 됐다.

이 보고서는 요소시장을 활성화하면 고부가가치의 일자리가 240만 개나 만들 수 있다는 주장을 하고 있다. 각 요소별로 발생할 수 있는 일자리 수도 제시했다. 그러나 일자리 발생의 과정에 대해서는 설명이 미흡하다는 생각이다. 아마 많은 사람들이 가장 궁금해하는 것도 바로 이 부분일 것이다. 좀더 구체적인 실천계획들이 제시됐으면 하는 바램이다.

이 보고서에 대해 또 하나 지적할 부분은 요소시장을 초점을 맞추다 보니 최종적인 상품시장에 대한 언급이 부족하다는 점이다. 예를 들어, 독과점 등에 대한 규제 등 시장부분에 대한 분석이 이뤄져야 할 것으로 보인다.

◆ **김수배**(한국경제신문 논설위원): 우리가 겪는 대량실업 사태는 유례가 없는 것이다. 그러다 보니 실업대책이 시행착오를 되풀이해 온 감이 없지 않다. 실업대책의 방향전환이 필요한 시점에서 OMJ보고서가 나옴으로써 정책수립에 큰 도움이 되리라 생각한다.

OMJ보고서는 여러 면에서 시의적절한 내용을 담고 있다. 그러나 보고서가 가장 강조하고 있는 규제철폐에 대해서는 보다 한국적인 시각에서 접근할 필요가 있다. 보고서는 '모든 규제는 악' 이라는 전제에서 출발하고 있다. 특히 한국 부동산시장 및 건설시장의 규제를 가치파괴적 규제의 대표적 사례로 들고 있다.

그러나 땅에 대한 규제는 망국적인 부동산투기를 잡기 위해 국민적 컨센서스 하에 도입된

것이다. 오히려 규제가 좀더 빨리 시행됐더라면 오늘날과 같은 건설업체의 부실은 막을 수 있었을지도 모른다. 시장경제에 충실한 홍콩, 대만 등도 땅에 대한 규제만큼은 엄격하다. 시장경제에서는 창의성과 유연성이 필요하지만 룰도 꼭 필요하며, 몇몇의 규제는 바로 이 같은 룰의 일부로 이해돼야 한다.

◆ **김석민**(규제개혁위 부이사관): 규제개혁위는 올해 기업활동의 자율화 수준과 국가경쟁력 수준을 향상시킨다는 취지에서 35개 중앙 부·처·청의 규제 1만 1,125건 중 5,326건을 폐지했다. 또 2,441건은 개선 또는 완화해 총 70%의 규제를 정비했다. 특히 고용창출을 위해 고용효과가 큰 서비스 산업, 벤처기업 등의 설립 운영과 관련된 규제는 대부분 폐지하거나 대폭 완화했다. 벤처기업의 창업자본금 인하 등 벤처기업 창업 활성화 지원을 통해 2만여 개의 새로운 벤처기업이 창업될 것이며 상당한 고용창출효과도 기대된다.

또 항공 종사자의 해외 취업제한도 폐지했으며 각종 건설 관련 규제를 풀어 건설경기 부양을 통한 일자리 창출을 도모해 왔다. 자유로운 중소기업의 활동을 보장하기 위해 관련 규제도 대폭 완화했다.

내년에는 이 같은 규제개혁의 성과가 확산, 정착되도록 노력할 것이다. 이를 통해 기업이 좀더 자유롭게 활동할 수 있는 조건을 만들고, 그 결과가 고용확대로 이어질 수 있도록 규제개혁을 지속적으로 추진해 나가겠다.

◆ **현오석**(재정경제부 경제정책국장): 실업문제 해결은 경제정책의 최우선과제다. 이를 위해 구조조정을 신속히 추진해 튼튼한 일자리 마련에 주력해야 한다. 또 경기활성화를 위해 통화, 재정 등 거시경제 정책을 적극적으로 운용할 필요가 있다. 중요한 것은 고부가가치형 일자리를 창출하는 것이다. 예컨대, 일용직 일자리를 상용직으로 바꾸는 것 등이 시급하다. 따라서 OMJ보고서가 제시한 것과 같이 중소기업 육성, 기업 생산성 제고를 위한 규제개혁을 적극 추진해야 한다. 특히 서비스산업, 지식산업 중심으로 고용확대 전략을 펼쳐야 한다. 아울러 취업알선 등 노동시장이 원활하게 기능할 수 있도록 재편해야 할 것이다.

고용창출전략과 함께 실업자 보호대책 등 사회안전망 강화도 절실한 과제다. 앞으로 사회안전망 확충을 위해 재정 역할이 강화될 수 있도록 전달체계와 집행체계를 효과적으로 구축해야 한다. 이러한 대책이 착실히 추진된다면 내년 중반부터는 경제성장 회복과 함께 고용 사정도 점차 개선될 것으로 예상된다.

〈정리=김광현 사회1부 기자〉(1998.11.11)

20. 'OMJ보고서 정책토론' : 주제발표1

－제임스 루니(쌍용템플턴 투신운용 사장)

지난 3월 EABC와 쌍용템플턴은 한국경제에 있어 가장 중요한 문제인 가치창조적 고용창출로 정책관심을 집중시켜 보고자 OMJ보고서를 시작하였다.

이 보고서를 작성하기 시작한 가지 이유는 다음과 같다. 첫째는 한국정부의 정책이 경제위기에 대처하는 데 초점이 맞춰져 있고, 고용창출과 같은 장기적인 문제는 소홀히 다뤄지고 있기 때문이다. 또 21세기 한국경제를 위해 가장 중요하고도 유일한 과제는 부가가치형 고용창출이라는 점이다. 이와 함께 과거 한국경제가 이룩한 성과들을 재평가할 수 있는 신사고의 필요성과 지금의 경제상태를 바로잡기 위한 정책을 제기하기 위해서다.

OMJ보고서의 이 같은 주장이 모두 새롭지는 않다는 것을 알고 있다. 이미 한국경제의 낮은 경쟁력과 생산성 등에 대한 많은 비판이 있어 왔기 때문이다. 그러나 OMJ보고서는 가치창조적 고용창출에 초점을 맞추고 있다.

우리 경제의 가장 절박한 과제는 그 업종이 농업, 제조업 혹은 서비스업이든 상관없이 가치창조적 고용창출이다. 그러나 규제는 경제의 효율성을 가로막고 자본을 파괴하는 한국의 '풍토병'이다. 반면 중소기업은 서비스, 제조업, 농업 등 업종에 관계 없이 일자리를 늘리는 '엔진'이다. 한국경제 발전의 견인차이기도 하다. 그러나 중소기업은 정부로부터 충분한 관심을 끌지 못하고 있다.

이 연구는 지난 70년 이후 한국경제의 발전과정을 분석하는 데서 시작한다. 이 기간에 임금 증가는 GDP(국내총생산) 증가보다 높은 수준으로 이뤄진 반면 기업의 영업이익 증가는 GDP 증가에 훨씬 못 미치고 있다. 여기서 주목해야 할 부분은 높은 임금이 아니라 낮은 이윤이다. 또한 80년대 후반 이후 순자본 형성과정은 자산이 점점 파괴되었음을 보여 준다. 한국 기업들이 투자선택을 잘못했다는 얘기다.

외환정책도 적절하지 못해 무역적자를 기록해 왔다. 한국은 고용통계에 관한 한 좋은 기록을 갖고 있다. 90년대 들어 매년 40만 개의 새로운 일자리가 생겼다. 그러나 이제는 취업률이 급속도로 떨어지고 있다. 지난해 8월부터 올해 8월까지 최소한 220만 명 이상이 사실상 일자리를 잃어버렸다. 실업률이 낮아지는 시기를 앞당기기 위해서는 최소한 100만 개의 일자리를

만들기 위한 구체적 행동이 필요하다.

(1998.11.11)

20. 'OMJ보고서 정책토론' : 주제발표2

10일 한국경제신문사 다산홀에서 열린 OMJ에 관한 정책토론회에서 참석자들은 일자리 창출방안을 놓고 열띤 토론을 벌였다. 이날 토론회에서 주제발표자로 나선 EABC의 토니 미쉘 사장은 "한국의 실업난 해소를 위해서는 철저한 규제개혁과 중소기업살리기가 핵심"이라며 "보다 근본적이고 장기적인 관점에서 실업대책이 재검토될 필요가 있다"고 지적했다.

쌍용템플턴 투신운용의 제임스 루니 사장은 '한국경제의 위기 실상과 대응전략'이란 주제발표를 통해 "적정한 환율정책 등 건실한 거시경제 운용이 한국경제의 체질강화를 위해서는 물론 실업해소를 위해서도 절실히 필요하다"고 강조했다. 이날 토론 참가자들은 "OMJ보고서가 제시한 내용들이 시의적절했다"며 "구체적인 정책방안으로 연결되기를 기대한다"고 입을 모았다.

토니 미쉘(EABC 사장) – 지난 80년 대 말 이후 한국에서는 두 가지 현상이 동시에 나타나기 시작했다. 효율성을 따지지 않는 대규모 투자와 노동력 사용이 그것이다. 그 결과 한국기업들의 부가가치는 떨어지기 시작했다. 국가경제적으로도 큰 낭비를 초래했다. 무분별한 투자는 자본의 공급부족을 초래, 기업들은 해외에서 1,600억달러의 자금을 꾸어 왔다. 경직적인 노동법은 유연한 노동력활용을 가로막았다. 대기업들은 불필요한 인력을 그냥 고용하기도 했다. 이런 이유들이 복합적으로 작용, 외환위기에 직면하게 됐다. 그렇다면 한국이 비효율적으로 자본과 노동을 활용한 이유는 무엇일까. 이유는 크게 두 가지다. 거미줄망 같은 규제와 부적절한 외환정책이다.

80년대 후반 이후 모든 규제가 비효율을 가져온 주된 원인으로 지적됐다. 이런 규제 덕분에 국내시장은 일시적으로 외부세계와 경쟁을 피해갈 수 있었다. 그러나 규제는 결국 가치를 파괴하고 말았다. 지주회사 설립 금지, 부동산담보 대출 등 수많은 규제가 얽혀 기업의 가치를 갉아먹고 말았다. 따라서 한국이 어떻게 경제위기를 타개하고 일자리를 만들 수 있을지는 바

로 여기에서 출발해야 한다.

　구체적으로는 • 가치창조적 일자리가 경기침체기에 어떻게 창조될 수 있는가 • 시장력의 작용을 강화하는 행동이 어떻게 취해질 수 있는가 • 거시 미시적 요소를 연결하고 정부와 경제인에 명확한 가이드 라인을 줄 수 있는가에 대한 답을 찾는 게 시급하다.

　OMJ보고서는 기존의 자본 노동외에 13가지 생산요소를 적극 활용할 것을 제안한다. 이 요소를 적절히 배분, 활용하면 왜곡된 시장을 바로 잡을 수 있으며 실종된 시장도 되살릴 수 있다. 이는 곧 일자리 창출과 한국경제 회생으로 이어질 게 분명하다. 이를 위해서는 5가지 실천 과제가 반드시 수행돼야 한다. 그것은 다름아닌 • 총 고용의 75~87%를 차지하는 중소기업 육성 • 규제혁파를 통한 가치창조적인 환경 조성 • 노동시장의 재편 • 경기부양과 사회안전망 확충 • 적정한 환율 유지 등이다.

　이를 잘 이행할 경우, 앞으로 3년 3개월 안에 240만 개의 새로운 일자리를 창출할 수 있을 것으로 확신한다.

(1998.11.11)

22. (좌담회) EABC보고서 연재를 마치며

　OMJ보고서를 계기로 실업문제의 근원적 해결을 위해서는 가치창조적 일자리 창출에 총력을 기울여야 한다는 인식이 자리를 잡아가고 있다. 한국경제신문사는 앞으로 100만 일자리 창출을 위한 구체적 방안을 마련, OMJ캠페인을 지속할 계획이다.

　한국경제신문사는 EABC의 보고서 연재를 마무리하면서 전문가 좌담회를 갖고 정부의 실업대책과 OMJ보고서에 대한 평가를 들어봤다.

[참석자]
　　이원덕 (한국노동연구원 부원장)(사회)
　　최동규 (중소기업연구원장)
　　노진귀 (한국노동조합총연맹 정책본부장)
　　김주형 (LG경제연구원 상무)

◆ **이원덕**(한국노동연구원 부원장)(사회): 8월, 9월 실업자가 감소한 것으로 나타났지만 낙관적 전망은 어렵다. 올 연말부터 다시 증가할 가능성이 있다. 최소 15만~20만 명이 늘어나지 않을까 한다. 소극적인 생계대책보다는 적극적인 일자리 창출 정책이 필요한 때다. 일자리 없는 복지(welfare)는 한계가 있기 때문이다. 일자리와 복지를 동시에 증진시키는 워크페어(work-fare)가 필요하다.

◆ **노진귀**(한국노총 정책본부장) 두 가지 시각에서 봐야 한다. 하나는 SOC투자 등을 통해 일자리를 창출하는 것은 좋지만 현실적으로 어렵다는 점이다. 차선책이 공공근로인데 공공근로에도 흡수되지 않는 부분이 상당히 있다. 그런 사각지대를 무시하면 안 된다. 또 하나는 효율성 문제다. 전문가들이 많은 지적을 하는데도 정부가 기민하게 대응을 못하고 있다. 실업증가 조짐이 나타나기 시작한 작년 말부터 가시적인 투자에 나섰어야 했다.

◆ **김주형**(LG경제연구원 상무) 생존에 위협받는 취약계층을 지원하는 것은 좋지만, 현재의 사회안전망이 과연 필요한 사람한테 돌아가느냐는 회의가 든다. 사회안전망에 대한 전달체계가 갖춰지지 않고 돈만 지출하는 것이 도움이 되느냐는 것이다. 집행을 점검하는 시스템이 필요하다. 소극적 대책보다 일자리 창출이 중요하다. 월급도 많이 받고 능력도 인정받는 일자리를 만들어야 한다는 것이다.

◆ **최동규**(중소기업연구원장) 정부의 실업대책은 실업자 발생을 전제로 해서 이를 흡수하려는 소극적 대책이다. 실업발생을 줄일 수 있는 예방조치가 필요하다. 더 나아가서 OMJ보고서의 권고처럼 가치창조형 일자리 창출로 보완돼야 한다. 지난 9월 말까지 2만 개 이상의 기업이 부도를 냈는데, 정부가 중소기업에 좀더 신경을 썼으면 절반은 부도를 안 낼 수도 있었다. 그랬으면 실업자를 줄였을 것이다. 중소기업에는 일자리가 여전히 많다. 3D업종은 직원이 부족하다. 직무 하향이동이 잘 이뤄질 인센티브가 필요하다. 임금보조도 필요하다.

◆ **김 상무**: 고용유지를 위한 정부보조엔 신중해야 한다. 정리해고의 필요성이 없는 기업도 보조를 받는 도덕적 해이문제가 있다.

◆ **최 원장**: 독일의 경우, 중소기업을 위한 임금보조제도가 있다. 공공근로에 들어갈 돈을 3D업종 임금보조에 쓰자.

◆ **노 본부장**: 근로자들이 3D업종에 안 가는 것은 임금이 낮고 노동시장이 분할돼 있으며 장래가 없기 때문이다. 임금보조로 40만 원짜리 일자리가 80만 원짜리가 되는 것은 시장을 혼

란시킬 가능성이 있다.

◆ **사 회**: 실업대책의 본질은 일자리 창출에 있다. 가치창조형 사업에서 안정되고 임금도 높고 생산적인 일자리를 만들자는 게 OMJ보고서다. 이에 대해 평가해 달라.

◆ **최 원장**: 중소기업의 중요성을 강조한 것은 우리가 보아도 놀랄 정도다. 중소기업에 대한 금융지원 비중은 30%에 불과한데 왜 고용비중에 해당하는 85% 이상이어서는 안 되느냐는 문제제기는 생각해 볼 만하다. 기존의 발상을 바꿔야 한다는 것이다.

생산요소를 13개로 세분해서 접점을 잘 활용하면 일자리를 100만 개 이상 만들 수 있다는 주장은 설득력이 있다. 특히 토지와 기업가, 시간 등의 요소가 결합되는 관련 규제를 없애면 부가가치를 창출할 수 있다. 이는 대부분 중소기업 형태로 나타날 것이다. 중소기업의 본질에 대해 새로운 인식을 모두 해줬으면 한다. 중소기업은 보호를 바라는 게 아니라 대기업과의 관계를 바꾸기를 원한다. 중소기업에는 테스트 기회조차 주지 않는다. 이렇다 보니 소비자 등 경제주체가 중소기업에 대해 편견을 갖고 있다. 경제협력개발기구(OECD) 국가들의 경우 획기적인 기술개발은 절반이 중소기업에서 나온다. 우리는 중소기업에 대한 신뢰가 부족하다.

OMJ보고서에 문화적 요소, 가치관, 기대심리 등의 영향에 대한 고려가 포함됐으면 좋았을 것이다. 우리의 경우 문화적인 요소가 일자리 창출에 부정적인 영향을 미치고 있다.

◆ **노 본부장**: OMJ보고서는 신선하다는 인상이다. 현재의 실업대책은 응급조치이고 수혜적 사고방식에서 출발한다. 보고서는 적극적 대책을 주문하고 있다. OMJ는 정부가 했으면 좋았을 것이다. 종합적 마스터 플랜이 나와야 한다. 단지 OMJ는 장기적으로 산업정책을 세울때 고려해야 하는 측면이다. 결국에는 이윤이 남느냐 안 남느냐가 문제다. 현상황에서는 쉽지 않은 문제다. 또 규제를 해제하면 물론 효과가 있다. 반면에 쇼핑몰을 세운다고 하면 영세상인이 몰락하는 결과를 가져온다. 그럼에도 불구하고 OMJ보고서는 새로운 아이디어를 줬다는 데 의미가 있다.

◆ **김 상무**: OMJ보고서는 나의 평소 생각을 제대로 짚었다. 정부 규제가 유망한 사업기회를 죽인다. 선물회사가 전형적인 예다. 기업들은 금융 선물시장을 빨리 열라고 하는데 아직도 안 되고 있다. 선물 옵션시장이 지금도 없다는 것은 창피한 노릇이다. 시장이 없으니까 기업도 없고 그러니까 일자리도 없다.

21세기는 중소기업이 일자리 창출의 중심이 될 것이다. 우리는 일본에 비해 종업원 1인당 자동차 생산대수가 일본의 3내지 4분의 1밖에 되지 않는다. 결국 대기업은 근로자를 내보낼

수밖에 없다.

그러나 균형을 잡아야 한다. 조선, 중공업 등은 중소기업이 하기 어렵다. 또 작은 나라에서 모든 것을 다할 수 없다. 시장논리에 따라 역량을 집중할 필요가 있다.

◆ 최 원장: 대그룹의 소유구조와 지배구조가 바뀌면 될 것이다. 중요한 것은 내부거래와 상호 빚보증의 해소다.

◆ 김 상무: 스위스 정부는 대기업이 스위스 기업이 아니라고 생각한다. 지원도 규제도 불필요하다. 국제시장에서 경쟁해야 할 기업이라고 본다. 기업정책은 중소기업정책만 있다고 한다. 대기업에 대해서는 부당 내부거래 등을 제외하고는 규제하지 말아야 한다.

◆ 노 본부장: 우리 중소기업은 기술투자 여력이 적다. 대부분 수직적으로 계열화돼 있다. 생산성을 올리면 납품단가가 삭감된다. 성과가 대기업으로 가 버리는 것이다. 공정경쟁이 필요하다.

◆ 사 회: 중소기업 경쟁력강화하기 위한 방안은.

◆ 최 원장: 창업이 너무 부진하다. 기업이 생성되는 것에서부터 경영, 소멸까지의 법률을 정비해야 한다. 벤처창업 타운 20~30개 정도로는 미흡하다. 폐교를 무상임대해 주거나 창업 인큐베이터를 확대해야 한다.

◆ 김 상무: 제조업 위주의 기존 중소기업을 살리는 데에만 초점을 맞춰서는 안 된다. 미국에는 살아남는 기업 중에서 서비스 기업이 많다. 소프트웨어, 정보, 관광, 환경 등 새로운 벤처기업들이다.

◆ 사 회: 창업지원 원스톱 서비스도 생각해 볼 만하다. 문화, 정보, 지식산업 등 신서비스 산업을 국가 차원에서 육성하는 정책이 필요하다. 실업문제 해결책은 좋은 일자리를 만드는 일이다. 그러나 당장에 효과를 발휘하기는 어렵고 단기적 대책도 병행해 나가야 한다. 공공근로사업과 경기활성화가 필요하다. 경기를 어떻게 활성화하느냐가 문제다. 돈이 돌도록 정부가 모티브를 제공해야 한다.

◆ 노 본부장: 소비위축은 장래에 대한 불안 때문이다. 정부가 내년에 플러스 성장으로 돌아설 수 있다는 낙관론을 제시했으나 믿지 않는 분위기다. 설득력 있는 대응책 내놔야 한다.

◆ 김 상무: 경기대책 핵심은 소비자들이 실직 당하지 않고 임금이 줄지 않을 것이라는 자신감을 갖는 것이다. 대통령이 직접 챙겨야 한다.

〈정리=김성택 경제부 기자〉 (1998.11.13)

22. 'EABC, OMJ 지원 싱크탱크 설치 제안'

OMJ보고서는 가치창조형 일자리 창출의 필요성과 방법론에 대해 문제를 제기하기 위해 작성됐다. OMJ에 대한 관심은 한국경제신문의 캠페인을 계기로 널리 확산됐다.

이제는 구체적 방법을 찾아 실천으로 연결하는 문제가 남아 있다. 문제는 어떻게 중심을 찾느냐 하는 것이다. 이 구심점은 정부와 노동계, 국내외 기업의 이해를 통합시킨 것이어야 한다. EABC는 새로운 싱크탱크를 만들어 OMJ의 실천을 지원할 것을 제안한다. 이것이 MJI(Million Jobs Institute, 100만 일자리연구소)다.* MJI는 100만 일자리 창출에 선봉 역할을 할 것이다. 바로 연구 • 기업활동 촉진 • 가치창조방법론 개발 • 광고, 교육, 훈련 등 제공 • 규제 재검토 및 권고 • 벤처기업 보증 등을 통해서다. MJI에는 정부, 외국, 민간이 공동으로 지분을 출자해야 한다.

　* 보고서 본문에는 OMJ연구소임.

○ 왜 새로운 조직이어야 하는가

MJI는 권위를 갖는 동시에 기업가정신이 있어야 한다. 또 초당적이어야 한다. 단일한 위임체계를 가져야 한다. 그래야만 · 교육 · 개혁대상 규제 색출 · 실험적인 형태의 신사업을 실제로 지원하는 기업활동 등을 통해 가치창조형 직업을 창출할 수 있다.

가치창조형 벤처기업에 자금을 지원하는 방법도 찾을 수 있다. 한국의 기존 조직들은 IMF시대 이전에 만들어졌으며 각각의 실행과제(Agenda)를 거의 수정하지 못하고 있다. 실행과제가 수정되지 못한 만큼 그들은 해결책이 아닌 문제의 일부분이라는 게 OMJ보고서의 분석이다. 유일한 예외가 노사정위원회다. 이는 정치조직이면서도 MJI에 필수적인 광범위한 사회적 위임을 받고 있다. 이 연구소는 생각하고 연구하고 권고하고 실천할 수 있어야 한다. 지금의 조직으로는 민간부문의 창안을 실행하거나 조정할 수 없으며, 가치창조형 일자리를 만드는 방법을 실험하거나 교육할 수도 없다. 따라서 고도의 전문성과 기업능력, 실행으로 옮길 수 있는 새로운 마음자세가 필요하다.

연구소는 규제자와 국내외 기업가들의 편협한 이해관계에서 벗어나 정부에 규제개혁을 권고할 수 있는 영향력이 필요하다. 연구소의 근본원리는 • 관료적인 사고 불식 • 기업가 위임 • 정부, 해외 민간부문의 공동지분 설립 및 폭넓은 • 자본참여 허용 • 영향력 등이다.

○ **역 할**

첫째는 연구작업이다. 한국경제와 노동시장은 통계 및 가치창조 척도로 볼 때 다양한 양상을 보인다. 더 심층적인 연구관찰이 필요하다. 또 선진국에 대한 비교연구도 필요하다. 한국경제의 실상은 물론 자영업자, 소기업가, 대기업 경영자 등에 대한 행동조사를 통해 그들의 생각과 문제, 제약점 등을 밝혀내야 한다.

MJI는 미래의 일자리 수요와 미래산업을 연구할 것이다. 아울러 농업, 소매업, 소기업의 R&D(연구개발) 등과 같이 부가가치를 향상 시킬 수 있는 분야를 돕는 방법도 찾을 것이다. 둘째는 가치창조 방법론의 도출이다. 이는 기업과 정부의 행위를 개선하고 근본적인 조직개혁을 위한 실제적인 접근방법을 발전시키는 데 도움을 준다.

또 MJI는 규제와 규제가 여타 경제부문에 미치는 영향 등에 대해 재검토를 할 수 있다. 어떤 규제가 가치창조 활동에 문제를 일으키는지 그리고 어떤 전문기술이 요구되는지 등 새로운 모험적인 탐구에 착수할 것이다.

MJI는 전국 교육훈련기관과의 협력을 통해 공무원, 기업가, 자영업자, 예비 창업자 등에게 훈련을 제공할 수도 있다. 아울러 중소기업 육성을 위한 각종 지원제도를 만들어 내는 역할을 한다.

21세기에는 사회 및 경제활동 등 많은 영역에서 정부기능이 급속히 축소될 게 분명하다. 반면 새로운 경제활동 영역을 탐구하는 회사들이 자금을 대는 기업가적 정부(entrepreneurial government)가 늘어날 것이다. 기술사회가 발전함에 따라 정부활동은 새로운 영역으로 확대될 게 분명하다. MJI는 세계의 본보기가 되는 이러한 도전들의 선두에 서야 한다.

《100만 일자리연구소(MJI)의 개념》
- 목적 : 100만 일자리 만들기 대안 마련과 종합 관장
- 출자 : 정부, 외국자본, 민간기업 공동출자
- 형식 : 민/관 공동기구, 광범위한 사회적 위임을 받는 기구
- 기능 : 교육, 개혁대상 규제 색출, 연구, 가치창조 방법론 개발, 직업훈련 실시,
  중소기업 지원 등

〈정리=정한영 산업2부 기자〉 (1998.11.13)

OMJ보고서

— 100만 일자리 만들기 —

지은이 / EABC(EURO-AIAN BUSINESS CONSULANCY LTD.)
펴낸이 / 박 용 정
펴낸곳 / 한국경제신문사
등록 / 제 2-315(1967. 5. 15)
제1판 1쇄 인쇄 / 1999년 1월 15일
제1판 1쇄 발행 / 1999년 1월 25일
주소 / 서울특별시 중구 중림동 441
출판팀 / 3604-553~8
출판판매팀 / 3604-595~7
FAX / 360-4599

* 파본이나 잘못된 책은 바꿔 드립니다.
ISBN 89-475-2267-8

값 18,000원